오늘을 위한 십계명

윌리암 바클레이 지음
이 희 숙 옮김

컨콜디아사

* 이 책은 William Barclay의 *The Ten Commandments for Today*를 완역한 것임.

차 례

머리말 / 4

제1장
    고대의 기초 7

제2장 제1계명
    오직 한 분이신 하나님 13

제3장 제2계명
    보이지 않는 하나님 19

제4장 제3계명
    하나님의 이름 27

제5장 제4계명
    하나님의 날과 그것의 사용법 35

제6장 제5계명
    아버지와 어머니 73

제7장 제6계명
    생명은 신성하다 97

제8장 제7계명
    남자들, 여자들 그리고 하나님 153

제9장 제8계명
    도적에 대한 정죄 289

제10장 제9계명
    진실, 온전한 진실, 오직 진실만을 307

제11장 제10계명
    그릇된 욕망 325

역자후기 / 349

머리말

십계명과 같이 오래된 것에 대하여 왜 또 하나의 다른 책을 써야만 하는가? 십계명에 대하여 새롭게 말해야 할 어떤 것이 아직 남아 있는가? 십계명은 과거 유산의 일부분으로 그대로 내버려두는 것이 좋지 않을까?

이같은 물음에 대하여 세 가지 답이 있다.

첫째, 현대의 위기는 신학적인 것이 아니다. 현대의 위기는 윤리적인 것이다. 기독교 신학은 참으로 공격을 받고 있지 않다. 왜냐하면 교회 밖에 있는 사람들 중에 신학에 관심을 갖고 신학을 공격하는 사람은 별로 없고, 또 전문적인 신학자들의 서로 헐뜯는 논쟁은 일반인들에게는 별로 큰 흥미를 주지 못하기 때문이다. 그러나 20세기에 있어서 기독교 윤리는 공격을 받고 있다. 기독교 신학이 부적절한 것으로 여겨지고 있을 때도 기독교 윤리는 일반적으로 받아들여지고 있다. 기독교 윤리에 관한 논의가 오늘날만큼 절실히 필요하고 또 적절한 때가 일찍이 없었다.

둘째, 십계명에 대한 영속적 요소가 있다. 윤리적 체계들은 한 때 성행하다가 사라진다. 그러나 십계명은 그대로 남아 있다. 사람들이 십계명에 대하여 어떤 생각을 하고 있든지 간에 십계명은 윤리 체계의 기초로 남아 있다. 바로 이러한 이유 때문에 십계명은 매 시대마다 새롭게 다시 해석되어야 한다. 매 시대마다 십계명이 내포하고 있는 의미를 새롭게 발견해야 하며 또 십계명이 요구하고 있는 것을 고려해야 한다.

셋째, 특별히 우리 시대에는 십계명의 내용을 새롭게 음미할 필요가 있다. 오늘날 우리 시대는 자유의 이름으로 도덕적 훈련을 불쾌하게 생각한다. 우리 시대는 어떤 종류의 계명도 좋아하지 않는다. 우리 시대는 금령으로서의 계명을 가장 싫어한다. 우리 시대의 사람들은 무엇을 하지 말라는 말을 듣기 싫어한다. 현대인이 요구하고 있는 것은 무한한 자유와 무제한의 허용(unlimited freedom and unrestricted permission)이다. 이와 같은 상황에서는 자유가 방종으로 되기가 보다 쉽고 또 실험의 권리는 자기 자신의 생명뿐만 아니라 다른 사람들의 생명까지 파괴하는 권리로 되기가 매우 쉽다. 그러므로 우리 시대는 십계명의 강력한 요구에 직면하는 것이 좋다. 우리 시대가 십계명의 요구를 받아들이지 않을지 모른다. 그러나 우리는 십계명의 요구에 확실히 직면해야만 한다. 저자가 이 책에서 시도하고 있는 것은 우리로 하여금 십계명의 요구에 직면하게 만드는 것이요 아울러 또 다른 사람들로 하여금 그렇게 하도록 돕는 것이다.

이 책이 출판되기까지 저자 자신이 콜린스 부인(Lady Collins)에게 많은 신세를 지고 있다는 것을 만일 증언하지 않는다면 대단한 결례가 될 것으로 믿는다. 그녀의 권유로 이 책을 출판할 것을 처음으로 생각하게 되었다. 묵은 자료를 다시 훑어보고 수정하는 작업은 결코 즐거운 일이 아니라는 것을 알고 있다. 콜린스 부인은 항상 나에게 은혜스럽게 대해 주었다. 이렇듯 그녀는 확고한 신념을 갖고 이 책을 출판하도록 격려해 주었고 또 설득했고 심지어 강권하기까지 했다. 만일 그녀의 격려가 없었다면, 이 책은 확실히 완성될 수 없었을 것이다. 나는 이 책이 출판되도록 격려해 주었고 또 그밖에 많은 친절을 베풀어주신 매력있고 설득력 있는 여감독 같은 콜린스 부인에게 심심한 사의를 표하는 바이다.

그라스고 대학교
윌리암 바클레이

제 1 장

고대의 기초

　기독교는 기초와 뿌리없이 이 세상에 들어온 것이 아니다. 역사에는 예수 그리스도의 오심에 대한 준비가 있었다. 예수님께서는 파괴하러 온 것이 아니라 성취하기 위하여 오셨다고 친히 말씀하셨다(마 5:17). 기독교는 뿌리와 또한 기독교가 그 위에 세워질 토대를 갖고 있다. 물론 기독교의 뿌리와 토대는 유대교이다. 왜냐하면 유대 민족의 역사는 하나님이 예수 그리스도 안에서 독특한 방법으로 세계속에 들어오는 것에 대비한 준비의 역사이기 때문이다.

　이것은 기독교 윤리가 기초를 갖고 있다는 것을 의미한다. 예수님은 도덕과 윤리와 하나님의 전하심에 대하여 아무 것도 모르는 사회 속에 들어오시지 않았다. 신약 성서가 말하고 있는 바와 같이 그는 이미 율법과 선지자들을 갖고 있는 사회 속에 들어오셨다(마 5:17). 예수님께서 친히 성취하기 위하여 오신 그것들을 살펴보는 것이 명백히 하나의 의무이다.

 기독교 윤리의 기초가 되는 유대인의 윤리는 십계명의 토대 위에 세워졌다. 그러나 이 계명들은 유대인의 윤리뿐만 아니라 모든 윤리의 보편적 기초라고 불려질 수 있을 것이다. 십계명은 사회 속에서의 인간의 행위의 기본적 법을 내포하고 있다. 이 법은 특별히 유대인만을 위한 것이라기 보다는 공동체 안에서 같이 살기를 동의한 모든 사람들을 위한 삶의 출발점(the staring-point of life)이다. 그러면 이 십계명을 다음과 같이 간단한 형식으로 표현해 보자.

① 너는 내 앞에(나 외에는) 다른 신들을 네게 있게 말찌니라.
② 너를 위하여 새긴 우상을 만들지 말라.
③ 너는 너의 하나님 여호와의 이름을 망령되이 일컫지 말라.
④ 안식일을 기억하여 거룩히 지키라.
⑤ 네 부모를 공경하라.
⑥ 살인하지 말찌니라.
⑦ 간음하지 말찌니라.
⑧ 도적질하지 말찌니라.
⑨ 네 이웃에 대하여 거짓 증거하지 말찌니라.
⑩ 네 이웃의 소유를 탐내지 말찌니라.

그러면 여기에 모든 사회 윤리의 기초가 될 수 있는 법전이 있다. 얼핏 보아도 이 법전에 관한 어떤 사실들이 두드러지게 나타난다.

1) 이 법전은 아주 명확하게 두 부분으로 구분된다.
첫 부분은 하나님을 다루고 있고 둘째 부분은 인간을 취급하고 있다. 오직 하나님의 지상권(至上權)이 규정되어 있다. 어떤 물질적 형태로 하나님을 표현할 수 없다는 것이 언급되어 있다. 약속이나 서약에서 하나님의 이름을 분별없이 사용하는 것이 금지되어 있으며, 하나님의 날의 권리가 보호되어 있다. 그 다음 이 법전은 인간편으로 움직여 간다. 부모를 공경해야 한다. 그리고 가정 주위에 성벽(방어물)이 있다. 인간의 생명은 신성하며, 성의 순결과 정절이 요구된다. 인간의 재산권이 보존되어 있고, 다른 사람들을 중상하는 거짓된 말은 정죄를 받는다. 우리의 것이 아니고 또 우리를 위해 있지 않은 것을 갖고 싶어하는 욕망은 그릇된 것으로 낙인 찍혀져 있다.
이 법전은 두 가지 기본적인 것을 가르치고 있다고 말할 수 있다. 즉 이 법전은 '하나님께 대한 경외심과 인간에 대한 존경심'을 요구한다. 하나님의 권위와 인간의 인격의 권리가 보존되어 있다. 이것은 유대교와 기독교에 있어서 매우 중요한 요소이기 때문에 하나님의 권위와 인간의 권리가 두 방면의 조망을 갖고 있다는 것은 매우 중대한 의미가 있다. 이 두 가지는 모두 하나님과 인간을 보고 있으며, 이것들은 하나님께 대한 의무와 인간에 대한 의무를 인정한다. 이들은 사람이 온갖 정성과 마음을 다하여 하나님을 사랑하고 또 그의 이웃을 자기 몸처럼 사랑해야 한다는 것을 알고 있다. 만일 어떤 사람이 그의 이웃 사람을 사랑치 않는다면, 그는 하나님을 사랑한다고 감히 말할 수 없다. 만일 어떤 사람이 인간의 참다운 가치가, 그가 하나님의 자녀라는 사실 속에 있다는 것을 보지 못하면, 그는 그의 이웃을 참으로 진실하게 사랑할 수 없다. 인간에 대하여 관심을 갖고 인간을 바라보지 않을 때에 종교는 사람이 자기 자신의 영혼과 하나님께 대한 자기 자신의 비전(vision) 이외에 아무 것에도 관심을 갖지 않는 멀리 떨어진 초연한 신비주의가 된다. 하나님을 향하여 바라보지 않을 때에 사회는, 독재국가에서와 같이, 사람들을 인격으로 보지 않고 물건으로 보는 곳이 될 수 있다. 하나님께 대한 경외심과 인간에게 대한 존경심은 결코 서로 분리될 수 없다.

2) 십계명에 대하여 두 번째로 살펴보아야 할 것은 십계명은 상세한 규칙이나 법규가 아니라 일련의 원리들이라는 것이다.

십계명은 어느 상황에나 적용할 수 있는 이미 만들어져 있는 일련의 규칙을 인간에게 주려고 시도하지 않는다. 십계명이 인간에게 주고자 하는 것은 하나님과 그의 이웃에 대한 어떤 태도이다. 아무리 환경이 변하고, 아무리 상황이 달라져도 변함 없이 남아 있는 것은 하나님께 대한 경외심과 인간에 대한 존경심의 태도이다. 이러한 경외심과 이러한 존경심은 다른 때와 다른 상황에서 다른 여러 방법으로 표현될 수 있다. 그러나 그 표현은 항상 하나님과 인간에 대한 동일한 근본적 태도의 표현이다. 십계명은 다음과 같이 말한다. "여기에 네가 하나님과 인간에 대하여 마땅히 느껴야 할 것이 있다. 너는 각 별개의 상황 속에서 너 자신을 위하여 이러한 느낌의 행동 속에서 이러한 표현을 해야 한다." 다른 말로 표현하면, 기독교 윤리의 기초가 되는 유대인의 이 같은 윤리 속에는 그것을 무한한 융통성을 갖고 표현할 수 있는 불변의 태도가 이상적으로 있다.

3) 십계명에 대하여 세 번째로 살펴보아야 할 것은, 매우 자주 십계명에 대한 비판과 심지어는 정죄로 사용되는 것이 있다는 사실이다.

제 4계명과 제 5계명을 제외한 모든 다른 계명들은 부정의 형식으로 표현되어 있다. 제 4계명의 경우에 있어서조차 안식일을 거룩하게 지키라는 명령은 주로 부정의 형식으로 표현되어 있다. 십계명에 대한 가장 흔한 비판은 그것들이 일련의 "너는 …을 말찌니라."(Thou shalt not's)는 점이다.

그러나 이것에 대하여 말할 것이 있다. 출애굽기의 사건들을 사실 또는 실제적 역사로 간주하거나 않거나 간에, 이 이야기의 구조가 극적으로 그리고 본질적으로 정확하다는 것은 사실로 남는다. 사람들이 애굽에서 탈출한 지 3개월 후에, 옛 이야기에 따르면, 그때에 십계명은 이스라엘 백성들에게 주어졌다. 그들은 애굽에서 나왔고(출 19:1), 애굽에서 도망쳐 나온 지 바로 3개월 후였다. 그들은 오랫동안 애굽에서 노예였었기에 그들은 기운이 빠져있었다. 그들이 홍해에 이르러 바로가 그들의 뒤를 추적해 왔을 때에 그들은 용기를 잃고 있었던 것이 아주 명백하다(출 14:10-12). 이 단계에서 이스라엘 백성은 방금 전까지 노예였다가 겨우 애굽을 탈출해 나온 조직이 없는 오합지졸에 불과했다. 오합지졸의 백성이 하나의 민족이 되기 위해서는 그들이 그것에 복종하고 또 그들을 하나의 공동체로 만들 법을 갖지 않으면 안 되었다. 이러한 단계에서 백성은 모세를 통하여 십계명을 받았다. '십계명은 그것 없이는 민족의 자주 독립이 불가능한 법이다.' 십계명은 공동체 존재의 기초이다. 이스라엘 사람들이 이 법을 받음으로써 노예의 무리였던 오합지졸이 하나의 민족을 이루게 되었다. 이러한 까닭에 십계명은 주로 부정적인 형식으로 되어 있다. 이 단계에서 그들은 오합지졸 이외에 다른 것이 아니었으므로 십계명은 부정적 형식을 취하게 되었다. 십계명은 자기-제한(self-limitation)과 자기-훈련(self-discipline)을 자진하여 받아들인 원리를 대표한다. 이러한 원리 없이는 어느 집단의 사람들도 민족이 될 수 없다. 십계명은 완성된 윤리가 아니다. 십계명은 다만 시작에 불과한 일련의 기본적인 원리들이다. 그러나 이 원리는 절대적으로 필요한 것이었고 또 지금도 그러하다.

우리는 여기서 십계명은 일련의 "너는 …하지 말찌니라"는 부정적 금령이라고 비판하는 것을 중단하는 것이 좋다. 십계명은, 민족의 자주 독립에 필요한 법과 민주주의의 헌장(the charter of democracy)이라고 인정하는 것이 좋다. 시작은 자기-제한을 받아들이는 것이었다. 자기-제한을 받아들이는 것 없이는 하나의 공동체가 이루어질 수 없다. 참으로 십계명은 끝이 되기에는 매우 멀었다. 그러나 시작을 시작이라고 비판하는 것은 옳지 않다. 십계명은 바로 이런 것이다. 우리는 십계명을 하나씩 구체적으로 살펴볼 것이다.

제 2 장

제 1 계명

오직 한 분이신 하나님

성서의 맨 처음 말씀은 "태초에 하나님(In the beginning God)"이다. 성서가 역사의 이야기를 하나님으로 시작하는 것과 꼭같이 율법을 하나님으로 시작한다. "너는 나 외에는 다른 신들을 네게 있게 말찌니라"(출 20:3).

하나님에 대한 인간의 믿음은 3 단계를 거쳐 지나왔다. 첫 단계는 '다신론(polytheism)' 이었다. 다신론은 많은 신들을 믿는 믿음이다. 이 단계에서 인간들은 다수의 신들을 믿었다. 사람들은 태양신, 월신(月神), 바다의 신, 하늘의 신, 불의 신, 바람의 신, 강의 신, 산신(山神), 목신(木神) 등을 믿었다. 이 단계에서 세상은 남신들과 여신들로 가득차 있었다. 이 남신들과 여신들은 저마다 사람들이 바치는 제물과 예배를 더 많이 받으려고 서로 경쟁하면서 존재하였다.

둘째 단계는 단일신교(henotheism)였다. 이 단계에서 한 민족은 하나의 신을 자기들의 민족신(民族神)으로 받아들였고 다른 신들을 섬기지 않았다. 그러나 이 단계의 신앙은 자기 민족 신이 참된 것과 꼭같이 다른 민족들의 신들도 실로 실재하고 있다는 것을 받아들일 준비가 되어 있었다. 이 단계에 있어서 말하자면, 한 신은 자기의 영토 안에서는 최고의 신이었다. 그러나 다른 영토 안에는 다른 신들이 있었다. 우리는 이러한 단계를 구약 성서의 첫부분에서 볼 수 있다. 그모스(Chemosh)는 아모리족의 신이었다 이스라엘 사람들은 아모리 사람들에게 다음과 같은 메시지를 전달했다. "네 신 그모스가 네게 주어 얻게 한 땅을 네가 얻지 않겠느냐 우리 하나님 여호와께서 우리 앞에서 어떤 사람이든지 쫓아내시면 그 땅을 우리가 얻으리라"(삿 11:24). 이 단계에서 민족들간의 갈등은 그들의 신들 사이의 갈등이었다. 왜냐하면 민족의 영토와 신의 영토는 같은 공간이었기 때문이다.

이 단계의 신앙은 하나의 미묘한 결과를 가져왔다. 만일 어떤 나라의 왕이나 황태자가 다른 나라의 공주와 결혼을 하게 되면, 그 공주는 그녀가 신봉하던 신들을 새로운 나라와 새로운 집에 갖고 왔다. 그러므로 다른 나라의 공주와 국제 결혼을 하게 되면, 항상 그 민족이 숭배하는 신에 또 다른 하나의 신을 첨가하게 되었다. 솔로몬이 범한 죄 중에 하나가 바로 많은 이방 나라 공주들과 결혼하여 이방 민족들의 신들을 끌어들여 이스라엘의 예배를 더럽힌 것이다. 후에 아합이 이방 여인인

이세벨과 결혼했을 때에도 꼭같은 일이 발생했다. 왜냐하면 이세벨도 역시 새로운 이방신을 이스라엘의 예배 속에 도입했기 때문이다(왕상 11:1-8, 16:19-23). 이 단계에서 말하자면, 각 민족에게는 고유한 신이 있었다. 이 신의 힘은 그의 민족에 국한된 것이었다. 다른 나라의 공주와의 결혼에 의하여 다른 나라의 영토를 병합하지 않는 한 그 나라의 신의 힘은 그 나라의 백성에게만 미쳤다. 이러한 왕족간의 국제 결혼에 의한 민족의 병합은 신들의 병합의 결과를 초래하였다.

마지막 단계는 일신론(monotheism)이다. 일신론은 각 민족에게 하나의 신이 있다는 신앙이 아니라 온 땅 위에 오직 한 분 하나님이 계시다는 것을 믿는 신앙이다. 온 땅에 그의 현존으로 충만하고 땅과 바다 끝에도 계시며 죽음조차 사람을 그로부터 갈라놓을 수 없는 하나님을 시편 기자는 생각하고 있는데 바로 그의 신관이 일신론이다(시 139:1-12). 만일 종교가 인간의 삶의 어떤 환경에서도 인간에게 참으로 의미있는 것이 되기 위해서는 신앙이 이러한 단계에 이르러야만 했다. 만일 어떤 사람이 자기의 고국을 떠날 때에 그의 신을 뒤에 남겨 놓아야 한다면, 그의 종교는 상한 갈대에 불과하다. 특별히 이스라엘 백성들은 팔레스타인에 있을 때와 꼭같이 먼 이방 나라에 있을 때에도 하나님께서 그들과 함께 계시다는 것을 쓰라린 포로생활을 하는 동안에 배우지 않으면 안 되었다.

마침내 유대인들은 한 분 하나님을 믿게 되었다. 개역 표준 성경(Revised Standard Version)에는 첫 계명이 두 형식으로 기록되어 있다. "너는 내 앞에(before me) 다른 신들을 네게 있게 말찌니라." 그리고 난 외에는 "너는 나 외에는(besides me) 다른 신들을 네게 있게 말찌니라." 첫째 형식은 단일신론이다. 이 형식에서 야웨(Jahweh)는 이스라엘을 위한 하나님이었다. 그러나 다른 민족들을 위해서 다른 신들이 있었다. 둘째 형식은 일신론이다. 이 신론은 야웨 이외에 전혀 다른 신들이 없다는 것을 믿는 것이다.

이와 같이 시작하는 것은 윤리로 시작하기보다는 신학으로 시작하는 듯이 생각할 수 있다. 그러나 신학과 윤리는 결코 분리 될 수 없다. 하나님으로 시작하는 것이 필요하다. 그 이유는 다음과 같이 매우 간단하다. 만일 사람들이 신들을 믿으면, 그들은 그들이 믿는 신들과 같이 되기를 원하기 때문이다. 그리고 그들이 믿는 신들의 종류에 따라 그들의 삶의 종류가 결정되기 때문이다.

우리는 바로 여기서 구약 성서 첫부분에 관통하고 있는, 신앙과 사상에 관한 설명을 찾아볼 수 있다. 구약 성서에서 예언자들은 바알 숭배를 종교의 순수성에 대한 매우 중대한 위협으로 간주하였던 것이 분명하다. 바알(Baal)은 실은 고유 명사가 아니다. 바알은 주(Lord)를 의미한다. 이스라엘 그 가운데서 살던 민족들 사이에는 많은 바알들이 있었다. 바알 숭배의 기본적 사상은 다음과 같다. 생명의 가장 신비스러운 힘은 성장이다. 옥수수를 자라게 하고, 포도알을 크게 만들고, 그리고 감람나무 열매를 익게 하는 것은 무엇인가? 이 신비스러운 이상한 힘은 어디에서 오는가? 모든 다른 것들은 이 힘에 의존하고 있다. 다른 민족들은 바알의 힘에 의하여 모든 것이 성장한다고 말했다. 바알은 모든 생물과 자라고 있는 것들 배후에 있는 성장의 힘(the power of growth)이다. 하나님께서는 슬픈

듯이 호세아에게 다음과 같이 말씀하셨다. "(이스라엘은) 곡식과 새 포도주와 기름은 내가 저에게 준 것이요 저희가 바알을 위하여 쓴 은과 금도 내가 저에게 더하여 준 것이어늘 저가 알지 못하도다"(호 2:8). 이러한 놀라운 성장 배후에 있는 것은 바알이 아니라 하나님이었다. 그러나 많은 사람들이 바알을 섬기고 하나님을 망각하였다.

그러나 바알 숭배는 이보다 훨씬 더 위험하였다. 어떤 것 보다 더 놀라운 성장이 있고, 어떤 것 보다 더 신비롭고 더 예측할 수 없는 성장이 있다. 그것은 어린 아이를 낳는 힘이다. 생명을 주는 것은 성(sex)의 힘이다. 다른 민족들은 이것도 역시 바알의 힘이라고 믿었다. 그들은 성의 힘에서 바알의 힘을 보았다. 이러한 믿음이 성행위를 거룩한 행위로 만들었다. 그러므로 바알의 신전에는 거룩한 창녀들(sacred prostitutes)들이었던 여사제들(priestesses)의 무리들이 있었다.

호세아는 종교 창녀들과 함께 희생을 드리는 사람들을 책망한다(호 4:14). 이 종교 창녀들을 가리키는 낱말은 '거룩한 여인들(holy women)'을 의미하는 히브리어 낱말이다. 이들 중의 하나와 성교를 갖는 것은 바알 신의 생명력과 연합하는 것이었다. 이것은 위험이었다. 이스라엘 백성들이 자기 주위에 있는 바알 숭배 속에 빠지는 것은 위험한 일이었다. 분명히 이러한 바알 숭배는 인간의 본성의 낮은 면에 호소력을 갖고 있는 치명적인 매력이었다. 그것은 성적 부도덕을 예배의 행위로 바꾸었다. 그것은 폭식과 음주를 바알을 찬양하는 행위로 바꾸어 놓았다.

이러한 까닭에 십계명은 오직 한 분 하나님만이 계시다는 것과 소위 다른 신들은 거짓 협잡꾼들이라는 것을 주장하는 것으로 시작한다.

그러면 다시 처음으로 돌아가 이야기를 계속하자. 무엇보다 필요한 것은 바른 신관(神觀)을 갖는 것이다. 왜냐하면 인간은 그가 예배하는 신을 불가피하게 닮기 때문이다. 만일 그가 바알과 같이 방탕한 신을 섬기게 되면, 그도 방탕한 사람이 된다. 만일 그가 딱딱하고 엄격한 신을 섬기면, 그도 역시 딱딱한 사람이 된다. 우리는 이러한 사람들을 종종 비극적으로 목격한다. 만일 그가 정상적인 신을 섬기면 그는 감상적인 종교관을 갖게 된다.

여기서부터 윤리는 출발한다. 사람의 신이 의식하거나 의식하지 못하거나간에 그 사람의 행위를 지배한다.

크리스천은 우리 주 예수 그리스도의 아버지를 하나님으로 믿는다. 이 하나님의 정신과 마음과 품성은 예수님의 생애와 죽음 속에 나타나 있다. 이러한 이유에서 기독교 윤리는 그리스도를 모방하려는 윤리라고 말할 수 있다.

제 3 장

제 2 계명

보이지 않는 하나님

둘째 계명은 우상을 만들거나 예배하는 것을 금한다. "너를 위하여 새긴 우상을 만들지 말고"(출 20:4).

우상은 역설적인 것(paradoxical thing)이다. 어떤 의미에서 우상보다 더 부자연스럽고 또 우스운 것은 없다. 이사야는 우상을 만드는 사람을 조롱한다. 그는 한 조각의 나무로는 자기 자신의 몸을 덥게 만들기 위하여 불을 피우고 같은 나무의 다른 한 쪽으로는 그의 밥을 짓기 위하여 불을 때고, 또 같은 나무의 또 다른 한 쪽으로는 신(우상)을 만든다(사 44:14-20). 그는 그의 도구로 설계를 하고 또 자로 재고 잘라서 조각하여 하나의 작품을 만드는데 그것이 그의 손으로 만들어진 그의 신

(神)이다(사 44:12, 13). 우상은 거기에 있다. 그는 스스로 움직이지 못한다. 그것은 오이밭에 세워진 허수아비와 같이 한 곳에 고정시켜 놓은 대로 그대로 있다(렘 10:3-5). 전쟁 시에 한 성이 적군의 침략을 받으면, 시민들은 그 성으로부터 도망친다. 이 때에 사람들은 우상들을 어깨에 메고 도망할 때에 우상들이 무겁기 때문에 비틀거리며 걷는다(사 46:1, 2, 7). 「예레미야의 편지(The Letter of Jeremiah)」라고 불려지고 있는 외경의 작은 책의 73 구절들 속에서 신이 아닌 신에 대한 보다 잔혹하고 통렬한 고발을 다른 곳에서 찾아볼 수 없다. 장인들은 소녀들을 위하여 장식품을 만드는 것과 같은 방법으로 우상을 위한 면류관을 만든다. 사제들은 우상들인 신들로부터 은과 금을 훔쳐다가 매음굴에서 그것을 낭비 할 수 있다. 사람들이 매일 아침 가구에 묻은 먼지를 닦아내듯이 우상들인 신들에게서 먼지를 닦아 내야 한다. 우상의 얼굴은 신전의 연기에 의하여 검게 될 수 있다. 박쥐, 제비, 그리고 새들, 심지어는 고양이까지 우상들 위에 보금자리를 만들 수 있다. 우상들을 한 자리에 곧추 세워 놓으면 그것들은 그 자리에 가만 있지 조금도 움직이지 못한다. 그것들을 쓰러뜨리면 그것들은 스스로 일어나지 못한다. 우상들은 목수나 금세공이 만든 것 이상의 것이 아니다. 만일 사원에 화재가 발생하면, 사제들은 도망갈 수 있으나 우상들은 도망갈 수 없으므로 그 자리에서 불타 버리고 만다. 밤중에 도둑이 침입하여 신들(우상들)과 그것들의 장식품을 훔쳐가지 못하도록 신전의 문을 잠가놓아야 한다. 강한 사람들은 전리품과 함께 우상들을 갖고 도망칠 수 있다. 우상들은 스스로 자기 자신들을 보호할 수 없다. 그것들은

들에 있는 허수아비 보다 조금도 나을 것이 없다. 온갖 새들이 그 위에 앉을 수 있다. 그것들은 시체보다 조금도 나을 것이 없다. 그것들은 어두움 속에 내던져질 것이다.

한 가지 관점에서 사람이 자기 자신이 잘라서 조각하여 만든 것을 신으로 여기는 것은 도저히 믿을 수 없다. 짐꾼이 어깨에 메고 운반하는 큰짐과 같이 자기의 어깨에 메고 운반하는 우상을 사람이 신으로 여기는 것은 믿을 수 없는 노릇이다. 우상을 신으로 여기는 것은 세상에서 가장 부자연스러운 것이다.

다른 한편에 있어서, 우상을 신으로 여기게 된 과정을 이해하는 것보다 더 쉬운 것은 없다. 사람들의 눈에 하나님, 영, 그리고 힘은 보이지 않는다. 단순한 사람들이 보이지 않는 신을 기억하고, 생각하고 그리고 예배하는 것은 매우 어렵다. 자, 그러면 사람들이 보다 쉽게 신을 예배하게 만들자. 그래서 우리는 우리가 그것을 볼 때에 우리로 하여금 하나님을 상기하게 만들 작은 이미지(image)를 만든다. 우리는 하나님을 상징할 작은 이미지를 만든다. 우리가 작은 이미지를 만드는 맨 처음 의도는 그것을 우리가 바라볼 때에 그것이 상징하는 하나님을 보다 잘 생각하게 만들기 위한 것이다. 그러나 그 이미지는 차차 하나님을 상징하지 않게 되고 마침내는 하나님의 자리를 차지하기 시작하게 된다.

당신은 하나의 특정한 이야기 속에서 구약 성서 자체 안에서 이 과정이 발생하고 있는 것을 볼 수 있다. 이스라엘 백성들이 광야 생활을 할 때에 그들이 불뱀의 공격을 받아 고통을 당했던 옛 이야기를 우리는 찾아볼 수 있다. 그때에 모세는 하나님의 지시대로 구리뱀을 만들어 장대에 매달아 놓았다. 불뱀에 물린 사람들이 이 구리뱀을 쳐다보고 치료를 받았다(민 21:6-9). 오랜 세월이 흐른 후에 이 구리뱀이 다시 잠깐 나타나는 것을 우리는 볼 수 있다. 그러나 이번에는 히스기야가 그 구리뱀을 부수고 있는 것을 우리는 보게 된다. 구리뱀을 이와 같이 부순 이유는 백성들이 그것에 분향하고 있었기 때문이었다(왕하 18:4). 이것은 사물이 어떻게 우상이 될 수 있는가를 아주 정확하게 보여주고 있다. 본래 구리뱀은 하나님을 '상기시키기 위하여' 만들어진 것이었다. 그러나 그것은 점차적으로 신(우상)이 '되었다'.

크리스천의 행위 속에도 이와 비슷한 것이 있다. 우리는 십자가에 못박힌 예수상(像)의 경우에 있어서도 이와 비슷한 일이 발생하고 있는 것을 볼 수 있다. 십자가에 못 박힌 예수상은 십자가의 사랑을 상기시켜 주기 위하여 만들어진 것이었다. 이것은 남녀들로 하여금 그것을 쳐다보면서 거기서 피를 흘리고 돌아가신 분에게 그들의 생각과 마음을 집중시키기 위하여 만들어졌다. 이것은 명상을 좀더 쉽게 만들고 또 기도를 좀더 생생하게 드리기 위하여 만들어진 상(像)이다. 그러나 여기에 위험이 있다. 십자가에 못박힌 예수상 자체를 미신적으로 숭배하는 일이 종종 발생한다. 십자가에 못박힌 예수상 자체가 거룩한 성물이 된다. 상징(symbol)이 그것이 대표하고 있는 실체와 동일시되고 또 그것과 혼동된다.

그러면 여기에 우상숭배의 역설(the paradox of idolatry)이 있다. 사람이 자기의 손으로 만든 움직이지 못하는 물건을 신으로 예배하는 것은 우습고 또 어리석게 보인다. 그러나 사실 그는 맨 처음에는 그것을 신으로 예배할 의도는 조금도 없었다. 본래 우상은 신을 상징하고 또 신을 좀더 잘 기억하고 또 예배를 좀더 생생한 것으로 할 목적으로 만들어졌다. 그러나 차차 미신이 상징을 실체로 바꾸게 하였고, 또 조상이 그것을 대표하던 실체로 바뀌게 되었고, 우상이 하나님이 되게 하였다.

우리가 우상이 무엇이며, 또 우상이 어떻게 생기게 되었는가를 알게 될 때에, 20세기의 지각있는 사람들에게는 더 이상 우상숭배가 필요치 않다고 더 이상 자위할 수 없을 것이다. 우상숭배는 항상 있을 수 있는 위험이며, 또 본래 예배를 돕기 위하여 만들어진 우상이 예배를 방해하는 것이 될 때에 더욱 위험한 것이 된다는 것을 알게 된다. 우상은 과거의 골동품이 아니다. 우상은 현재에도 상존하고 있는 위협이다. 20세기에 있어서, 우상숭배는 특별히 두 가지를 의미할 수 있다.

1) 우상숭배는 '수단을 목적으로 만드는 것'을 의미한다.

이미 앞에서 언급한 바와 같이 본래 우상은 신을 좀더 쉽게 기억하게 만들고 또 예배를 보다 쉽게 하기 위하여 만들어졌다. 그러나 끝에 가서는 우상 자체가 예배의 대상이 되었다. 수단이 목적이 되었다.

이러한 일이 교회 안에서 계속 일어나고 있다. 예배식(liturgy)은 하나님을 예배하는 수단이다. 그러나 정교한 예배식 자체가 목적이 될 수 있다. 예배의 수단과 방법을 예배 자체보다 더 중요시하므로 예배식 자체가 목적이 될 수 있다. 교회 정치의 어떤 조직도 교회의 복리를 위한 수단이다. 그러나 교회 정치의 조직 자체가 목적이 될 수 있다. 사람들은 교회 자체보다 교회의 행정 방법에 더 많은 관심을 갖게 될 때에 교회 정치의 조직 자체가 목적이 될 수 있다. 교회당 건물은 사람들이 하나님을 예배하는 데 사용하는 수단이다. 그러나 사람들은 교회당 건물 자체를 예배함으로써 그것을 목적으로 삼을 수 있다. 사람들이 예배 자체보다는 예배의 장소에 더 많은 관심을 쏟음으로써 교회당 건물 자체를 목적으로 삼을 수 있다.

수단이 목적이 될 때마다, 하나님을 예배하는 것보다 실제로 조건을 더 예배할 때마다, 기도에 힘쓰는 것보다 예배식에 더 많은 관심을 쏟을 때마다, 그리스도의 몸인 교회보다 교회 정치의 형식에 보다 많은 관심을 쏟을 때마다, 교회의 복리보다 교회당 건물에 더 많은 관심을 쏟을 때마다, 과거에 우상숭배가 위협적인 것으로 존재했던 것과 같이 오늘날에도 위협적인 것으로 우상숭배가 존재한다.

2) 우상숭배의 두 번째 위험은 한층 더 분명하다.

'우상숭배는 사물로 하여금 인격을 대신하게 만든다.' 우상숭배의 본질은 인격을 예배하는 것 대신에 사물을 예배의 대상으로 삼는 것이다. 생명이 없는 우상이 살아계시는 하나님의 자리를 차지하는 것이다.

사람이 그의 삶에 있어서 가장 중요하다고 생각하는 것이 바로 그의 신이다. 그가 그의 생각 전부와 그의 시간 전부와 그의 힘 전부를 그것에 바치고자 하는 것이 바로 그의 신이다. 인격보다 사물이 우리에게 더 중요하게 여겨질 때마다, 우상숭배가 우리의 삶 속에 들어온 것이다.

사물이 사람보다 더 중요시될 때마다 어려운 문제가 뒤따른다. 산업혁명 당시에, 기계가 발명되었던 시대에 치명적인 과오는(이 치명적인 과오로부터 아직 산업의 관계가 회복되지 못했다) 사람, 즉 인격보다 기계를 더 중요시하는 것이었다. 남녀들 심지어 어린이들까지 기계보다 덜 중요시되었으며, 또 기계를 운행하여 이윤을 높이는 데 수단으로 사용되었다. 사람들은 사물처럼 이용되었다. 노사간의 관계가 바로 수립되어 사람을 사물처럼 사용하는 폐단이 시정되기까지는 오랜 시간이 걸렸다.

사물을 숭배하는 일은 가정에 침입할 수 있다. 한 번은 십자말 풀이(crossword puzzle) 속에 "무엇이 가정을 만드는가?"라는 물음이 있었는데, 요구된 답은 '가구'였다고 한다. 사실 가구가 가정을 만드는 것은 아니다. 그러나 많은 사람들은 가구를 예배하고 있다. 보다 좋은 지역 안에 있는 보다 좋은 집, 보다 좋은 텔레비전 수상기, 보다 큰 자동차, 유럽 대륙으로 여행하여 즐기는 휴가 – 이런 것들이 사람을 행복하게 만들 수 있다고 생각하고 있다. 이것들은 모두 사물들이다. 사물숭배에 기초한 삶은 우상숭배에 토대를 두고 있는 삶이다. 우리도 우리의 삶 속에서 사물을 가장 중요시하고 있는가를 알아보기 위해서 우리 자신을 검토해 보는 것이 좋다.

우상은 결코 죽지 않았다. 우상숭배는 원시인들의 어리석은 과오가 아니다. 수단이 목적이 될 때마다, 사람보다 사물이 더 중요시될 때마다, 사물이 하나님의 자리를 차지 할 때마다, 우상숭배는 여전히 거기에 있다.

제 4 장

제 3 계명

하나님의 이름

흠정역 영어 성경(the Authorized Version)에는 제 3계명이 다음과 같이 나온다. "너는 너의 하나님 여호와의 이름을 망령되이 일컫지 말라"(출 20:7). 개역 표준역 영어 성경도 '너'를 뜻하는 고어인 'thou'를 현대어인 'you'로 바꾸어 놓은 것 이외에는 동일한 번역을 그대로 유지하고 있다.

주요한 물음은 다음과 같이 분명하다. '망령되이(in vain)'라는 어귀의 의미가 무엇인가? 히브리어에서 이 어거는 문자 그대로 '비현실(unreality)'을 의미한다. 흠정역에서 이 낱말을 종종 헛됨(vanity)으로 번역하고 있다. 이 낱말은 뜻을 허탄한 데 두는 사람을 가리키는 데 사용되고 있다(시 24:4). 출애굽기

23장 1절에서 이 낱말은 허망한 풍설을 가리키는 데 사용되었다. 이 낱말은 공허한, 헛된, 불성실한, 경솔한 것을 가리키는 데 사용되었다. 그러면 이 계명은 하나님의 이름을 공허하고, 경솔하고, 그리고 불성실한 방법으로 사용치 말 것을 규정하고 있다. 그렇게 할 수 있는 두 가지 중요한 방법이 있다. 그리고 이 두 가지 방법 중의 첫째 것이 이 계명이 맨 처음에 규정되었을 때에 주 목적으로 했던 것이었다.

1) 이 계명은 약속이나 서약할 때에 하나님의 이름을 망령되이 사용하는 것을 금한다.

약속이나 서약을 할 때에 그것을 지킬 의도를 갖지 않고 하나님의 이름으로 서약을 하거나 약속하는 것, 또 그 약속을 지키는 것이 불편하거나 불리하기 때문에 하나님의 이름으로 약속하거나 서약한 것을 지키지 않고 어기는 것이 하나님의 이름을 망령되이 일컫는 것이다. 하나님의 이름으로 어떤 것을 하겠다고 서약을 하고 그 서약을 어기는 사람은 정죄를 받는다.

성서는 이러한 서약을 지키지 않는 것을 가장 중대한 죄로 본다. 거짓 맹서는 중대한 죄라고 성서는 거듭 말한다. "너희는 내 이름으로 거짓 맹세함으로 네 하나님의 이름을 욕되게 하지 말라"(레 19:12). '여호와의 사심으로' 맹세를 하면서도 실상은 거짓 맹세를 하는 사람들을 예레미야는 정죄하고 있다(렘 5:2). 거짓 맹세하는 죄를 도둑질, 살인, 간음, 다른 신들을 좇는 것과 같이 함께 나열되어 있다(렘 7:9). 스가랴는 도둑과 하나님의 이름으로 거짓 맹세하는 사람이 파멸될 것이라고 약속하고 있다(슥 5:4). 말라기는 거짓 맹세하는 사람을 술수하는 자, 간음하는 자, 품꾼의 삯에 대하여 억울케 하는 자, 과부와 고아를 압제하는 자, 나그네를 억울케 하는 자, 그리고 하나님을 경외치 않는 자를 한데 묶어 언급하고 있다(말 3:5). 이스라엘의 입법자들과 예언자들이 보기에 이 죄는 가증스러운 것이 틀림없다.

이 계명과 예수님께서 맹세를 전혀 하지 말라고 금하시고 또 꾸밈없이 "예" 또는 "아니오"를 분명히 말할 필요가 있다고 주장하신 마태복음 5장 33-37절 사이에는 명백한 관련이 있다. 그러나 그 구절에는 배경이 있다. 예수님 당시에 유대인들 가운데는 맹세를 하고도 지키지 않고 회피하는 사람들이 있었다. 만일 그들이 하나님의 이름으로 맹세를 했으면, 그들은 당연히 그 맹세를 지켜야 함에도 불구하고 그들은 그것을 회피하기 위하여 온갖 가능한 일을 다 했다. 그들은 하늘, 땅, 예루살렘, 그리고 그들의 머리로 맹세를 하고는 그 맹세를 자유롭게 어길 수 있다고 생각했다. 왜냐하면 그 맹세 속에는 실제로 하나님의 이름이 포함되어 있지 않기 때문이었다. 하나님께서 어떤 거래에 있어서 그의 이름에 의하여 동반자로서 참여하고 있지 않기 때문에 그들은 그 거래를 마음대로 어길 수 있다고 생각했다.

예수님은 하늘은 하나님의 보좌요, 땅은 하나님의 발등상이요, 그리고 예루살렘은 하나님의 도시라고 선언한다. 하나님은 모든 곳에 다 계시기 때문에, 하나님의 이름을 언급했거나 안 했거나간에, 사람이 약속을 할 때에 하나님께서 거기에 계시기 때문에, 모든 거래에 있어서 하나님을 제외시킬 수 없다는 것을 예수님은 강조하신다. 모든 장소들이 하나님의 현존이듯이 모든 약속과 서약은 하나님의 현존에서 한 것이다. 하나님은 어디에나 계시기 때문에 하나님의 이름으로 맹세할 필요가 없다.

이 계명을 절대적 금령으로 보고 법정에서조차 결코 서약을 하지 않는 퀘이커 교도들(Quakers)과 같은 사람들이 있다. 그러나 신약 성서 자체로부터 볼 때에 이 금령은 그와 같이 절대적인 것은 아니라는 것이 명백하다. 이 금령은 예수님 당시에 맹세를 하고도 그것을 지키지 않고 회피하는 사람들이 있었다는 배경에서 읽지 않으면 안 된다. 예수님 자신이 대제사장 앞에 있을 때에 맹세할 것을 거부하지 않았다. 그는 맹세하고 답하라는 요구를 받았을 때에 아무 논평없이 대답하셨다(마 26: 63).

바울도 그가 진실을 말하고 있다는 것을 갈라디아 사람들에게 맹세했다(갈 1:20).

맹세가 필요치 않다는 것이 사실이다. 그러나 맹세해야 할 때가 분명히 있다. 우리가 어떤 것을 말하거나 또는 어떤 것을 약속할 때에 그것을 하나님의 현존에서 그의 이름을 말한다는 것을 기억하면서 이 계명을 읽는 것이 좋다. 우리가 약속을 할 때에 하나님의 이름을 사용하거나 하지 않거나간에 하나님 앞에서 한다는 것을 기억하는 것이 좋다. 이것은 모든 약속이 신성하고 고결하다는 것을 규정하고 있다. 그러면 우리는 우리가 하는 모든 약속을 지켜야 한다.

① 삶의 일상적인 약속이 있다. 이 문제에 있어서 자기 자신을 조금만 살펴보아도 지키지 못한 약속들로 자기의 삶이 가

득차 있는 것을 발견하게 될 것이다. 우리는 이것을 하겠다고 약속을 하고, 또 저것을 돌봐주겠다고 약속을 하고, 여기에 오겠다고 약속을 하고, 또 저기에 가겠다고 약속을 하고도 그 약속을 거듭거듭 어긴다. 대개 우리는 이러한 자질구레한 약속을 어기는 것을 아무렇지도 않게 생각한다. 우리는 우리 자신에게와 다른 사람들에게 어떤 일을 하지 않겠다고 약속을 하고서도 그 일을 여전히 계속하면서도 아무렇지도 않게 생각한다. 우리는 좀더 깊이 생각하고 그것을 지킬 결심을 하고 약속을 하는 것이 좋다. 우리는 가볍게 약속을 하고 또 그것을 아무런 양심의 가책도 느끼지 않으면서 어기고 또 심지어는 약속한 것을 까마득하게 잊어버리는 단계에 이를 수 있다.

② 모든 사업의 계약 속에 함축되어 있는 약속이 있다. 우리가 고용 계약을 맺을 때에 고용주는 일정한 액수의 보수를 주겠다고 약속을 하고 고용인은 일정한 분량의 노동을 제공하겠다고 약속한다. 현대의 비극들 중의 하나는 능률성과 성실성의 미덕이 점점 사라지고 있는 것이다. 왜냐하면 고용 계약에서 합의된 일과 임금이 그대로 실현되지 않고 무시되거나 망각되고 있기 때문이다.

③ 좀더 전문적으로는 법정에서 하나님의 이름으로 하나님 앞에서 오직 진실만을 말하겠다는 약속이 있다. 날마다 이러한 맹세가 지켜지지 않는 것보다 더 명백한 것은 없다. 사람들은 자기 자신이나 또 다른 사람을 벌받지 않도록 하기 위하여, 또는 자기 자신이나 또는 다른 사람을 위하여 이득을 취하기 위하여 진실을 왜곡하거나, 억압하거나, 거부하는 수가 있다. 우리가 이러한 맹세를 해야만 할 때에 이렇게 진실을 부인하

는 지경에 이르지 않도록 해야만 한다. 우리가 진실을 말하겠다고 맹세하였으면 우리는 그 결과가 어떻게 되든지 진실을 기피할 것이 아니라 진실을 말해야만 한다.

④ 적어도 세 가지 특별한 종교적 서약이 있다. 하나님께 지키겠다고 약속하는 결혼서약이다. 오늘날 현대사회는 결혼서약을 가볍게 여기는 경향을 갖고 있다. 이 문제는 앞으로 좀더 구체적으로 취급하게 될 것이다. 결혼서약의 기본적 진리는 그것을 형편이 좋거나 나쁘거나간에 지키겠다고 맹세하는 것이다. 결혼서약은 그것을 지키기 어려운 때가 올 때에도 가볍게 멋대로 여겨서는 안 된다. 우리가 약속하는 것이 무엇인지 알 필요가 없거나 또는 그 약속의 결과가 어떻게 된다는 것을 알 필요가 없는 서약은 하나도 없다. 만일 우리가 서약의 결과를 받아들일 준비가 되어 있지 않으면 그 서약을 하지 말아야 한다.

⑤ 세례의 서약이 있다. 유아 세례식에서 부모는 그의 자녀를 하나님을 경외하고 사랑하는 자식으로 양육할 것을 서약한다. 어떤 부모들은 그들의 자녀를 교육하는 일을 주일학교와 학교 청소년 클럽에 위임해 버린다. 부모님이 자녀에게 할 말이 없을 때나 또 자녀들이 부모에게 할 말이 없을 경우가 종종 있다. 참으로 부모와 자녀 간에 접촉도 없고 참다운 친밀감도 없다. 만일 부모님들이 그의 자녀의 유아세례시에 한 서약을 충실히 지킨다면, 부모만이 자녀에게 가르칠 수 있는 것이 있다. 만일 자기의 책임을 다하지 않는 부모의 수가 줄어들면 비행의 자녀와 청소년의 수는 그만큼 줄게 될 것이다.

⑥ 마지막으로 성례의 서약이 있다. 성례(sacrament)라는 말

의 의미는 다양하다. 사크라멘툼(sacramentum)이라는 표준 라틴어는 병사가 그의 장군이나 황제에게 충성을 맹세하는 것을 뜻한다. 사람이 주의 성만찬에 참여할 때에 여러 가지를 위해서 참여하지만, 그 중에 한 가지 꼭 잊어서는 안 될 것이 있다. 즉 그는 그의 구세주와 왕이신 그리스도에게 그의 충성의 맹세 즉 사크라멘툼을 새롭게 하지 않으면 안 된다.

2) 여호와 하나님의 이름을 망령되이 사용하는 또 다른 하나의 방법은 나쁜 말로 욕을 하는 것이다.

사람은 여러 가지 다른 방법으로 여러 가지 언어의 표현을 갖고 나쁜 말을 사용할 수 있다. 그러나 나쁜 말로 맹세하는 것만큼 하나님과 예수 그리스도의 이름에 더 큰 충격을 주는 것은 없다. 만일 사람이 하나님의 이름을 부주의하게 멋대로 사용한다면, 그는 그가 멋대로 사용한 하나님의 이름에 대하여 심판을 받게 된다는 것을 기억하지 않으면 안 된다. 만일 그가 화가 나서 하나님의 이름을 멋대로 사용하고 싶을 때에는 그는 그의 혀를 자갈 먹이는 것을 배우지 않으면 안 된다. 만일 그가 그렇게 한다면, 그는 그가 말하고 있는 것을 강조하고 있다는 것을 생각하면서 언어의 단순성만큼 인상적인 것은 없다는 것을 배우는 것이 좋다. 하나님의 이름을 사용하기 오래 전에 그가 하나님의 아들의 이름을 경건치 못하게 그의 입술로 사용하고 있는 것이 아닌가라고 생각해 봐야 한다.

이 계명은 결코 시대에 뒤떨어진 낡은 것이 아니다. 왜냐하면 이 계명은 모든 약속의 거룩함을 강조하고 있는 동시에 불경건의 모독을 책망하고 있기 때문이다.

제
5
장

제 4 계명

하나님의 날과 그것의 사용법

제 4계명의 내용은 다음과 같다. "안식일을 기억하여 거룩히 지키라. 엿새 동안은 힘써 네 모든 일을 행할 것이나 제 칠일은 너의 하나님 여호와의 안식일인즉 너나 네 아들이나 네 딸이나 네 남종이나 네 여종이나 네 육축이나 네 문안에 유하는 객이라도 아무 일도 하지 말라. 이는 엿새 동안에 나 여호와가 하늘과 땅과 바다와 그 가운데 모든 것을 만들고 제 칠일에 쉬었음이라. 그러므로 나 여호와가 안식일을 복되게 하여 그 날을 거룩하게 하였느니라(출 20:8-11). 우리는 이 계명 연구에 좀더 많은 시간을 보내야 할 것이다. 왜냐하면 이 계명은 많은 논의와 논쟁이 중심이고 또 앞으로도 계속해서 논쟁의 중심이 될 것이기 때문이다.

　일주일을 칠일로 구분하는 방법은 유대인이 발명한 것은 아니었다. 아마 이러한 시간 구분법은 바벨론에서 기원되었을 것이다. 아마 일곱 날들은 일곱 행성의 일곱 신들 또는 영들에게 거룩하게 바쳐졌던 것이다. 후에 로마인들도 한 날을 각각 신들 중의 하나 즉 농업의 신(Saturn), 태양, 음악, 시, 건강, 예언 등의 신인 아폴로(Apollo), 달의 여신인 다이아나(Diana), 군신인 마르스(Mars), 상인, 도둑, 웅변의 신인 머큐리(Mercury), 고대 로마의 최고의 신 쥬피터(Jupiter) 그리고 사랑과 미의 여신인 비너스(Venus)에게 바쳤다. 영어를 말하는 나라들에서 아직 사용하고 있는 이름들은 스칸디나비아의 삼신들과 여신들의 이름들에서 따온 것들이다. 워든(Woden)과 도르(Thor)와 그밖에 다른 모든 것들은 주간의 날들의 이름들 속에 그들의 이름들을 갖고 있다.

　비록 유대인들이 가나안에 들어갔을 때에 이미 거기에 칠일로 된 일주간의 시간 구분법이 있었으나 그들만이 모든 다른 날들 중에서 안식일을 가장 거룩한 날로 지켰다. 유대인들에게 있어서만 안식일은 창조의 이야기와 불가분리의 관계를 맺고 있었다. 엿새 동안에 하나님은 세상을 만드셨다. 그리고 제 칠일에 그는 창조의 일로부터 안식하셨다. "하나님이 일곱째 날을 복 주사 거룩하게 하셨으니 이는 하나님이 그 창조하시며 만드시던 모든 일을 마치시고 이 날에 안식하셨음이더라" (창 2:3). 그러므로 유대인에게 있어서 안식일은 칠일로 된 일주간의 마지막 날이었다. 이 날에 하나님께서는 창조의 말을 마치신 후에 안식하셨다. 그러므로 인간이 안식일을 지키는 가장 중요한 방법은 하나님께서 안식하셨던 것과 같이 안식하는 것이었다.

십계명 속에 나온 것과 같이 넷째 계명은 본래 인도주의적인 사회의 입법의 일부분이었다. 이것은 본래는 종교법이 아니었다. 이 계명은 종교적 예배에 관하여 전혀 언급하지 않고 있다. 안식일은 쉬는 날로 규정되었다. 이 날에는 남종과 여종들도 하던 일을 중단하고 쉬도록 규정되어 있다. 짐승들도 일을 하지 않고 쉬도록 되어 있다. 나그네와 외국 사람들도 쉬게 되어 있었다. 본래의 형태에 있어서 넷째 계명은 구약 성서의 가장 자비스러운 법들 중에서 최고로 자비스러운 법이었다. 이것은 종교적 신앙에 기초한 사회법이다.

만일 유대인들의 안식일 접근법이 이렇게 남아 있었다면 그것은 퍽 좋은 것이 될 수 있었을 것이다. 그러나 그것은 그렇게 남아있지 않았다. 원리가 규칙이 되었고 또 법이 율법주의(legalism)가 되었다. 이렇게 된 데는 이유가 있다. 유대인들은 오랫동안 큰 나라들에게 억압을 받아왔기 때문에 밖으로 뻗어 나갈 모든 가능성을 박탈당하고 자기 내부로 파고들게 되었다. 유대인 학자들, 전문가들, 그리고 신학자들은 그들의 율법을 미시적(微視的)으로 연구하기 시작했다. 설상가상격으로 그들은 원리에 만족하지 못하고 인간에게서 발생할 수 있는 온갖 가능한 일을 규제할 수 있는 규율과 법칙들을 만들 것을 고집하였다. 그들은 원리를 규율과 법칙으로 만들고 정의를 내리는 데 온갖 열정을 다 기울였다.

안식일법에서와 같이 이것이 분명하게 표시가 되어 있는 곳은 없다. 법은 일을 금하였다. 그러나 일이 무엇인가? "일의 뿌리"라고 불려질 수 있는 일의 구분이 39가지가 있었다. 이 39가지를 얼마든지 더 상세하게 세분할 수 있다. 금지된 일 가운데 한 가지는 짐을 운반하는 것이었다. 그러나 짐이란 무엇인가? 그래서 주일(안식일)에 사람이 어린이를 들어올릴 수 있느냐 없느냐가 논의되었다. 어린이를 들어 올릴 수 있다고 해석되었다. 그러나 어린이가 손에 돌을 쥐고 있을 때는 그 어린이를 들어올릴 수 없다고 해석되어졌다. 왜냐하면 어린이는 짐이 아니지만 돌은 짐이기 때문이다. 그러면 돌은 무엇이냐? 라는 물음을 묻지 않을 수 없게 된다. 문제는 이와 같이 계속 이어졌다.

매듭을 맺는 것, 불을 켜는 것, 등잔을 옮기는 것, 여행하는 것, 안식일에 밥을 짓는 일은 금지되었다. 안식일에 병자를 치료하는 것도 금지되었다. 병들거나 상처입은 사람을 더 악화되지 않을 만큼은 치료할 수 있었으나 병세가 더 호전되도록 치료하는 것은 금지되어 있었다. 이러한 규율들과 법칙을 만든 사람들은 서기관들이었고, 이러한 규율과 법칙을 주의깊게 지킨 사람들은 바리새인들이었다. 불가피하게 안식일의 전체 성격이 변하게 되었다. 일하는 사람들의 권리와 건강과 복리를 보호해 주기 위하여 제정되었던 날이 금령의 날(day of prohibitions)이 되었다. 금지된 일들의 목록이 거의 끝이 없는 규율과 법칙으로 확대되어졌다.

구약 성서와 신약 성서 사이에 이러한 과정은 계속되었다. 그리고 신약 성서 시대의 안식일은 엄격한 정통 유대인들에게는 엄격한 규율과 법칙이 되었다. 그러나 안식일은 끊임없는 금령의 날 이외에, 회당에서 예배를 드리는 날이었다는 것을 기억하지 않으면 안 된다. 많은 경건하고 단순한 사람들에게 있어서 안식일이 그들에게 주는 것은 율법주의가 아니라 예배였다.

유대인들이 안식일을 얼마나 충실하게 지켰는가를 마카비 전쟁(Maccabean struggles) 초기에, 유대인들은 안식일에 무기를 들고 대항해서 싸우기 보다는 적군에게 고스란히 죽임을 당하는 편을 택했다는 사실에서 찾아볼 수 있다(마카비 1서 2:29-38). 그러나 그 후 폼페이(Pompey)에 대항해서 싸운 전투에서는, 유대인들은 적군이 그들의 도시를 공격해 오는 것을 망보면서 대항할 수 있는 토루(土壘)를 건축하였다. 그들은 안식일에도 일을 계속했다. 그들은 안식일법을 범하지 않기 위하여 일을 중단하지는 않았다(Jasephus, *Antiquities of the Jews* 14, 4, 2). 안식일법은 그들에게 있어서 문자 그대로 생명보다도 더 중요했다.

기독교의 탄생과 함께 두 가지 일이 발생했다. 초대 교회의 크리스천들은 모두 유대인들이었다. 맨 처음 그들은 그들의 조상이 한 것과 꼭 같이 예배를 드렸다. 그러나 그들은 그 예배 속에 새로운 의미를 도입하였다. 초기 유대인 크리스천들은 안식일을 지켰다. 그러나 그들은 안식일 이외에 지켜야 할 또 다른 하나의 날이 있었다. 크리스천들에게 가장 거룩한 날이 또 하나 있었는데 그것이 바로 한 주간의 첫날이었다. 왜냐하면 이 날에 그들의 주 예수님께서 죽은 자 가운데서 부활하셨기 때문이었다(막 16:2, 눅 24:1, 요 20:1, 마 28:1). 그들은 여전히 오래된 그들의 안식일을 지켰다. 그러나 그들에게 있어서 한 주간의 첫날은 가장 중요했다. 왜냐하면 이 날에 역사상 가장 중요한 사건인 예수 그리스도의 부활이 있었기 때문이었다.

신약 성서 안에 주일의 첫날, 즉 예수 그리스도의 부활의 날이 크리스천의 날이 되었다는 흔적이 있다. 안식일은 이방인 크리스천들이 받아들여 지키지 않으면 안 되는 기본적인 것들 중의 하나로 열거되어 있지 않다(행 15:20, 29). 한 주간의 첫날에 회중은 드로아에서 모여 떡을 떼어 나누었다(행 20:7). 매주일 첫날에 고린도 교인들은, 저축해 두었던 것을 예루살렘 교회를 위하여 연보하였다(고전 16:2). 매주일의 첫날이 교회 생활에 있어서 매우 특별한 자리를 차지하고 있는 것은 분명하다.

신약 성서에서 가장 늦게 기록된 책들 중의 하나인 요한 계시록은 주후 80년에서 90년 사이에 기록되었는데 우리는 이 속에서 주의 날이 처음으로 표현되어 있는 것을 볼 수 있다(계 1:10). "주의 날에 내가 성령에 감동하여"라고 요한은 계시록에 기록하고 있다. 어떤 학자들은 그날은 주의 날을 의미하는 것이 아니라 여호와의 날을 의미한다고 생각한다. 그리고 이들은 여호와의 날, 즉 시간의 끝이 역사상에 성령에 의하여 요한에게 미리 투사되었다고 믿는다. 그리고 요한은 장차 되어질 일을 미리 내다보았다고 그들은 믿는다. 그런 일은 있음직하지 않다. 여호와의 날과 주의 날은 헬라어로는 두 개의 별개의 어귀로 서로 교체할 수 없다. 우리는 여기서 주의 날을 한 주일의 첫날, 예수그리스도의 부활의 날, 기독교의 위대한 날로 생각하는 것이 안전하다.

그러면 이 문제는 우리의 연구에서 이 정도만 취급하자. 비록 유대인들은 칠일을 일주일로 계산하는 제도를 바벨론으로부터 도입하였으나 안식일은 유대인의 독특한 제도였다. 이 날은 창조의 날 다음에 하나님께서 안식하신 것을 기념하였다. 이것은 종교적 확신에 기초한 사회의 입법과 인간적인 위대한 제도로 시작했다. 비록 안식일은 예배의 날이 중단된 것은 아니지만 시간이 흐름에 따라 안식일 율법이 점점 규칙과 제한과 금령의 날이 되었다. 맨 처음에 크리스천들은 유대인들이었으므로 자연히 안식일을 받아들였다. 그러나 신약 성서에 있어서조차 한 주일의 첫날, 예수 그리스도의 부활의 날, 주의 날은 기독교의 위대한 날이었다는 흔적이 있다.

유대인의 안식일은 점점 율법주의 정신에서 제한과 금령의 날이 되었다. 적어도 한 사람에게 있어서 이러한 날은 기독교의 온전한 복음에 역행한다는 것이 분명하였다. 그 사람은 바로 바울이었다. 바울이 날과 달과 절기와 해를 지키는 사람들을 정죄하고 있다는 것을 우리는 알 수 있다(갈 4:10). 그리고 크리스천은 절기나 월삭이나 안식일을 지키는 일에 관여해서는 안 된다고 바울은 주장하였다(골 2:16). 참으로 믿음이 강한 사람은 어떤 날을 특별히 거룩한 날로 여기지 않고 모든 날을 거룩히 여긴다고 바울은 말한다(롬 14:5, 6). 바울의 교회들 안에서는 율법주의적 안식일로부터 주의 날의 부활의 기쁨으로 강력하게 움직여 가는 경향이 있었다는 것을 우리는 확실히 알고 있다.

이론적으로는 가능하나 분명히 실천적으로는 불가능한 한 가지는 안식일과 주의 날을 다 지키는 일이다. 왜냐하면 전자는 창조를 기념하는 것이요, 후자는 예수 그리스도의 부활을 기념하는 것이기 때문이다(Apostolic Constitution 7:23). 한 주간에 두 거룩한 날을 지키는 것은 결코 실질적으로 가능치 않다는 것이 명백하다. 왜냐하면 일주일에 이틀이나 모든 일을 중단하고 쉬는 것은 일에 너무나 큰 지장을 주기 때문이다.

2세기 초까지 마침내 안식일 대신에 주의 날을 지키게 되었다. 어떻게 이러한 일이 진행되었는지 그 과정을 우리는 알 수 없으나 그 결과는 아주 분명하다. 주후 100년 조금 지나서 출판된 교회의 예식서인 「12사도의 교훈집(The Didache, the Teaching of the Twelve Apostles)」은 주의 날에 함께 떡을 떼어 나누며 성만찬을 들었다고 말한다(The Didache 14. 1). 이그나티우스(Ignatius, 주후 110년경)는 아주 확정적으로 주의 날을 지키는 것에 관하여 언급하였다. 옛 습관을 행하던 사람들은 새 소망을 갖게 되어 "더 이상 안식일을 위해서 살지 않고 주의 날을 위해서 살고 있다"(To the Magnesians 9:1). 그에게 있어서 안식일은 죽은 글자이다. 이때서부터 크리스천들은 한결같이 주의 날을 지켜왔다. 이것의 당연한 결과로 안식일은 더 이상 크리스천에게 구속력이 없게 되었고. 또 안식일을 지키려고 하는 것은 과오를 범하는 일이다. 저스틴 마터(Justin Martyr, A.D. 170)는 다음과 같이 기록하였다. "태양의 날이라고 불려지는 날에 도시 또는 시골에 사는 사람들이 한 곳에 모였다"(First Apology 67). 유대인인 트리포(Trypho)와의 토론에서 그는 다음과 같이 말했다. "우리는 율법을 따라 살지 않는다. 우리는 육의 할례를 받지 않는다. 우리는 안식일을 지키지 않는다"(Dialogue with Trypho 10). 그리고 그는 이 유대인에게 다음과 같이 말했다. "당신은 하루 동안 일하지 않고 놀기 때문에 당신은 경건하다고 생각한다"(*Dialogue with Trypho* 12). 고린도의 디오니시우스(Dionysius)는 로마의 소텔(Soter)에게 다음과 같이 편지를 써 보냈다. "오늘 우리는 주의 거룩한 날을 보냈습니다"(Eusebius, *Ecclesiastical History* 4, 23). 바나바스(Barnabas)는 주의 날을 여덟째 날이라고 말한다. 그리고 그는 이 날을 새로운 창조가 시작된 날로 생각한다. "우리는 기쁘게 밭을 간다. 예수님께서는 여덟째 날에 죽음으로부터 부활하셨다"고 그는 말한다(*Letter of Barnabas* 15). 크리스천들은 태양의 날에 한데 모이기 때문에 이방인들은 크리스천들이 태양을 예배하는 것으로 가끔 생각한다고 터툴리안(Tertullian A.D. 약 200년)은 말한다(*Apology* 16). 아다나시우스(Athanasius A.D. 360)는 다음과 같이 기록한다. "우리는 안식일을 지키지 않는다. 우리는 주의 날을 제2의 새 창조의 시작의 개념으로 지킨다"(*Concerning the Sabbath and Circumcision*). 라오디기아 종교 회의(the Council of Laodicea. A.D. 363)의 교회 법 제29조는 다음과 같이 규정하고 있다. "크리스천들은 안식일에 쉼으로써 유대화해서는 안 된다. 크리스천들은 이 날에 일해야만 한다. 그들은 주의 날을 지켜 그 날에 크리스천으로 일해야 한다." 예수님께서 주일에 죽은 자 가운데서 부활하셨기 때문에 어거스틴(Augustine)은 주의 날의 축제적 성격을 주장하였다. 그는 다음과 같이 말했다. 넷째 계명은 문자 그대로 크리스천에 구속력을 갖고 있지 않다. 넷째 계명의 의무는 주의 날로 옮겨지지 않았다. 왜냐하면 이 날에 예수님이 죽은 자 가운데서 부활했기 때문이다. 주의 날에 관한 최초의 책이 주후 170년경에 사디스의 메리토(Melito of Sardis)에 의하여 기록되었다. 오리겐(Origen A.D. 240)은 어떤 날을 특별히 지키는 것에 대하여 해명하였다. 믿음이 약한 형제들은 매일매일을 성일을 지키는 방식대로 지킬 수 없기 때문에 약한 형제들을 위하여 일요일을 성일로 지키도록 허용되었다. 약한 형제들은 영적인 것을 전혀 생각지 않고 날을 보낼 수 있으므로 그들에게는 영적인 것들을 기억나게 할 어떤 가시적인 것이 요구된다(*Against Celsus* 8. 22. 23).

2세기초부터, 어쩌면 그보다 일찍부터, 주의 날이 완전히 안식일을 밀어내고 그 자리를 차지하게 된 것이 확실하다. 이 두 가지는 결코 혼동되지 않았고 또 서로 대조되지도 않았다. 라오디기아 종교 회의의 토론에서와 같이 크리스천이 안식일을 지키는 것은 잘못이라고 언급되고 있다. 얼핏 보기에 일의 중단에 관하여는 아무 것도 언급되어 있지 않은 것은 이상한 일이다. 주의 날에는 모든 일을 중단해야 한다는 것은 지적되어 있지 않다. 단순히 일반적인 근거에서 일을 하지 않고 쉬었다. 기독교의 초기에는 사회의 보다 비천한 계층의 교인들에게 기독교 신앙은 매우 호소력이 강한 것이었다. 이방인 사회에서는 종, 더욱이 노예는 하루 종일 일을 하지 않고 쉬는 일은 분명히 불가능한 것이었다. 만일 그가 유대인이라면 그가 그렇게 하는 것이 가능했다. 왜냐하면 부분적으로 유대인들은 독립적인 공동체이고 또 부분적으로 고대 세계는 유대인들의 완고한 특이성(the stubborn idiosyncrasies of the Jews)에 익숙해 있었기 때문이었다. 예를 들면, 로마제국 안에 있는 모든 민족들 가운데서 유대인들만이 강제로 군복무를 하는 일로부터 면제를 받고 있었다. 왜냐하면 그들은 그들의 음식법을 엄격하게 준수하였고 또 안식일에는 집총을 거부하였기 때문에 유대인들을 군에 입대시킬 수 없었다. 그러나 고대 세계가 유대인이 그의 율법을 완강하게 지킨다는 것을 깨닫고 그 사실을 받아들이기까지는 오랜 세월이 필요했다. 새로운 건방진 종교를 받아들인 종들과 노예들에게 이러한 관용이 결코 허용될 수 없었다. 주의 날에 일을 완전히 중단하는 일은 초대 교회에서는 가능성의 범위 안에 있지 않았다.

그러나 많은 경우에 있어서 일을 하지 않았을 가능성이 있었을 경우조차 잘 지켜지지 않았다는 것이 더욱 중대한 것이다. 제롬(*Letters* 108-20)은 베들레헴에 있는 유명한 종교적 공동체의 수녀들의 주의 날 관습에 대하여 말한다. "주의 날에만 그들은 그들이 살고 있는 곁에 있는 교회로 갔다. 각 수녀의 무리는 자기들의 원장을 따라갔다. 같은 질서로 그들은 귀가했다. 교들은 그들에게 할당된 일들을 각각 했다. 그들은 자기 자신들과 또 다른 사람들을 위하여 옷을 만들었다." 바꾸어 말하면, 주의 날에 예배 후에는 그 공동체의 정상적인 일이 그대로 진행되었다. 이것은 5세기 초의 때를 가리키고 있다는 것을 기억하지 않으면 안 된다. 만일 일을 하지 않는 것이 의무적이고 바람직한 것으로 간주되었다면 이 때에는 완전히 일을 중단하는 것이 가능했을 것이다.

그런데 이것은 일의 일면이다. 그러나 다른 면이 있다. 일상적인 활동이 중단되었을 때에 기독교 공동체가 주의 날을 지키는 방향으로 진행하는 도상에 있었다는 흔적이 참으로 있다. 이러한 추세를 보여주는 두 참조문이 일찍이 3세기의 터툴리안의 글 속에 있다. 크리스천들은 마귀에게 유혹할 틈을 주지 않기 위하여 주의 날에는 장사를 하지 않았다고 그는 말한다(On Prayer 22). 그는 축제의 날들에 대한 크리스천의 입장과 이방인의 입장을 비교한다. 만일 인간성의 약점 때문에 도락을 즐기도록 관용이 필요하다면, 크리스천은 유리한 입장에 놓여 있다. 왜냐하면 이방인들에게 축제의 날이 일 년에 한 번밖에 없었기 때문이다. "당신들은 일주일에 한 번씩 축제의 날을 갖고 있다"(On Idolatry 14).

일련의 사실들이 주의 날에는 일을 금하는 방향으로의 운동에 영향을 주었다. 이방인의 축제들이 있었다. 유대인 안식일의 분명한 영향이 있었다. 만일 일을 하지 않고 하루쯤을 쉬면 얼마든지 그렇게 할 수 있는 사회의 높은 계층의 사람들 속에 기독교가 침투해 들어갔기 때문에 일을 하지 않고 주의 날을 지킬 수 있게 되었다. 무엇보다 주일에 교회에서 예배를 드리는 것을 의무라고 강조하는 경향성이 점점 증가하게 되었다. 교회의 조직이 강화되면 될수록 그만큼 주의 날은 특별한 '종교의' 날이 되었다.

이러한 경향은 곧 당국의 정식 뒷받침을 받게 되었다. 비록 배교자 줄리안(Julian) 시대에 박해가 일어났지만, 최초의 기독교인 황제였던 콘스탄틴(Constantine)이 기독교 신앙을 받아들임으로써 교회의 투쟁이 거의 끝났을 때에 주의 날을 일하지 않고 보낼 수 있게 되었다. 주후 321년에 콘스탄틴은 주의 날을 정식으로 지키는 시대를 알리는 법률안을 통과시켰다. 비록 시골에서는 일하지 않음으로 농사를 망치지 않도록 하기 위하여 주의 날에 농사일 하는 것이 허용되었으나 도시에서는 일을 하지 않도록 그 법률이 규정되었다(*The Code of Justinian* book 3, title 12. 12. 3).

콘스탄틴이 왜 이 법률안을 통과시켰는지 그것은 항상 문제거리로 남을 것이다. 아마 이 때에는 너무나 많은 종교들이 너무나 많은 축제일들을 지키고 있었기 때문에 종교적인 이유에서 보다는 사회적 이유와 경제적 이유에서 국가적으로 일주일에 하루를 공휴일로 제정하여 축제일을 표준화하고자 했을지도 모른다. 또는, 그의 관심은 순수한 종교적인 것이었는지도 모른다. 그의 진실한 욕망은 '점차적으로 온 인류를 하나님을 예배하는 데로 인도하는 것이었기' 때문에 그는 하루를 기도의 날로 정했다고 유세비우스(Eusebius)는 말한다(*Life of Constantine* 4. 18).

만일 유세비우스의 말을 믿을 만하다면, 콘스탄틴의 법률안의 기묘한 부산물 중의 하나는 첫 군대식 교회의 행진의 제도였다. 콘스탄틴은, 모든 크리스첸 병사들에게는 예배를 드릴 기회가 주어져야 한다고 규정하였다. 비기독교인 병사들은 행진을 하도록 되어 있었고 또한 그들이 배웠고 또 외우고 있는 기도를 다함께 암송하도록 되어 있었다. "우리는 당신만을 하나님으로 시인합니다. 우리는 당신을 우리의 왕(our King)으로 모시며, 당신의 구원을 애원합니다. 우리는 당신의 은총으로 승리를 얻었고, 당신의 도우심을 통하여 우리의 적보다 강하게 되었습니다. 우리는 당신이 과거에 베풀어 주신 은혜에 대하여 감사를 드리며 앞으로 미래에도 축복해 주실 것을 믿습니다. 우리와 우리의 황제 콘스탄틴과 그의 경건한 아들들을 오랫동안 안전히 보호해 줄 것과 항상 승리할 수 있게 해달라고 우리는 함께 간구합니다"(*Life of Constantine* 4. 20).
 분명히 우리는 지금 새로운 상황을 보게 되었다. 그것은 점진적 경화의 과정(course of progressive hardening)을 따르는 경향을 갖고 있는 상황이었다. 계속 발표된 칙령과 회의들의 선언은 한 칙령을 발표한 후에 다른 칙령을 발표하여 강화하였다는 것을 보여주고 있다. 데오도시우스(Theodosius)는 주후 386년에 주의 날에는 모든 소송과 극장에서의 연극과 서커스의 구경을 금지시켰다. 주후 538년에 오레안스회의(Council of Orleans)는 그전의 칙령이 허용했던 밭일을 금했다. 주후 585년에 마콘 회의(the Council of Macon)는 상업의 완전한 중단을 결정했고, 또 주의 날은 부단한 안식의 날(day of perpetual rest)로 선언했다. 그러나 그란그라 회의(the Council of Grangra)는 주의 날에 금식하는 것을 금하고 있기 때문에 아직 이것에 관하여 금욕적으로 엄한 것은 없다. 교회법 18조는 다음과 같이 말하고 있다. "만일 어떤 사람이 금욕주의 구실로 일요일에 금식하면 그는 저주를 받게 될 것이다."
 지금 우리는 두 유명한 사람의 영향을 보게 된다. 이 영향은 오늘날까지 지속되고 있다. 그리고 이것은 전체의 강조와 영향을 바꾸어 놓았다. 알쿠인(Alcuin, A.D. 734-804)은 안식일과 주의 날을 동일시한 최초의 사람이었다. 주의 날에 하는 모든 일은 넷째 계명을 범하는 것이 되었다. 이것은 초대 교회의 입장의 완전한 역전이었다. 초대 교회는 거듭해서 안식일을 주의 날로부터 구별하였다. 그런데 지금 알쿠임은 – 너무 지나치게 치명적으로 말하지는 않았을 것이다 – 안식일과 주의 날을 동일시하였다. 토마스 아퀴나스(Thomas Aquinas, A.D.

1225-74)가 안식일과 주의 날을 완전히 동일시했을 때에 그 일은 다시 회복될 수 없게 되었다. "안식일은 주의 날로 변했다"(*Summa* 2. 1, question 103, article 3). 얼마 후에 교회는 바리새인들이 전에 한 것과 같이 주의 날에 할 수 없는 일을 상세하게 규정하였다. 안식일은 점점 더 미화되었다. 중세에는 「하늘로부터 온 편지(*Letter from Heaven*)」라고 불려지는 책이 널리 유포되어 읽혀졌다. 그런데 이 책은 온갖 종류의 일들, 천사들의 창조, 방주가 아라랏산 위에 정박한 일, 출애굽, 예수님의 수세, 예수님의 위대한 기적들, 그의 승천, 오순절 등을 일요일과 관련시켜 기술했다. 주의 날과 안식일은 한데 얽히기 시작했다. 그리고 이렇게 두 날이 얽힌 것이 아직까지 완전히 해결되지 못하고 있다.

그러나 이것에 대하여 언급해야 할 놀라운 일 한 가지가 있다. 일은 금해졌던 것이 사실이다. 그러나 한 가지 기묘하고 이상한 일은 오락이 금지되어 있지 않았던 것이었다. 15세기까지 금지된 일은 춤을 추는 것과 상스러운 노래를 부르는 것, 연극 상연, 서커스에서의 경주 등이었다. 16세기에는 주일에 시장, 열어놓은 상점, 매사냥, 주사위 놀이, 스포츠, 마법, 극장의 상연, 춤추는 것, 노래 부르는 것, 술 마시고 떠들기 등에 관한 불평이 있었다. 그 때에 법은 일요일에는 진짜 여행자만 주막에서 술을 마실 수 있도록 규정하였다. 이 일이 스코틀랜드에서는 최근에야 폐지되었다.

종교 개혁기에 근접하게 되자 일의 관점에서는 일요일과 안식일을 동일시하나 쾌락의 관점에서는 최대의 이완이 유행하는 상황에 처하게 되었다.

종교 개혁자들과 함께 우리는 새로운 단계에 접어든다. 흥미있고 중요한 것은 종교 개혁자들의 입장은 초대 교회의 입장과 거의 같다는 것이다. 종교 개혁자들은 주의 날과 안식일은 동일한 날이 아니라는 의견을 갖고 있었다. 그리고 그들은 크리스천을 위해서는 유대인의 율법의 나머지 다른 부분과 같이 넷째 계명은 폐지되었다는 데 의견의 일치를 보았다.

루터의 입장은 아주 명백했다. 남자 종들과 여자 종들은 하나님의 말씀을 듣고, 찬양하고, 그리고 기도하기 위하여 한데 모일 수 있는 하루의 쉬는 날을 갖지 않으면 안 된다는 것을 그의 대요리 문답(Larger Catechism)에서 주장하고 있다. 그러나 원리에서 그 날이 어떤 날이냐는 그렇게 중요치 않다. 한 날이 다른 날 보다 더 좋은 것이 아니기 때문에 유대인들과 같이 고정된 날을 반드시 가질 필요는 없다. 칼빈도 꼭 같이 이 점에 대해서는 명백했다(Institutes 2. 8. 32, 34). 안식일은 폐지되었다. "미신을 철폐하는 데 편리하기 때문에 유대인의 성일은 폐지되었다. 교회 안에서 예절, 질서, 그리고 평화를 보존할 필요가 있기 때문에, 그 목적을 위하여 다른 한 날이 정해졌다." "우리 사이에서 날들을 지키는 것은 자유로운 예배로 모든 미신이 없는 것이다."

헬베틱 신앙 고백(The Helvetic Confession 24장)은 종교 개혁자들의 입장을 요약하고 있다. "사도 시대로부터 주의 날은 종교의 예배 행사와 거룩한 안식에 바쳐져 왔다. …그러나 우리는 유대인의 안식일과 미신을 지키지 않는다. 왜냐하면 우리는 어떤 한 날을 다른 한 날보다 더 거룩하다고 생각지 않을 뿐만 아니라 단순히 일을 하지 않고 쉬는 것을 하나님께서 기쁘시게 받아들인다고 우리는 생각지 않기 때문이다. 또 우리는 유대인의 안식일을 지키지 않고 주의 날을 지킨다. 우리는 이 날을 자유롭게 지킨다. 칼빈은 다음과 같이 말한다. "우리 주 예수 그리스도의 강림시에 계명의 의식적 부분이 폐지된 것은 의심의 여지가 조금도 없다."

그러면 여기에 종교 개혁자들의 입장이 있다. 그들은 주의 날과 안식일을 동일시 할 것을 완전히 거부했다. 사람들은 그들의 몸들을 쉬게 하고, 또 그들의 영혼을 상쾌하게 할 하루가 필요하다고 보았다. 그러나 그 날이 어느 날이어야 하느냐는 그렇게 중요한 것이 아니었다. 그리고 그 날을 지키는 것은 자유로운 지킴이었다. 그리고 그것은 법적 강제에 속한 것이 아니라 개인의 책임에 속하는 것이다.

이것은 참으로 기독교적 견해였다. 그러나 이것은 어려운 문제에 봉착했다. 개인의 책임과 자유롭게 지키는 것은 대부분 개인에게 일임되었다. 1563년에 기록된 설교들 중의 하나에는 다음과 같은 내용이 있다. "한 주간의 다른 날들보다 일요일에는 주님이 더욱 수치를 당하고 마귀는 보다 잘 섬겨지고 있다."

더욱이 일단 주의 날과 안식일이 동일시된 다음에는 그 동일시로부터 벗어나는 것은 몹시 어려운 것이었다. 1595년에 서프폴크(Suffolk)의 목사였던 니콜라스 바운드(Nicholas Bound)에 의하여 씌어진 『안식일의 참다운 교리(*The True Doctrine of the Sabbath*)』라는 제목의 책 속에서 안식일과 주의 날을 동일시하는 내용이 다시 나타나고 있다. 유대인의 안식일을 지키는 것과 그 권위는 주의 날로 옮겨졌다는 것을 그는 문자 그대로, 절대적으로 주장했다. 그리고 그는 그것들이 국가와 국가의 법률에 의하여 강화되어야 한다고 주장하였다. 적지 않은 책들이 이 문제에 대하여 영향을 주었고 또 적지 않은 책들이 보다 오랫동안 계속되는 논쟁을 불러 일으켰다. 그 후 100년 동안에 이것을 찬성하는 책과 반대하는 책이 적어도 120권이 씌어졌다. 그러나 이것은 주의 날을 안식일화하는 것을 법적으로 강화할 수 있는 길을 열어 놓았다.

그 후에 계속된 주의 날을 안식일화하는 문제의 유산의 동요와 갈등의 때는 아직 완전히 지나가지는 않았다. 이것을 제임스 1세(James I)에 의하여 씌어진 작은 책의 변천에서 볼 수 있다. 이 책의 제목은 「스포츠의 합법적 사용에 관하여 그의 백성들에게 내린 황제 폐하의 선언(The King's Majesty's Proclamation to his Subjects Concerning Lawful Sports to Be Used)」이다. 이 책은 보통 「스포츠의 책(The Book of Sports)」이라고 불려진다. 이 책은 백성들이 주일에 투우와 곰을 약올리는 놀이 이외에 모든 다른 전통적 오락을 즐길 권리를 갖고 있다는 것을 주장하였다. 이 책은 1618년에 처음으로 햇빛을 보았다. 이 책은 1633년에 찰스 1세(Charls I)에 의하여 다시 출판되었다. 모든 무질서에 대해서는 적절하게 벌을 내릴 것이나 "남성다운 모든 합법적인 운동을 할 수 있는 자유가 허용된다"는 지시가 이 책에 첨가되어 있었다. 그리고 그후 1643년에 두 왕의 목소리가 담겨 있는 이 동일한 책은 교수형 집행인에 의하여 사람들이 보는 앞에서 소각되었다.

그 다음에는 청교도들(the Puritans)이 집권하게 되었다. 그들은 영국 안에 있는 모든 5월의 기둥(May pole, 5월제를 축하하기 위해서 꽃이나 리본으로 장식한 기둥-역주)을 잘라 버리라고 명령했다. 그리고 그들은 크리스마스를 참회의 금식일로 바꾸어 놓았고 그리고 1644년과 1656년 사이에 전보다 더 엄하게 주일을 지켜야 한다는 일련의 법을 통과시켰다. 이 법들 속에는 '안식일에는 공연히 속되게 산보하는 것'을 금하는 악명 높은 법도 포함되어 있었다. 안식일주의(Sabbatarianism)는 얼마 동안 아주 우세하였다. 그리고 주의 날은 유대인의 안식일이 되었다.

중요한 것은 바로 이 때에 즉 1648년에 웨스트민스터 신앙고백(the Westminster Confession)이 나왔다. 이 신앙고백은 우리 나라(영국-역주) 역사상 가장 날카로운 안식일 주의가 대두한 때에 나타났다. 안식일(주의 날을 이렇게 불렀다) 조항 (21. 7, 8)은 소고백과 대고백(Large and Shorter Confessions)에서 다음과 같은 내용을 다시 반복하였다. "자연의 법칙으로 일반적으로 일정한 길이의 시간을 하나님께 드리는 예배를 위하여 따로 구별해 놓아야 한다. 그러므로 그의 말씀속에서 모든 시대의 모든 사람들에게 구속력이 있는 명확하고, 도덕적이고 영구한 계명으로 그는 일주간의 하루를 안식일로 거룩히 지키도록 정하셨다. 세상의 시작으로부터 그리스도의 부활시까지 안식일은 일주간의 마지막 날이었다. 그러나 그리스도의 부활 때로부터 안식일은 한 주간의 첫날로 바뀌어졌다. 성서에서 이 날은 주의 날로 불려지고 있다. 그리고 이 날은 세상 끝날까지 크리스천의 안식일로 계속되기로 되어 있다. 이 안식일은 주를 향하여 거룩하게 지켜져야 한다. 사람들은 그들의 마음을 준비하고, 그들의 속된 일들을 미리 다 해놓고 이 날에는 하루 종일 일을 하지 않고 거룩하게 안식하고, 속된 일과 오락을 생각지 않고 그리고 속된 것을 말하지 않을 뿐만 아니라 사적인 예배나 공적인 예배를 드리는 일과 자비를 베푸는 일과 필요한 의무를 수행하는 데 하루 온종일을 보내야 한다.

우리 교회, 즉 스코틀랜드의 교회는 공식적으로 이 교리에 묶여 있었다. 거의 처음부터 끝까지 이 교리는 개혁주의 교회의 교리에서 떠나 있다. 특별히 안식일과 주의 날을 동일시하는 일과 성서와 종교개혁의 교리의 지지를 받을 수 없는 안식일과 주의 날을 동일시하는 일에 있어서 우리 교회는 그러했다.

스코틀랜드에서보다 더 안식일과 주의 날을 동일시했던 곳은 없다. 마우라야스 린드세이(Maurice Lindsay)는 그의 저서 「그라스고의 초상화(Portrait of Glasgow)」에서 이것의 본보기를 인용하고 있다. 소위 안식일에는 어떤 사람들은 "방을 쓸지도 않고, 먼지를 털지도 않고, 침대 손질도 하지 않고, 음식을 조리하지도 않았다." 또 다른 사람들은 "집 안에 사는 사람들이 겨우 움직일 수 있도록 앉아서 겨우 글을 읽을 수 있을 정도로만 창문의 덧문을 열었다." 그는 1842년 3월 13일에 그라스고로부터 에딘버러(Edinburgh)까지 가는 일요일 첫 기차가 어떻게 운행되었는가를 말해 주고 있다. 당시의 신문기자 한 사람은, 그 기차는 "평화스럽고 존경할 만한 사람을 가득 싣고 조용히 선로 위를 미끄러져 갔다"고 기록하였다. 그라스고의 장로회는 이미 주일날 기차를 운행하는 것은 넷째 계명 속에 표현되어 있는 하나님의 법을 극악하게 범하는 것이요 또 스코틀랜드 국민의 종교적 감정을 몹시 상하게 하는 것이라고 공공연하게 비난했다. 그리고 그것은 은혜의 공적 의식에 대하여 사람들로 하여금 무관심하게 하고 또 부주의하게 만들어 그것을 버리도록 강력히 유혹하며, 또 철도를 부설함으로써, 또 그라스고와 에딘버러에 살고 있는 많은 난봉꾼과 방탕한 사람들을 조용한 시골 교구에 매 일요일마다 쏟아 놓음으로써 조용한 시골 교구들에게 가장 극심한 피해를 준다고 그들은 공공연하게 비난했다. 마우라이스 린드세이는 다음과 같이 그의 이야기를 계속하고 있다. "에딘버러에서는 한 무리의 협박하는 목사들, 아마 그들이 그라스고의 형제들을 정죄하는 말 속에는 그들의 도시 사람들도 포함되었다는 것을 의식하지 못한 채 기차역 플랫폼(platform)에 일렬로 서서 기차에서 내리는 승객들에게 지옥행 차표를 샀다고 알려 주었다. 그러나 이러한 주장이 결코 많은 승객들을 프린스 거리(Princes Street)로 향하는 길로 가지 못하도록 막지는 못하는 듯이 보인다."

그러나 사태는 그보다 훨씬 좋지 않았다. 그라스고 시의 개혁 운동의 지도자들 중의 하나였던 피터 맥켄지(Peter Mackenzie)는 다음과 같이 기술(記述)했다. "1847년 1월 어느 눈이 몹시 내리던 날 밤에 아일랜드의 어느 궁핍한 가족은 거리에 내던져 졌다. 일곱 자녀 중의 하나는 죽어 있었다. 어머니도 폐병으로 죽어가고 있었다. 이들은 가난한 사람들을 위하여 죽을 만들어 제공하는 교회가 안식일에 급식소를 열면 하나님께 죄를 범할까 두려워 급식소를 열지 않았기 때문에 희생당한 사람들이다."

왕정 복고(the Restoration) 시대의 역사로 되돌아가 보면, 사태가 역전되어 정반대 방향으로 향하게 되었던 것을 볼 수 있다. 1677년에 생활에 필요한 필수품을 얻기 위한 장난, 노동, 그리고 여행에 관한 주일 성수 법안(Sunday Observance Act)이 통과되었다. 우리는 최종의 법안을 살펴볼 수 있다. 1781년에 폴테우스(Porteus) 감독은 주일 성수 법안을 작성하였는데 그 속에 규정하고 있는 내용은 다음과 같다. "입장료를 받는 공중 오락 장소, 토론 장소는 무질서한 집으로 간주될 수 있다." 이 법안은 직접적으로 곰을 괴롭혀 재주를 부리게 하는 놀이와 무신론적 선전을 겨냥한 것이었다. 이 법안은 발기인들이 의도했던 것과는 전혀 다른 방식으로 이용되었다.

우리는 여기서 이 문제의 역사를 더 이상 다루지 말고 그대로 놔두지 않으면 안 되겠다. 왜냐하면 원칙적으로 우리는 아무 것도 첨가할 것이 없기 때문이다. 우리는 이 문제를 건설적으로 계속 다룰 것이다. 그러나 지금 당장은 초대 교회와 종교 개혁자들은 주의 날과 안식일을 결코 동일시하지 않았다는 것을 다시 한 번 단순히 언급해 둔다. 안식일과 주의 날을 동일시하는 일은 18세기 전에는 나타나지 않았다. 이것은 종교 개혁 당시에는 가차없이 부인되었다. 그러나 이것은 16세기와 17세기에 한층 더 강하게 나타났다. 주일 사용의 전체 문제를 혼미케 만든 것은 안식일과 주의 날을 동일시하는 것이었다. 그리고 이 문제를 더욱 복잡하게 만든 것은 안식일과 주의 날을 동일시하는 일이 한창 성할 바로 그 때에 웨스트민스터 신앙고백이 작성되었다는 사실이다. 전부터 현안이었던 전체 입장을 재고하는 일을 거의 부인할 수 없다.

이 문제를 역사적으로 고찰하기 위하여 많은 시간을 보낼 필요가 있었다. 왜냐하면 어떤 일을 개선하고 또 개혁하기 전에 상황이 어떻게 발생하였는가를 알아볼 필요가 가끔 있기 때문이다. 우리가 어떤 일을 처리하기에 앞서 그 상황을 이해하지 않으면 안 된다.

한 가지는 완전히 불가피하게 명백하게 되었다. 안식일과 주의 날은 각기 다른 날로 각기 다른 사건을 기념한다. 안식일은 한 주간의 마지막 날로 하나님께서 창조하신 후에 안식하신 것을 기념한다. 그러나 주의 날은 한 주간의 첫날은 우리 주님의 부활을 기념한다. 여기서 우리는 이 점을 명백히 하지 않으면 안 된다. 크리스천을 위해서는 안식일은 존재하지 않게 되었다. 크리스천은 안식일을 지키지 않는다. 예를 들면, 안식일 학교(Sabbath School)라고 말하는 것은 잘못된 것이다. 왜냐하면 크리스천에게는 그러한 것이 없기 때문이다.

다시 분명하고 확실하게 말하거니와 이 넷째 계명은 크리스천에게 전혀 구속력을 갖고 있지 못하다. 왜냐하면 안식일에 관한 규칙과 규례가 신적 권위에 의하여 주의 날로 옮겨졌다는 증거를 성서에서 찾아볼 수 없기 때문이다. 안식일은 크리스천의 제도가 아니다. 그러나 주의 날은 크리스천의 제도이다. 오늘날까지 유대인들은 토요일에 안식일을 지킨다. 유대인의 종교의 관점에서 볼 때에 안식일을 그렇게 지키는 것이 옳다. 그러나 크리스천은 그의 신앙에 있어서 최대의 사건인 예수님의 부활을 기념하는 자기 자신의 날을 갖고 있다. 이것은 우리가 다음과 같이 물을 필요가 없다는 것을 의미한다. 어떻게 나는 안식일을 지켜야만 하는가? 우리는 다음과 같이 묻는다. 어떻게 나는 주의 날을 지켜야만 하는가? 주의 날은 주로 본래는 이러한 일 또는 저러한 일을 해야 하며, 또 어떤 종류의 일과 행동을 금하는 날이 아니다. 어떤 종류의 행동과 일을 금하는 것은 유대인의 안식일이다. 주의 날은 주로 근본적으로 예수 그리스도께서 죽은 자 가운데서 부활하여 지금까지 살아계시면서 여기서 우리와 함께 계시다는 것을 우리가 기억하는 날이다. 주의 날에 우리는 어떤 일을 해서는 안 되고 또 어떤 일을 해야 한다고 논의할 때마다, 사실 우리는 크리스천 대신에 유대인이 되는 것이며, 또 사실 우리는 주의 날을 다시 안식일로 전환시키고 있다. 그러면 다음과 같은 것이 우리의 실질적인 물음이 아니다. 어떻게 우리는 안식일을 지킬 것인가? 그러나 우리의 물음은 다음과 같은 것이다. 어떻게 우리는 주의 날을 지켜야 하는가?

1) 중요한 물음은 다음과 같다.

우리는 특별한 날을 지키지 않으면 안 되는가? 참으로 강한 크리스천은 모든 날들을 꼭 같이 지킬 수 있다는 것이 분명히 바울의 견해였다(롬 14:1-6). 그러나 인간에게는, 모든 날을 꼭 같이 지킨다는 것은 어느 날도 전혀 지키지 않을 가능성이 있을 수 있다는 것을 그는 또한 알고 있었다. 이론적으로는 모든 날들이 하나님의 날이므로 특별한 날이 필요없다고 말할 수 있다. 그러나 실천적인 면에서 우리는 우리의 생각을 하나님과 부활하신 우리 주님에게 집중할 수 있는 특별한 날을 필요로 한다.

2) 그러면 이 날의 목적은 무엇인가?

먼저 쉬는 날이 여전히 필요하다. 옛 헬라의 격언이 말하고 있는 바와 같이, 항상 팽팽하게 줄을 긴장시켜 놓은 활은 정확하게 과녁을 맞출 수 없다. 프랑스 혁명 당시에 혁명가들은 종교와 관계되는 모든 것들을 폐지하였다. 그들은 일요일을 폐지하였다. 쉬는 날이 없어져 국민의 건강이 악화되자 그들은 다시 일요일을 공휴일로 회복시킬 수밖에 없었다. 만일 일하는 사람이 참으로 열심히 일하면, 주말에 가면 그의 일의 능률이 감소된다는 것이 노동의 기술을 전문으로 연구하는 사람에 의하여 확증된 잘 알려진 사실이다. 휴식하는 날을 가짐으로써 감소된 일의 능률은 회복될 수 있다. 휴식의 날은 사회적으로 산업적으로 필요하다는 것이 입증되었다. 휴식의 날이 없으면 일하는 사람의 건강이 나빠지고 그의 일의 능률은 떨어진다. 우리는 여기서 꼭 같은 어려운 문제에 봉착하고 있다. 모든 사람들을 이 일반 원리에 동의시키는 데는 거의 어려움이 없다. 실제로 이 원리를 적용하는 데 어려움이 있다. 우리는 주의 날을 휴식의 날로 가져야 한다는 원리를 갖고 있다. 그러나 휴식이 무엇이냐라는 바른 정의(定義)가 절대적으로 필요하다.

이 계명이 규정되었을 때 그것은 거의 모든 일이 육체의 노동이었던 사회 안에서 규정되었다. 사람은 밭을 갈고 추수를 하고, 또는 호수에서 고기를 잡고, 노는 양을 쳤다. 그는 주말이 되면 근육이 아프고 몸의 기운이 쇠약해져 육체적으로 지쳐 있었고 피곤해졌다. 이러한 사람을 위해서 휴식은 분명히 아무 것도 하지 않는 시간이었다. 그는 휴식 시간에 아무 것도 하지 않고 피곤한 몸을 편히 쉬게 하는 것이 필요했다. 그러나 현대의 상황은 아주 다르다. 순수한 육체의 노동은 점점 감소되고 있다. 육체의 노동 없이도 할 수 있는 일이 점점 많아지고 있다.

현대인의 건강 상태의 큰 문제 중의 하나는 너무나 많은 사람들이 운동이 부족하다는 것이다. 현대의 많은 직업병의 대부분은 너무나 육체를 사용치 않는 데서 온 직접적인 결과이다. 사람들은 사무실에 앉아서 일을 한다. 전문직에 종사하는 사람은 대개 의자에 앉아서 책상에서 일을 한다. 이러한 사람들에게는 몸을 움직이지 않는 비활동이 참다운 휴식이 아니다. 이들에게 참다운 휴식은 몸을 움직이는 활동이다. 이러한 사람들에게는 휴식의 날이 그의 몸을 움직여 활동하는 날이 되어야 할 것이다. 이러한 사람들은 몸을 활동시킴으로써 건강을 유지할 수 있다.

바로 이러한 이유에서 만일 어떤 사람이 주의 날에 건강에 좋은 게임을 한다든가, 바다에서 수영을 한다든가, 등산을 한다든가, 시골길을 산책하는 것에 대하여 조금도 양심의 가책을 느낄 필요가 없다. 주의 날에 스포츠를 구경하는 것을 문제삼을 필요는 없다. 휴식의 날을 지키는 크리스천에게는 골프 코스, 테니스 코트, 크리켓 피치(cricket pitch, 삼주문 사이의 간격-역주), 바다와 산은 금지되어 있지 않다고 말할 수 있다.

혈전증(thrombosis)을 앓는 사람이 앉아서 식사하는 상황에 놓여 있을 때에, 쉬는 날은 그의 영혼과 함께 그의 몸을 운동시키는 날이 되어야 할 것이다. 문명생활을 살고 있는 현대인에게 있어서 비활동이 휴식은 아니다. 이 비활동이 바로 현대인의 몸을 망치고 있다. 사람은 그의 필요에 따라 휴식이라는 말을 해석해야 한다. 만일 그가 주말에 무엇보다 그의 몸이 활동할 필요가 있다는 것을 발견하거든, 두려움 없이 그의 몸을 활동시키자.

3) 셋째로 주의 날은 확실히 가족의 날이 되어야 한다.
기독교만큼 가족의 중요성을 높이 평가하는 종교는 없다. 옛날에는 농장, 고기잡이 배, 그리고 마을에서 한 가족이 함께 살았다. 날마다 그들은 함께 일하고, 식사하고, 잠자면서 같이 살았다. 자녀들이 성장하여 결혼한 다음에도 그들은 같은 집 안에 머물러 있었다. 그러나 현대의 상황에서는 가족의 일원들이 일주일 동안 내내 얼굴을 마주 대할 수 없다. 그들은 낮 동안 그들의 직장에 가서 각기 일해야 한다. 그들은 각기 학교에 가서 공부해야 한다. 그들은 저녁에는 각기 자기들의 활동을 갖는다. 많은 가정에서는 가족들이 함께 점심 식사를 할 수 없다.
자녀들이 장성하여 결혼하게 되면, 그들은 옛 집에 그대로 남아 살지 않는다. 그들은 옛 집을 떠나 각기 자기들의 길을 간다. 이러한 환경에서 주의 날은 가족이 함께 모이는 날이 될 수 있고 또 그렇게 되지 않으면 안 된다. 이 날에 가족의 일원들은 가족으로서 만나야 한다. 이 날에는 집을 떠나 있던 아들들과 딸들이 집으로 돌아와야 한다. 이 날에 손자 손녀들은 그들의 할아버지와 할머니를 만나야 한다. 이 날에 현대생활에 의하여 방해를 받아 단절되었던 가족 관계가 다시 회복되어야 한다. 오늘날까지도 주일 낮 점심식사 속에 어떤 상징주의

(symbolism)가 남아 있다. 그것은 일종의 가정의 성례전(sacrament of the home)이 될 수 있다.

우리는 지금까지 주의 날을 휴식의 날로 생각해 왔다. 그러나 우리는 휴식을 반드시 비활동으로 생각할 것이 아니라 그 말의 참다운 의미에서 생각해야 한다. 우리는 주의 날을 가족이 만나는 날로 생각해 왔다. 그러나 주의 날은 그보다 훨씬 더 깊은 뜻을 갖고 있다. 우리는 주의 날이 갖고 있는 보다 큰 의미와 보다 귀중한 가치를 발견하지 않으면 안 된다. 그러면 지금부터 우리는 이 날이 갖고 있는 신령한 면에 속하는 일들을 살펴보기로 하자.

4) 주의 날은 항상 하나님의 백성이 함께 모이는 날이었다.
만일 우리가 그들이 함께 모인 이유를 찾아내면 주의 날의 가장 중요한 사용법을 발견하게 될 것이다.

주의 날의 가장 중요한 사용법을 발견하는 최선의 길은 초대 교회로 돌아가는 것이다. 그리고 크리스천이 한데 모인 것에 대한 교회 자체의 기술(記述)을 찾아보는 것이다.

우리는 크리스천에 의하지 않은 하나의 기술로 시작한다. 이 기술은 비디니아의 총독(the governor of Bithynia) 프리니(Pliny)가 주후 111년에 로마 황제 트라쟌(Trajan)에게 보낸 것이었다. 트라쟌은 프리니를 비디니아의 총독으로 파송했다. 프리니는 트라쟌의 우정을 향유하였다. 그는 어떤 문제가 발생 할 때마다 트라쟌의 충고를 직접 구했다. 그가 봉착한 문제들 중의 하나는 크리스천을 죄수들, 범법자 그리고 악행자로 취급할 것이냐 말 것이냐였다. 그래서 프리니는 크리스천을 조사한 후에 크리스천들이 말한 내용을 트라쟌에게 편지로 써 보냈다(Pliny, *Letters* 10. 26). 프리니가 크리스천을 동정하고 있었던 것은 명백하다. "그들은 일정한 날 해뜨기 전에 모이는 습관을 갖고 있었습니다. 그들은 하나의 선으로 그리스도에게 찬송을 불렀습니다. 그리고 그들은 악한 행동을 하지 않기로 엄숙히 맹세했습니다. 그들은 사기 행위를 하지 않고, 도둑질이나 간음을 범하지 않았고, 배신할 것을 강요당했을 때에도 결코 신의를 저버리지 않았습니다. 이와같은 일이 있은 후에 그들은 헤어졌다가 음식을 같이 나누기 위하여 다시 모이는 습관을 갖고 있었습니다. 이들이 드는 음식은 보통 음식으로 청정한 것이었습니다."

이것은 크리스천 예배에 관한 첫 번째 기술이다. 그리고 이것은 로마 총독의 기술이므로 아주 편견이 없는 것이 틀림없다.

두 번째 기술은 저스틴 마터(Justin Martyr)가 주후 150년경에 기독교를 옹호하기 위하여 로마 정부에 써 보낸 것이었다(Justin *First Apology* 67). "일요일이라고 불려지는 날에 도시와 시골에 사는 모든 사람이 한 장소에 모며 사도들의 회고록 또는 예언자들의 예언서를 시간이 허락하는 한 길게 읽는다. 읽는 것이 그치면, 회장이 말로 이 선한 일들을 모방할 것을 가르치고 또 권고한다. 그 다음에 모두 일어나 기도를 드린다. 전에 언급한 바와 같이, 우리의 기도가 끝나면, 떡과 포도주를 가져온다. 회장은 같은 모양으로 기도를 드리고 또 그의 능력을 따라 감사를 드린다. 그리고 교인들은 그의 기도에 동의하여 아멘이라고 말한다. 떡과 포도주가 각자에게 분배된다. 그리고 감사를 드린 떡과 포도주를 먹고 마신다. 집사들은 그 자리에 참석하지 못한 사람들에게 떡과 포도주를 보내준다. 부요한 사람들은 각자에게 적합하다고 생각되어지는 것을 자진하여 바친다. 모아진 연보는 회장에게 맡긴다. 회장은 그 연보로 고아와 과부를 돕는다. 병들거나 그밖에 다른 이유로, 가난한 사람들과 감옥에 갇힌 사람들과 나그네들과 그밖에 가난한 모든 사람들을 회장은 연보로 돕는다."

세 번째 기술은 터툴리안(Tertullian A.D. 155-222)이 기독교를 옹호한 것이다. 이것은 길지만 매우 중요하기 때문에 전부를 인용해야 하겠다(Tertullian, *Apoligy* 39). "우리는 성회와 회중으로 함께 모인다. 마음과 힘을 합해서 하나님께 기도 드리고 우리의 간구를 갖고 그와 씨름하기 위하여 우리는 한데 모인다. 하나님께서는 이러한 맹렬한 기도를 좋아하신다. 우리는 역시 황제들, 그들의 각료들, 모든 당국자들, 세계의 복지, 평화의 유지, 최후의 종말의 지연을 위하여 기도한다.

"만일 경고와 회고를 위한 특별한 때가 필요하면, 우리는 성서를 읽기 위하여 한데 모인다. 우리는 거룩한 말씀으로 우리의 신앙을 키우고, 우리의 소망에 생기를 주고, 우리의 확신을 더욱 굳게 만들고, 하나님의 교훈의 말씀으로 좋은 습관을 굳건하게 만든다. 같은 장소에서 권고, 책망, 그리고 거룩한 견책을 한다. 하나님 앞에 있다는 확신을 갖고 있는 사람들에게 유익을 주기 위하여 우리 사이에 신중히 판단하는 일이 있다. 당신은 장차 임할 심판의 가장 유명한 본보기를 갖고 있다. 그리고 누구든지 중대한 죄를 범한 사람은 기도, 그리고 모임과 모든 거룩한 교제에서 떠날 것이 요구되었다.

"우리 장로들 중의 믿을 만한 사람들이 예배를 인도한다. 이들은 돈을 주고 명예를 산 것이 아니라 수립된 인격에 의하여 명예를 획득하였다.…"

"한 달에 한 번씩 드리는 연보 날에 만일 그가 원하면, 각자 조금씩 바친다. 만일 그가 연보를 바칠 수 있으면, 기쁨으로 그는 바친다. 왜냐하면 연보는 강요되지 않기 때문이다. 모두 자진하여 연보를 바친다. 말하자면, 이 선물들은 경건의 기탁금들이다. 이 기금으로는 먹고 마시는 잔치를 위하여 쓰여지는 것이 아니라 가난한 사람들을 돕고 또 가난한 사람들의 장례비로 사용되고 부모가 없는 소년과 소녀들을 돕고 또 가난한 노인들과 난파를 당한 사람들을 돕는 데 사용되었다. 광산 사고를 당한 사람들, 하나님의 교회를 섬기는 신앙 때문에 외로운 섬으로 추방되거나 감옥에 갇힌 사람들을 위하여 이 기탁금은 사용되었다."

그 다음에 그는 애찬(the Love Feast)인 아가페(Agape)에 관하여 계속 언급하고 있다. 모든 초대 교회의 회중들은 주의 날에 공동의 식사를 가졌다. 많이 가진 자는 이 애찬에 많은 것을 가져왔고, 가난한 사람은 적게 가져왔다. 노예들은 가끔 그들의 굶주림 이외에 아무것도 가져오지 못했다. 모든 사람들은 이 애찬에서 기쁜 친교를 나누었다. "우리의 잔치는 그 이름 자체가 잘 설명해 준다. 헬라어는 사랑을 의미한다.… 이것은 종교적 예배의 행위에서와 같이 비열함 또는 불근신함은 허용되지 않는다. 참석자들은 음식의 맛을 보기 전에 먼저 하나님께 기도드린다. 굶주림을 채워줄 정도로 음식을 먹었고 정절을 지키는 사람에게 알맞을 정도로 마셨다. 철야 예배를 하나님께 드리는 사람들이 기억하고 있는 바와 같이 그들은 충분히 먹는다. 그들은 마치 주님께서 그들의 이야기를 듣는 사람들 중의 하나이신 것처럼 말을 한다. 그들이 몸을 씻은 다음에 등불을 가져온다. 그러면 각자 일어나 찬송을 부른다. 각자 성서의 내용 또는 자작한 노래로 하나님께 찬송을 드린다.… 잔치가 기도로 시작되는 것과 같이 기도로 끝난다. 우리는 애찬을 마친 후에 악한 행동을 하는 무리와 같지 않게, 방랑자의 무리와 같지 않게, 음란한 행동을 하는 무리와 같지 않게 그곳을 떠난다. 우리는 잔치에 참여하기 보다는 오히려 미덕의 학교에 다녀오는 것처럼, 정숙과 정절한 모습으로 그곳을 떠난다."

주의 날의 예배에 관한 초기 기독교인의 이러한 기술들을 우리가 읽을 때에 어떤 사실들이 나타나는 것을 볼 수 있다. 이러한 사실들은 하나의 패턴(pattern)으로 남을 수 있다.

① 그들은 주의 날을 공부를 위하여 사용했다. 저스틴과 터툴리안은 다 같이 성서를 읽는 것을 강조하였다. 사실 이것은 너무나 강조되었기 때문에 이것은 예배의 주요한 부분처럼 보인다. 크리스천은 항상 주의 날을 그가 고백하고 있는 신앙에 관하여 좀더 많은 것을 알아보는 데 사용해야 한다. 이러한 일은 설교를 들음으로써 가능하다. 성경학교 또는 성경반에 참석함으로써 이러한 일이 가능하다. 신앙의 내용을 토의하는 모임에 참석함으로 이러한 일이 가능하다. 종교 시간을 방송하는 라디오를 청취하거나 또는 텔레비전을 시청함으로써 이러한 일이 가능하다. 신앙을 가르치는 책을 읽음으로써 이러한 일이 가능하다. 어떤 방법으로든지 주의 날은 가르치거나

또는 배우는 날이 되어야 한다.

② 그들은 주의 날을 기도를 위하여 사용하였다. 말하자면, 그들은 이 날을 하나님을 보다 잘 알기 위하여 사용하였다. 주의 날에 그들은 그들의 삶의 사정을 하나님 앞에 다 아뢰었다. 기도 역시 초기 크리스천의 주의 날의 패턴의 한결같은 부분이었다. 만일 주의 날이 그밖에 다른 것이 아니라면, 우리가 다른 일을 중단하고 하나님을 기억하는 날이 되어야 한다. 이 날에 우리는 우리 자신의 필요와 온갖 종류의 사람들의 사정을 하나님 앞에 아뢰어야 한다.

③ 그들은 주의 날을 친교를 위하여 사용했다. 그들은 매주 이 날에 그들의 애찬을 들었다. 애찬시에 그들은 한데 모임으로써 모든 사회적 장벽을 극복하고 그리스도 안에서 한 형제의 연합된 무리가 되었다. 오랜 세월을 지내오면서 교회는 많은 것들을 잃고 또 많은 것들을 얻었다. 교회가 애찬을 잃은 것은 비극들 중의 하나이다. 교회가 아무리 많은 것을 얻었다 할지라도 애찬의 자리를 메꿀 수 없다. 기묘하게도 같이 식사를 함으로써 우리는 하나로 연합된다.

④ 그들은 주의 날을, 실제로 그 친교를 효과적인 것으로 만드는 데 사용했다. 변함없는 패턴의 일부분은 가난한 사람들과 어려운 처지에 있는 사람들을 위하여 자진하여 연보하는 것이다. 우리는 이 일을 신약 성서로 돌아가 찾아볼 수 있다. 바울이 고린도 교인들에게 편지 할 때에 그는 그들이 예루살렘 교회의 가난한 교인들을 위하여 연보한 사실을 상기시키고 있다. 그는 다음과 같이 말했다. "매주일 첫 날에 너희 각 사람이 이를 얻은 대로 저축하여 두어서 내가 갈 때에 연보를 하

지 않게 하라"(고전 16:2). 주의 날은 항상 우리보다 불운한 사람들을 돕는 데 사용하지 않으면 안 된다. 한 주간의 다른 날들에 우리는 다른 사람들을 생각할 시간의 여유를 갖지 못한다. 주의 날은 우리가 다른 사람들을 기억할 수 있는 날이다. 오늘날 현대 세계에서는 연보 접시에 동전이나 지폐를 올려 놓는 것으로 다른 사람들을 가장 잘 기억할 수 있는 것이 아니라 나이 많은 노인이나 외로운 사람이나 낯선 곳에 있는 나그네를 방문하거나 초청함으로써 그들을 가장 기억하는 것이 된다.

⑤ 그들은 주의 날을 찬양을 위하여 사용하였다. 이방인이었던 프리니와 크리스천이었던 터툴리안이 다같이 크리스천 회중들이 어떻게 찬송을 불렀는가에 대하여 언급하고 있다. 우리는 이 일을 알아보기 위해서도 신약 성서로 돌아가보는 것이 좋다. 고린도 교인들에게 보낸 편지에서 바울은 다시 고린도 교인들이 찬송으로 예배를 드렸다고 말하고 있다(고전 14:26). '너희가 모일 때에 각각 찬송시도 있으며'는 어느 크리스천 성회의 개최에도 적합한 것이다.

⑥ 그들은 주의 날을 도덕적 생활을 강화하는 데 사용하였다. 이방인이었던 프리니조차 크리스천들이 선한 삶을 살았다고 증언하고 있다. 저스틴과 터툴리안도 선한 생활을 위한 권고가 있었다는 것을 말해 주고 있다. 터툴리안은 크리스천답지 않은 삶을 산 교인에게는 징계가 있었다고 말해 주고 있다. 그들의 목표는 주의 날을 도덕적으로 강화되고 또 영적으로 고양된 새로운 주간을 시작하는 데 사용하는 것이었다.

우리가 믿고 있는 신앙에 관하여 더 많은 것을 아는 것, 하나님과 우리 이웃에게 좀더 가까이 접근하는 것, 다른 사람들을 기억하고 돕는 것, 하나님께 찬양을 드리는 것, 우리의 인생길을 좀더 확고한 걸음으로 걷는 것 – 이 모든 것들은 주의 날을 사용하는데 있어서 초대 크리스천들의 목표였다. 이것들이 초대 크리스천 당시에 타당했던 것과 꼭 같이 오늘날에 있어서도 유효한 목표이다.

5) 크리스천은 주의 날을 예배를 위하여 사용해야 한다.
예배라는 것은 매우 넓은 의미를 갖고 있는 말이다. 예배(worship)는 가치있는 것(worth-ship)이다. 예배하는 것은 하나님의 최고의 가치를 경험하고 그리고 고백하는 것이다. 이것은 어떤 수단을 통하여 하나님의 현존(the presence of God)을 발견하는 것이다. 그리고 이러한 발견을 통하여 하나님의 현존에 알맞은 삶을 살 수 있는 힘과 영감을 발견한다. 예배에 관한 윌리암 템플(William Temple)의 정의는 예배가 가져야 할 보다 넓은 상황 속에 예배를 두고 있다. 그는 "예배하는 것은 하나님의 거룩함에 의하여 양심을 각성시키는 것이며, 또 하나님의 진리로 정신을 기르고 또 하나님의 아름다움으로 상상을 깨끗이 정화하고, 또 하나님의 사랑을 향하여 마음을 열게 하고, 또 의지를 하나님의 목적에 바치는 것이다"라고 말한다.

우리는 여러 가지 방법으로 예배드릴 수 있다는 것을 분명히 인정하지 않으면 안 된다. 인습적인 종교의 정신을 갖고 있는 사람이 아무리 이것을 시인하고 받아들이기 어렵더라도 예배라는 말의 참다운 의미에 있어서 교회는 예배의 유일한 장소는 아니다.

어떤 사람들에게 있어서 자연 자체가 하나님의 전이다. 워즈워드(Wordsworth)는 '틴턴 대수도원 몇 마일 위에서 지은 시(Lines composed a few miles above Tintern Abbey)'에서 자연의 이러한 경험을 기록하고 있다.

>나는
>고양된 생각의 기쁨으로
>나의 마음을 설레게 만드는 현존을 느꼈다.
>나는 좀더 깊이 침투해 들어온 것에 대한 고상한 감각을 느꼈다.
>그것의 거처는 석양의 빛,
>그리고 둥근 대양과 살아있는 공기,
>그리고 푸른 하늘과 인간의 마음이다.

분명히 이것은 예배에 관한 기술(記述)이다. 인간은 틀림없이 자연속에서 예배 할 수 있다. 만일 우리가 하나님께서 창조하신 세계 속에서 하나님을 만날 수 없다면, 그것은 이상하다.

인간은 음악으로 하나님을 예배할 수 있다. 헨델에게 어떻게 그의 메시아(Messiah)를 작곡하는 데 성공할 수 있었느냐고 물었을 때에 그는 다음과 같이 대답했다. "나는 하늘이 열리어 하나님께서 그의 위대한 백보좌에 앉아계신 것을 보았다." 그리고 바로 이러한 경험이 그로 하여금 음악을 작곡케 하였다.

인간은 아름다움으로 예배할 수 있다. 배리(F. R. Barry)는 위대한 감독이었던 「메리빈 하이(Mervyn Haigh)의 생애」라는 저서에서 헤드리 버로우스(Hedley Burrows) 사제장이 그에게 말해 준 하이에 관한 이야기를 반복하고 있다. 그가 히어포트 (Hereford)의 사제장이었을 때에 메리빈 하이가 한 번 그를 만나기 위하여 온 적이 있다고 버로우스가 말했다. 버로우스는 다음과 같이 그의 이야기를 계속했다. "그(하이)는 나를 대성당 안으로 데리고 들어갔다. 그는 나를 본당 북쪽 회중석으로 인도하였다. 이곳에서 그는 남쪽 수랑(transept, 袖廊)에 있는 15세기에 만들어진 둥근 천장을 볼 수 있었다. 저 빛이 나로 하여금 성직자가 되도록 결심케 하였습니다'라고 그는 말했다. 아름다움을 통해서 하나님께서는 메리빈 하이에게 말씀하셨다."

오늘날 현대 세계에서 인간은 라디오와 텔레비전을 통하여 방송되는 예배시간에 그의 예배를 발견할 수 있다. 여러 해 동안 계속해서 방송되는 잘 짜여진 프로그램을 갖고 있는 예배시간, 가령 예를 들면, 민중의 예배(People's service)같은 데서 우리가 경험하는 이상한 일 중의 하나는 보이지 않는 친교를 그 시간에 예리하게 의식하는 것이다. 볼 수는 없으나 생생하게 그리고 강력하게 느끼고 있는 예배의 공동체 한 가운데 있다는 분명한 의식을 갖게 된다.

대다수의 사람들에게 있어서 예배는 교회 안에서 갖는 통일된 행위임에 틀림이 없다. 교회 밖에서 갖는 예배를 예배로 시인하는 것을 적어도 주저하거나 거부할 수 있을지 모르겠다. 그러나 만일 예배가 하나님의 현존, 하나님의 위대성, 그리고 삶을 하나님께 바치는 것이라고 깨닫고 시인하는 것이라면, 여러 종류의 예배가 있을 수 있고 또 인간은 하나님께 나아가는 자기 자신의 질을 발견하지 않으면 안 된다. 그는 주의 날을 하나님이 매우 가까이 계신다는 것을 재발견하고, 깨닫고, 그리고 기억하는 데 사용해야만 한다.

크리스천은 주의 날 안에서 위대한 소유를 갖고 있다. 주의 날은 유대인의 안식일이 아니다. 그리고 주의 날을 유대인의 안식일과 혼동해서는 안 된다. 주의 날은 안식의 날이다. 그러나 안식은 개인의 필요를 따라 해석되어야 한다. 주의 날은 가족과 친지를 만나는 날이다. 주의 날은 신앙의 의미를 좀더 깊이 읽고, 연구하고, 그리고 토론하는 날이다. 주의 날은 우리보다 불우하고, 가난하고, 그리고 외로운 사람들을 기억하는 날이다. 주의 날은 우리가 하나님의 현존을 깨닫고 그에게 예배를 드림으로써 일주일 동안 내내 바르게 살고 행할 수 있는 힘을 얻는 날이다.

제 6 장

제 5 계명

아버지와 어머니

　제 5계명은 다음과 같다. "네 부모를 공경하라." 이 계명은 인간 사회의 구조 속에 바로 조립되어 있다. 레위기 19장 3절에는 조금 다른 형식으로 다음과 같이 기술되어 있다. '너희 각 사람은 부모를 경외하고' 유대교의 랍비들은 열정을 갖고 성서를 상세하게 주석한다. 그러므로 그들은 출애굽기에서는 아버지가 먼저 나오지만 레위기에는 어머니가 먼저 나오는 것을 살펴보고는 이것은 아버지께와 어머니께 드리는 공경은 꼭 같은 것이어야 한다는 것을 입증하고 있다고 말했다. 그들은 다음과 같이 상술(詳述)하였다. "어머니는 아들을 총애하기 때문에 아들은 자연히 그의 아버지보다 그의 어머니를 더 공경한다. 그러므로 하나님께서는 어머니께 대한 공경 앞에 아버지께 대한 공경을 놓으셨다. 아버지는 그의 아들에게 율법을 가르치기 때문에 아들은 그의 어머니보다 그의 아버지를 더 경외한다는 것이 하나님에게 알려져 있다. 그러므로 하나님께서는 아버지에 대한 경외 앞에 어머니께 대한 경위를 놓으셨다." 아버지와 어머니를 꼭 같이 공경해야 한다는 것을 확실하게 하기 위하여 이 계명의 두 형식이 존재한다고 랍비는 주장하였다.

이 계명을 범하는 사람에게는 엄한 벌을 내리기로 되어 있었다. 아버지 또는 어머니를 저주하는 사람은 누구나 죽임을 당하게 되어 있다(레 20:9, 출 21:17). 두 가지 가장 중요한 것을 살펴보아야 한다. 아버지와 어머니를 공경하라는 계명은 하나님께 대한 우리의 의무를 규정한 계명 바로 뒤에 나와 있다. 이 계명을 범한 죄에 대한 벌은 하나님께의 저주에 대한 벌과 꼭 같다(레 24:15).

이 계명의 다양한 전개가 구약 성서 다른 부분에 나온다. 잠언서에 이에 대한 언급이 두 번 나온다. "자기의 아비나 어미를 저주하는 자는 그 등불이 유암 중에 꺼짐을 당하리라"(잠 20:20). "아비를 조롱하며 어미 순종하기를 싫어하는 자의 눈은 골짜기의 까마귀에게 쪼이고 독수리 새끼에게 먹히리라"(잠 30:17). 이 계명을 범하는 것의 중대성을 아무도 의심할 수 없다. 이 계명에 관한 가장 길게 그리고 가장 인상적으로 상론(詳論)된 것을 경외서인 집회서 3장 1절-16절에서 찾아볼 수 있다.

너희는 들어라. 내가 자녀의 본분에 대해서 말하리니
내 말을 듣고 실천하면 구원을 받으리라.
주님께서는 자식들에게 아비를 공경하게 하셨고
또한 어미의 권위를 보장해 주셨다.
아비를 공경하는 것은 자기 죄를 벗는 것이며
어미를 공경하는 것은 보화를 쌓아 올리는 것이다.
아비를 공경하는 사람은 자기 자식들에게서 기쁨을 얻고
그가 기구하는 것을 주님께서 들어주시리라.
아비를 공경하는 사람은 오래 살 것이며
주님께 순종하는 사람은 어미를 평안케 한다.
(주님을 두려워하는 사람은 아비를 공경하며)
하인이 주인을 섬기듯이 자기 어버이를 섬길 것이다.
말과 행실로 네 아비를 공경하여라.
그러면 그의 축복을 받으리라.
아비의 축복은 그 자녀의 집안을 흥하게 하고
어미의 원망은 그 집안을 뒤엎는다.
네 아비를 가벼이 여기거나 자기 자랑을 하지 말아라.
네 아비의 불명예가 어찌 너의 명예가 되겠느냐?
아비의 명예는 자식의 영광이며
어미의 불명예는 자식의 치욕이다.
너는 네 아비가 늙었을 때 잘 보살피고
그가 살아 있는 동안 슬프게 하지 말아라.
그가 설혹 노망을 부리더라도 잘 참아 받고 네가 젊고 힘있다고
해서 그를 업신여기지 말아라.
아비를 잘 섬긴 공은 잊혀지지 않으리니
네 죄는 용서받고 새 삶을 이룰 것이다.
네가 역경에 처했을 때 주님께서는 너의 효도를 기억하시겠고

네 죄는 얼음이 햇볕에 녹듯이 스러질 것이다.
자기 아비를 저버리는 것은 하나님을 모독하는 것이요
어미를 노엽게 하는 것은 주님의 저주를 부르는 것이다.

처음부터 끝까지 구약 성서는 이 계명을 반복하고 있다. 이 이야기들 중의 가장 놀라운 것은 랍비 탈폰(Tarfon)에게 속한다. 그 이야기는 다음과 같다. 탈폰의 어머니가 잠자리에서 일어날 때에 그는 엎드려 그의 어머니의 등을 그의 어머니가 짚고 일어나게 했다고 한다. 한 번은 그의 어머니의 신발이 다 해져서 수선할 수조차 없게 되었다고 한다. 그녀는 맨발로 걷지 않을 수 없게 되었다. 그러자 랍비 탈폰은 그의 손바닥을 땅 위에 펴놓고 그의 어머니로 하여금 돌이 많이 깔린 길 위를 그의 손등을 밟고 걷게 하였다. 랍비는 부모님을 공경하는 영광이 어느 다른 영광보다 더 크다고 생각했다. 그들의 유일한 불평은 '너는 공경하라는 계명의 반을 성취하지 않았다'이다. 예수님께서 이 계명이 구속력이 있는 것으로 두 번 인용하셨다. 그는 마가복음 7장 9-13절에서 그와 같이 하셨다(마 15:4-6 참조). 이 구절에서 그는 교묘하게 이 계명을 회피하는 사람들을 정죄한다. 자기 부모님을 돕는 것을 피하기 위하여 그들이 소유하고 있는 모든 것을 고르반(Korban)이라고 선언했다. 고르반이란 형식적으로 하나님께 바친 것을 뜻한다. 나이 많이 든 노부모님들이 도움을 청하면, 그들은 "우리는 부모님을 도울 수 없습니다. 우리의 모든 소유는 하나님께 바쳤습니다"라고 대답하였다. 그러나 이것은(부모님을) 돕는 것을 교묘하게 피하는 하나의 술책이었다. 예수님께서는 이 계명을 어떤 젊은 부자 관원에게 선과 영생을 구하는 모든 사람이 지켜야 할 계명으로 역시 인용하셨다(마 19:19, 막 10:19, 눅 18:20).

　예수님과 이 계명에 관하여 언급할 것이 아직 더 남아 있다. 예수님 자신이 이 계명을 매우 신중하게 지키셨다고 말할 수 있다. 예수님은 33세에 돌아가셨다. 그는 33년 중에서 30년간은 나사렛 마을에서 보내셨다. 세상의 구세주이신 그는 그의 생애의 11분의 10을 나사렛 마을 집에서 보내셨다. 왜 그는 이렇게 하셨을까? 그 가족의 아버지였던 요셉은 젊어서 죽은 듯하다. 우리는 갈릴리 가나의 혼인 잔치의 이야기 속에 요셉에 관하여 언급된 것을 찾아볼 수 없다(요 2:1-11). 요셉이 죽었기 때문에 마리아의 몸에서 맨처음에 출생한 맏아들이었던 예수님께서는 그의 어머니 마리아와 그의 어린 남동생들과 여동생들을 부양할 책임을 지게 되었다. 그는 그의 가족과 그의 어머니에 대한 의무를 충실하게 감당하셨다. 우리는 요한의 이야기 속에서 그가 십자가상에서도 그의 어머니를 여전히 생각하고 있었다는 것을 발견할 수 있다(요 19:26, 27). 예수님께서는 다섯째 계명을 지키라고 다른 사람들에게 말씀하셨을 뿐만 아니라 자기 자신도 지키셨다.

　유대인들과 마찬가지로 헬라인들과 로마인들도 부모님을 공경해야만 했다. 「법」(*Laws* 717 C,D,E)이라는 저서에서 플라토(Plato)는 부모님을 공경해야 한다고 기록하고 있다. 부모님께 대한 공경이 신들에 대한 공경 다음에 나와 있다. 그는 다음과 같이 말한다. 모든 정직한 사람들은 빚을 갚아야 한다. 모든 자녀들은 자기들의 부모님들이 그들의 생명을 주고, 또 보존해 주고, 돌봐주고, 사랑해 준 것에 대하여 지고 있는 빚과 같이 그렇게 근본적이고, 가장 본질적이고, 그리고 보편적인 빛이 없다. "일생동안 사람은 무엇보다 그의 부모님께 대하여 열심히 말로 경외해야 하다. … 그러므로 아들은 그의 부모님이 화를 낼 때에 그들에게 복종해야 한다. 부모님이 말로나 행동으로 그들의 분노를 나타낼 때에 아들은 그의 부모님을 용서해야 한다. 아버지가 자기의 아들에게 학대를 받고 있다고 생각할 때에 그는 특별히 화를 내는 것이 자연스러운 것이므로 아들은 그의 아버지를 용서해야 한다." 아들은 그의 부모님이 돌아가시면 정중히 장례식을 치루고 매장하고 또 부모님을 정중하게 추모해야 한다. 유대인 교사들과 같이 플라토는 부모에 대한 공경을 높이 평가하였다. 그리고 그는 유대인 교사들과 같이 부모님을 공경하는 자녀들은 신들의 축복을 받는다고 말했다.

아리스토틀(Aristotle)도 부모 공경의 동일한 의무를 말하고 있다. 그는 다음과 같이 말한다. "우리는 우리 부모님께 빚을 지고 있고 또 우리가 도덕적으로 자립하기 전까지 우리 존재의 창조자이므로 우리 부모님은 우리에게 생계를 도와줄 것을 요구할 우선적인 권리를 갖고 있다. 신들을 공경하는 것과 같이 부모님을 공경해야 한다"(*Nicomachean Ethics* 9. 2. 8). 유대교와 헬레니즘(Hellenism)의 위대한 윤리 교사들이 하나님께 대한 공경과 부모님께 대한 공경을 자주 관련시키고 있는 것은 참으로 놀랍다.

참으로 로마인들만큼 부모님을 공경한 민족은 지금까지 없었을 것이다. 로마인들은 아버지의 권리의 법(patria potestas)을 갖고 있었다. 위대한 로마의 법학자 가이우스(Gaius)가 언급한 바와 같이(1. 55), 아버지의 권리의 법과 같은 것이 다른 국가의 법에는 없다. 일생을 통하여 로마의 아버지는 그의 아들에 대하여 절대적 권리를 갖고 있었다. 로마인의 아들은 그의 아버지가 생존해 있는 한 결코 어른 행세를 할 수 없었다. 그는 법적으로 재산권을 조금도 행사할 수 없었다. 법적으로 그리고 이론상으로 아들에 대한 아버지의 권리는 절대적인 것이었다. 아버지는 그의 아들을 투옥시킬 수 있었다. 아버지는 그의 아들을 채찍으로 때릴 수 있었고, 그를 쇠사슬로 결박해 놓을 수 있었고, 그를 밭에 보내 일을 시킬 수 있었고, 그리고 심지어는 죽일 수까지 있었다. 아버지는 그의 아들이 유명한 명사이고 또 국가의 고위직에 있을지라도 이와 같은 일들을 그의 아들에게 할 수 있었다. 아들을 아버지의 권리로부터 구원해 낼 수 있는 합법적인 권력이 없었다(Dionysius of Halicarnassus, *Roman Antiquities* 2. 26. 4).

로마의 역사에는 아버지들이 이 무제한의 권리를 어떻게 사용했는가를 말해 주는 이야기들 – 이 이야기들 중의 대부분은 전설적인 것이다 – 로 점철되어 있다. 투스쿠란족(Tusculans)과의 전쟁을 할 때에 타이투스 만리우스 토쿠아투스(Titus Manlius Torquatus)의 아들의 운명에 관한 리비(Livy)의 유명한 이야기(8. 7. 1)가 있다. 로마인은 투스쿠란족 사람과는 단 한 번의 전투도 해서는 안 된다는 엄격한 명령을 타이투스는 받았다. 만리우스의 아들은 정찰대원으로 파견되어 있었다. 투스쿠란족 사람의 도발을 받고 그는 단 한 번의 전투에서 영광스럽게 승전하였다. 그는 그의 전우들의 환호를 받으면서 그의 전리품들을 갖고 그의 아버지의 아들임을 기뻐하면서 집으로 돌아왔다. 그러나 그는 단 한 번의 전투도 해서는 안 된다는 법에 순종치 않았다. 그래서 그의 아버지는 그가 승리에 도취되어 있는 순간에 그를 처형했다. 아마 이 이야기는 전설적인 것일 것이다. 그러나 역사적인 카티라인(Catiline) 음모 사건 때의 이야기가 있다.

음모 사건 동안에 로마 원로원 의원의 아들이었던 아우루스 풀비우스(Aulus Fulvius)는 카티라인 음모 사건에 가담하였다. 카티라인의 음모 사건이 실패하자 아우루스 풀비우스는 자기의 아버지의 명령으로 체포되어 처형되었다. 로마인 아버지는 그의 아들에 대하여 이같이 절대적 권리를 갖고 있었다. 그리고 역사시대까지 로마인 아버지들의 이러한 절대적 권리를 그의 아들에게 행사하는 것을 주저치 않은 사건들이 있었다.

그러므로 고대 세계 어디로 우리의 시선을 돌릴지라도, 유대교, 그리스, 또는 로마로 향할지라도, 우리는 부모에게 순종하고 공경해야 한다는 주장을 찾아볼 수 있다. 우리가 우리의 시선을 기독교로 향할 때에 우리는 동일한 요구를 발견할 수 있다. 우리는 다음과 같이 신중히 규정하고 있는 명령을 두 번 찾아볼 수 있다. "자녀들아 너희 부모를 주 안에서 순종하라 이것이 옳으니라. 네 아버지와 어머니를 공경하라 이것이 약속 있는 첫 계명이니 이는 네가 잘 되고 땅에서 장수하리라"(엡 6:1-3). "자녀들아 모든 일에 부모에게 순종하라 이는 주 안에서 기쁘게 하는 것이니라"(골 3:20).

그 다음 우리는 부모님을 공경한다는 것은 무엇을 의미하며 또 언제 이 일을 시작해야 하느냐를 묻지 않을 수 없다. 우리는 부모와 자녀간의 관계가 얼마나 신중하게 균형이 잡혀 있는 관계라는 것을 발견하게 된다.

유대교 랍비가 이 문제에 관하여 언급한 구절(여러 구절들 중의 하나)이 있다. "어떤 일에 있어서 아버지를 경외해야 하는가? 아버지 앞에서는 앉지 않고 아버지 앞에서는 말하지 않고, 그리고 아버지께 말대답하지 않는 것이 아버지를 경외하는 것이다. 부모님을 어떻게 공경해야 하는가? 부모님에게 먹을 것과 마실 것을 공궤하며, 입을 옷과 신발을 제공해 주며 집안 출입을 도움으로써 부모님을 공경할 수 있다." 랍비 엘리에젤(Eliezer)은 다음과 같이 말했다. "만일 아버지가 돈 주머니를 바다 속에 던지라고 명령하더라도 아들은 아버지의 말씀에 순종해야 한다."

1) 감사는 부모님을 공경하는 데 필요한 요소이다.

자녀는 두 가지 면에서 그의 부모에게 그의 생명에 대하여 신세를 지고 있다. 그는 그의 출생을 통하여 그의 부모에게 그의 생명에 대하여 신세를 지고 있다. 그가 자립할 수 없고 또 자립할 수 없는 기간 동안 부모가 그를 돌봐주신 은혜에 대하여 그는 그의 부모님께 신세를 지고 있다. 만일 그의 부모님이 그가 어렸을 때에 그를 돌봐주시지 않았더라면 그는 죽었을 것이다. 인간에게는 스스로 자립할 수 없는 무력한 시기가 동물의 자립할 수 없는 기간보다 훨씬 길다.

이것은 확실한 사실이다. 그러나 어느 부모도 자기 자녀를 양육한 것에 대하여 그 자녀에게 보답할 것을 강요하는 부모는 없을 것이다. 부모가 그의 자녀를 양육하는 것은 법적 의무인 동시에 도덕적 의무라는 것은 당연한 진리이다. 부모가 그의 자녀를 양육하기 위하여 한 모든 일은 그의 의무를 다한 것 뿐이다. 물론 부모는 항상 그의 자녀를 사랑으로 감싸주고 또 그의 자녀에게 특별한 기회를 주기 위하여 매우 큰 희생을 하는 것도 사실이다. 물론 거기에 감사의 의무가 있다. 그러나 만일 어떤 부모가 자녀에게 베푼 것의 대가로 봉양할 것을 강요한다면 그것은 아름답지 못한 일이다.

2) 순종은 부모님을 공경하는 데 필요한 요소이다.

자녀가 그의 부모에게 순종하는 것은 당연한 것이다. 자식들은, 부모의 사랑은 자녀가 잘 되기를 바라는 것 이외에 아무 것도 요구치 않는다는 것을 믿지 않으면 안 된다. 부모님은 인생의 많은 경험을 갖고 있으므로 그의 자식들에게 충고하고 인도할 권리를 갖고 있다는 것을 자녀는 알아야 한다. 그러나 다음과 같이 언급해야 할 몇 가지가 있다.

첫째, 부모는 순종을 받을 만한 권리를 획득하지 않으면 안된다. 부모는 폭군이나 독재자 같이 그의 자녀에게 다음과 같이 말해서는 안 된다. "내가 이것을 말하기 때문에 너는 이것을 하라." 부모는 자기들도 하지 않는 행위를 그들의 자녀에게 강요할 권리를 갖고 있지 않다. 우리는 우리 자신도 하지 않는 것을 다른 사람들에게 명령할 수 없다.

둘째, 예컨대, 부모는 그의 자녀가 스스로 두 발로 서서 자기의 인생의 문제를 해결할 수 있도록 독립심을 길러주어야 한다. 그러므로 부모는 그의 자녀에게 모든 결정권을 빼앗을 정도로 순종을 강요해서는 안 된다. 부모는 그의 자녀를 보호하고 관리(control)하는 동시에 그를 하나의 인격으로 존중해야 한다. 자녀가 마지막에는 그의 부모님의 도움 없이도 설 수 있도록 보호하고 관리하는 것이 부모의 크고 어려운 과업이다.

3) 부모님을 공경하는 데는 봉양은 필요한 요소이다.
자녀는 그의 부모님이 노년에 약하게 되었을 때에 그에게 필요한 것을 제공하고 또 외롭게 지내지 않도록 보살펴 드려야 한다.
이것은 하나의 명백한 의무이다. 그러나 강제적으로 요구할 것이 아니라 자연스럽게 받아들일 수 있도록 해야 한다. 부모님을 봉양하는 것이 너무나 무거운 부담이 될 경우도 있다. 자녀들이 부모님을 모시게 될 때에 참기 어려운 일들이 발생할 수 있다. 어떤 가정에는 부모님을 모실 방이 따로 없을 수도 있다. 부모가 결혼한 자녀의 집에 영구히 거주하기 위하여 노년에 자녀의 집을 찾아올 경우도 있다. 부모는 자녀가 아무리 나이를 먹어도 여전히 어린애 취급하는 것도 역시 곤란하다. 아버지와 나 둘 사이만큼 가까운 사람은 없을 것이다. 그러나 아버지가 혼자 남게 될 때에, 그는 나와 영구히 같이 살기 위하여 내게 오시지 않을 것이다. 그는 너무나 지혜롭기 때문에 그러한 일을 하시지 않을 것이다.
아무도 일반적인 규칙을 규정할 수 없다. 물론 부모와 결혼한 자녀들이 함께 잘 살 수 있다. 그러나 만일 나이 많은 부모가 자기 자신의 집을 갖고 있지 못하면, 그는 교회나 지역 사회가 운영하는 양로원에 갈 수 있다. 모든 노인들이 자기 자신의 거처를 가질 권리를 갖고 있다.

아직 언급해야 할 것이 남아 있다. 감사, 순종, 봉양은 부모님을 공경하는 데 필요한 요소들이다. 그러나 세월이 흘러감에 따라 부모와 자녀 사이에 미묘한 조정이 있다. 이러한 관계를 유지하기 위해서는 부모와 자녀가 모두 호의를 가질 필요가 있다.

부모에 대한 자녀의 의무에 대한 설명으로 이 계명의 연구가 완전히 마무리되는 것은 아니다. 자녀에게 주는 신약 성서의 충고를 다시 살펴보기로 하자. 그러나 이번에는 좀더 길게 하나님의 말씀을 인용하자. "자녀들아 너희 부모를 주 안에서 순종하라. 이것이 옳으니라." "네 아버지와 어머니를 공경하라(이것이 약속있는 첫 계명이니). 이는 네가 잘 되고 땅에서 장수하리라." "또 아비들아 너희 자녀를 노엽게 하지 말고 오직 주의 교양과 훈계로 양육하라"(엡 6:1-4). "자녀들아 모든 일에 부모에게 순종하라 이는 주 안에서 기쁘게 하는 것이니라 아비들아 너희 자녀를 격노케 말찌니 낙심할까 함이라"(골 3:20-21).

이 두 인용은 신약 성서 윤리의 특징을 매우 명백하게 밝혀 준다. 우리는 이러한 특징을 거듭해서 보게 될 것이다. 신약 성서 윤리는 항상 호혜적 윤리(reciprocal ethic)이다. 신약 성서 윤리는 결코 한 쪽의 의무만 말하고 있지 않다. 다른 쪽에도 항상 동등한 의무가 있다. 기독교 윤리에 있어서 결코 의무는 일방적이 아니다. 그것은 항상 상호의 의무이다. 그것은 결코 한 쪽의 의무만을 말하지 않는다. 다른 쪽에도 항상 동등한 의무가 있다. 그리고 이 경우에 있어서 자녀가 부모를 공경해야 하는 것과 꼭 같이 부모도 자녀의 인격을 존중하지 않으면 안 된다.

1) 양육, 보호, 그리고 부양의 기본적 의무가 있다.
이것은 너무나 명백한 것이므로 거의 언급할 필요가 없다. 그러나 항상 이것이 그렇게 명백한 것은 아니다. 기독교가 세상에 처음 들어왔을 때에 어린아이를 내버리는 것은 흔히 있는 관습이었다. 어린아이를 내버리는 것은 불명예나 오명이 아니요 또 확실히 범죄로 간주되지도 않았다. 어린아이가 출생하면 그 아이를 아버지의 발 밑에 놓았다. 만일 아버지가 그 아이를 쳐들면 그것은 그 아이가 자기의 아이임을 시인하는 것이었다. 그러면 그는 그 아이의 양육에 대한 의무를 갖게 된다. 만일 그가 어린아이를 쳐들지 않으면, 그 어린아이는 내버림을 당하게 되었다.

주전 1년에 파피루스(papyrus) 종이에 기록된 편지에서(G. milligan, *Selections from the Greek Papyri*, p. 33), 힐아리온(Hilarion)이라는 사람이 집을 떠나 있는 동안에 그의 아내 아리스(Alis)에게 다음과 같이 써 보냈다. "만일 당신이 운좋게 사내 아이를 낳거든 그를 살리고, 만일 그 아이가 계집 아이거든 내버리시오." 계집 아이들은 특별히 유기되기 쉬웠다.

스토베이우스(Stobaeus)는 다음과 같이 말하고 있다(*Eclogrues* 75). "가난한 사람은 그의 아들들을 기른다. 그러나 그는 딸들을 내버린다." 기형아 또는 약한 어린아이는 대개 내버림을 당했다. 세네카(Seneca)는 다음과 같이 기록하였다(*On Anger*, 1. 15. 2). "우리는 미친 개의 머리를 때린다. 우리는 사나운 황소를 죽인다. 우리는 병든 양을 다른 양들에게 병을 전염시키지 않도록 칼로 찔러 죽인다. 우리는 자연스럽지 못한 자손들을 죽인다. 태어났을 때에 약하거나 비정상적인 아이를 우리는 내버린다. 유해한 것을 건전한 것으로부터 격리시키는 것은 분노가 아니라 이성이다." 타키투스(Tacitus)는 게르만족과 유대인들이 그들의 자녀들을 버리지 않는 것은 이상한 일이라고 말했다(Germania 19; Historiae 5. 5).

내버림을 당한 어린이들에게는 어떤 일이 일어났는가? 물론, 버림받은 아이들은 대부분 그대로 죽었다. 로마에서 사람들은 대개 락탈리안 필라(Lactarian Pillar)와 베라부름(Velabrum)에 어린이들을 내버렸다. 버려진 아이들은 여러 가지 목적을 위하여 수집되었다. 때때로 어린애를 낳는 수고를 받아들이기를 싫어하는 부자집 여자는 버려진 아이들 중의 하나를 데려다 기른다(Juvenal, Satires 6. 602-609). 가끔 사내 아이들은 투사로 훈련을 시킨다. 때때로, 계집 아이들은 로마 매음굴의 창녀로 양육된다. 기독교 변증가인 저스틴 마터(Justin Martyr)는 (First Apology 27. 1-3) 어린이를 내버리는 관습이 너무 흔하기 때문에 매음굴에 가는 남자는 자기 자신의 딸이었던 처녀에게 갈 수도 있다고 말했다. 더 비참한 운명을 겪게 된 아이들도 있었다. 직업적인 거지들은 버려진 아이들을 한데 모아 그들에게 일부러 상처를 내어 길거리에서 구걸할 때에 동정을 사게 만드는 데 이용하였다. 세네카는 사지가 절단된 비참한 어린이들에 관하여 기술하였다. 어린이들의 사지는 일부러 절단되었고 등을 굽게 만들어 기형아가 되게 하였다(Controversiae 10. 4). 프리니(Pliny)는 마술과 사악한 목적을 위하여 유아의 '뇌수와 골수'를 사냥하는 사람들에 관하여 더욱 소름끼치는 참상을 묘사하였다(*Natural History* 28. 2).
 우리는 오늘날 서구 문명 속에서 이러한 일들이 발생하리라고 상상할 수 없다. 기독교에서 어린이만큼 은혜를 입고 있는 사람도 없다. 아무도 서구 문명이 완전히 기독교적이라고 주장할 수는 없다. 그러나 기독교 원리가 사회 속에 속속들이 침투해 있기 때문에 기독교 원리에 의해 영향받은 사회에서 이러한 일들이 발생할 수 없다.
 오늘날 부모가 그의 자녀를 양육하고 또 돌봐야 할 의무에 관하여 말할 필요가 없는 듯이 보인다. 그러나 반드시 그런 것은 아니다.

 2) 교육과 훈련의 동등한 기본적 의무가 있다.
 부모는 그의 자녀가 책임을 질 줄 아는 시민이 되도록 양육할 책임이 있다. 어린이는 몸을 갖고 있는 것과 같이 마음과 품격을 갖고 있다. 어린이가 성장하여 사회 속에서 유능한 역할을 하도록 교육하지 않으면 안 된다. 그리고 어린이가 자라서 도덕적으로 책임을 질 수 있도록 훈련시켜야 한다. 유대인 부모는 일정한 일들을 할 의무를 갖고 있었다. 유대인 부모는 그의 아들에게 직업에 필요한 교육을 시킬 의무를 갖고 있었다. 그의 아들에게 직업을 가르치지 않는 사람은 그의 아들에게 도둑질을 가르치는 것이다. 그리고 유대인 부모는 그의 아들에게 율법을 가르칠 의무가 있었다. 유대인의 세계에서는 부모의 책임을 다른 사람들에게 전가하는 것은 쉬운 일이 아니었다.
 비행 어린이들은 없고 다만 비행 부모가 있을 뿐이라는 말은 일리가 있다. 조지 잉글(George Ingle) 박사는 미합중국 텍사스 주 휴스톤(Houston) 경찰국이 발행한 회장(回章)에서 다음과 같이 인용하고 있다.

부모가 그의 자녀를 비행 청소년으로 만들기 쉬운 12가지 규칙

1. 갓난아기 때부터 어린이가 요구하는 모든 것을 다 주기 시작하라. 이와 같이 자라면, 그는 세상이 그가 살아가는 데 필요한 모든 것을 그에게 줄 의무가 있다고 믿게 된다.
2. 어린이가 나쁜 말을 사용할 때에 웃어넘기라. 이와 같이 하면 그는 그가 귀엽다고 생각하게 된다.
3. 그를 영적으로 훈련시키지 말라. 자녀가 21살이 될 때까지 기다렸다가 그가 '스스로 영적인 문제를 결정하도록' 내버려 두라.
4. '잘못'이라는 말의 사용을 피하라. 이것은 죄의식을 발전시킬 것이다. 그가 장차 커서 남의 자동차를 훔치다가 체포되면 사회가 그의 행동에 대하여 반대한다는 것과 그는 박해를 받고 있다는 것을 믿게 될 것이다.
5. 그가 그의 주위에 흐뜨려 놓은 모든 것, 즉 책, 신발, 옷 등을 챙겨 정돈해 놓으라. 그가 그의 모든 책임을 다른 사람들에게 전가하는 것을 경험하도록 모든 것을 그를 위하여 해주라.
6. 그로 하여금 닥치는 대로 무엇이든지 읽게 내버려 두라.

식탁용 은제품과 유리잔을 주의깊게 소독하라. 그러나 그의 정신을 하찮은 읽을거리로 배부르게 하라.
7. 자녀들이 보는 앞에서 부부싸움을 자주 하라. 이와 같이 하면 후에 가정이 파괴되어도 당신의 자녀들은 충격을 받지 않게 될 것이다.
8. 자녀가 요구하는 대로 용돈을 많이 주라. 자녀로 하여금 자기의 용돈을 벌지 않게 하라. 무엇 때문에 당신의 자녀들에게 고생을 시킬 것인가?
9. 그가 먹고 싶고, 마시고 싶어하는 대로 먹을 것과 마실 것을 주어 그를 만족시켜 주라. 모든 감각적 욕망을 충족시켜 주도록 하라. 만일 이러한 요구를 거절하면 그를 해로운 좌절로 인도하게 될 것이다.
10. 이웃, 교사들, 경찰에 대적하여 자녀편을 들라. 그들은 당신의 자녀에 대하여 편견을 갖고 있을 것이다.
11. 당신의 자녀가 참으로 어려운 문제를 일으켰을 때에, '나는 그를 어떻게 할 수 없었습니다'라고 당신 자신이 사과하라.
12. 불행한 삶을 준비하라. 당신은 그 불행한 삶을 갖게 될 것이다.

이것은 경고의 문서이다. 이것은 많은 부모님들에게 경종을 울려줄 것이 틀림없다. 부모의 징계와 부모의 콘트롤(control)을 대신할 수 있는 것은 아무 것도 없다. 이것은 부모가 그의 자녀에게 마땅히 해야 할 의무이다. 자녀는 공경할 만한 가치가 없는 부모를 공경할 수 없다. 자기의 책임을 다하지 않고 회피하는 부모는 공경받을 것을 기대할 수 없다. 공경이란 노력하여 얻을 수 있는 것이다. 자녀의 육체적 필요와 물질적 필요를 돌봐주는 것만으로 부모의 책임을 충분히 다 감당했다고 할 수 없다. 정신의 함양과 인격의 형성을 도와주어야 한다. 모든 교육의 기초가 되는 이 징계의 훈련 없이 인격의 형성과 정신의 함양이 있을 수 없다.

3) 그러나 이것의 또 다른 한 면이 있다.

확실히 부모는 그의 자녀에게 징계를 해야 하다. 그러나 그것과 동등하게 부모는 그의 자녀를 격려하지 않으면 안 된다. 바울은 다음과 같이 말했다. "아비들아 너희 자녀를 격노케 말찌니 낙심할까 함이라"(골 3:21). 새 영어 성서(the New English Bible)는 다음과 같이 이 구절을 번역하였다. "아버지들이여, 당신의 자녀들을 화나게 하지 마시오. 왜냐하면 그들이 실망할까 염려가 되기 때문입니다." 바울이 '젊은이의 해악인 상한 심령'을 만들어 내지 않도록 경고하였다고 벤겔(Bengel)은 이 구절을 주석하였다. 사람의 심령을 격려하기 보다는 오히려 좌절시키는 징계가 있다. 새로운 노력을 하도록 격려하기 보다는 오히려 의기 소침하게 만드는 징계가 있다. 루터는 하나님을 아버지라고 부르는 것을 주저하였다. 왜냐하면 그의 아버지는 그에게 너무나 엄격했기 때문이었다.

문학의 주변에 있던 비극적 인물 중의 하나는 찰스 램(Charles Lamb)의 누이였던 매리 램(Mary Lamb)이었다. 그녀는 미친 증세에 자주 사로잡히곤 했다. 그녀는 그 증세가 발작할 때를 알고 있었다. 미친 증세가 발작할 기미가 보이면 그녀와 찰스는 손에 손을 잡고 정신병 요양소로 걸어가 그 중세가 다 가라앉을 때까지 거기에 머물러 있었다. 그녀가 어린 소녀였을 때에 그녀는 매우 엄격하게 자랐다. "왜 나는 내 어머니를 기쁘시게 할 일을 할 수 없었을까"라고 그녀는 입버릇처럼 말했다. 끊임없이 엄격하게 비판을 받는 분위기에서는 심령이 상하게 된다. 루터는 다음과 같이 말했다. "매를 아끼라, 그러면 자녀를 버리게 된다는 말은 참말이다. 그러나 매 곁에 사과를 놓아 두라. 그리고 어린이가 착한 일을 할 때에는 사과를 그에게 주라."

격려의 따뜻한 햇빛 없이 인간의 본성이 아름답게 꽃필 수 없다는 것이 심리적 그리고 영적 진리이다. 비판의 동풍이 계속해서 불면 자연은 메마르게 된다. 비판은 칭찬에 의하여 상쇄되어야만 하고 또 칭찬은 비판에 의하여 균형이 맞춰져야만 한다. 너무 지나친 칭찬은 자기 만족의 자부심을 낳게 만든다. 그러나 지나친 비판은 절망을 낳게 만든다.

여기에 참으로 문제가 있다. 왜냐하면 자녀에 대하여 많은 염려를 하는 부모가, 자녀의 행복을 많이 바라는 부모가 때로는 가장 가혹한 비판을 할 수 있기 때문이다. 그러나 대개의 경우 비판이 할 수 없는 일을 격려가 할 수 있다. 모든 사람은 무엇인가를 잘 할 수 있는 것이 있으므로 칭찬의 말을 하는 것은 부모의 의무이다.

4) 동정적 이해의 의무가 있다.

부모와 자녀들 사이에 이방인처럼 지내는 가정이 너무나 많다. 부모는 자녀에게 할 말이 없다. 그는 그의 자녀에게 그의 뜻과 감정을 전달할 수 없다. 자녀들도 마찬가지로 가끔 그의 뜻을 부모님께 말하지 않는다. 만일 자녀들이 충고와 인도를 원하고 있을지라도 그들의 부모에게 향하지 않고 다른 사람들 즉 선생 또는 클럽 인도자에게 향한다.

세대 사이에 이러한 갈라진 틈은 새로운 것이 아니다. 세대 간의 갈등은 역사 전체를 통한 삶의 중요한 부분인 것처럼 보인다. 여기에 잘 알려진 인용문이 있다. "세계는 난세(亂世)를 통과하고 있다. 오늘날의 젊은이들은 자기 자신들만을 생각한다. 그들은 부모님 또는 노인들을 존경하지 않는다. 그들은 온갖 억제를 하지 못한다. 그들은 마치 모든 것을 다 아는 듯이 말한다. 우리가 지혜라고 생각하는 것을 그들은 어리석음으로 여긴다. 처녀들은 언어와 행동과 옷입는 모양에 있어서 건방지고, 거리낌 없이 무례하고 또 여성답지 못하다." 이 글은 바로 어제 씌어진 것처럼 보인다. 그러나 실은 이것은 1274년에 은둔자 피터(Peter the Hermit)가 설교한 내용에서 발췌한 글이다. 현 세대와 그 전 세대는 서로 참으로 이해하지 못한다.

대체로 이 불화에 대한 잘못의 원인은 구세대에게 있는 것이 틀림없다. 전체 상황의 중심 문제는 나이 먹은 사람들이, 세상이 변했다는 사실과 시간은 흘러 가고 또 삶은 앞으로 전진했다는 사실을 받아들이지 못하는 데 있다. 모든 세대는 삶이 있는 그대로 머물러 있지 않으면 안 된다고 생각하기 쉽다. 그러나 삶은 있는 그대로 그 자리에 머물 것을 거부한다.

소설가 엘리노 몰다운트(Elinor Mordaunt)는 그녀의 딸이 말한 것에 대하여 말한다. 어머니인 그녀는 그의 딸에게 다음과 같이 말했다. "내가 네 나이 때쯤에는 결코 그러한 일이 내게 허용되지 않았다." 이러한 말을 듣고 그 딸은 즉각적으로 다음과 같이 대답했다. "그러나, 어머니께서는 그때에 사셨고 나는 지금 살고 있다는 것을 기억하지 않으면 안 됩니다." 만일 부모가 다른 시대는 다른 문제와 일을 발생시킨다는 것과 한 세대는 다른 시대와 반드시 다르다는 것을 기억하지 않으면 과거와 현재가 모든 어려운 문제의 원인이 될 수 있다.

우리 자녀들이 우리 자신과 꼭 같이 되기를 우리는 기대할 수 없다는 것을 아주 당연히 깨닫게 될 때에 우리는 동정적 이해를 향하여 한 걸음 크게 내디딜 수 있다. 이것은 젊은 세대의 잘못을 무조건 전적으로 못 본체 하는 것을 뜻하지 않는다. 젊은이의 특징은 참을성이 없고 또 관용의 정신이 부족하다. 젊은이 보다는 나이 많은 세대가 성숙하였으므로 인내심을 갖고 세대간의 의사 소통의 통로를 계속 열어 놓는 일이 보다 용이하다.

5) 언급해야 할 두 가지가 아직 남아 있다.

이 두 가지는 다른 모든 것들 보다 훨씬 중요하다. 부모는 자녀의 인격을 존중해야 한다. 똑똑하고 영리한 자녀를 둔 부모는 그 자녀를 자랑거리로 삼기 쉽다. 버릇 없고 성깔있는 자녀를 둔 부모는 그 자녀를 달래야 할 존재로 보기 쉽다. 엄격한 부모는 그 자녀를 콘트롤(control)하고 지도해야 할 존재로 보기 쉽다. 인간을 참으로 대하는 올바른 길은 그를 인격으로 존중하는 것이다.

인격을 존중하는 길은 그를 지적 인간 존재(intelligent human being)로 대하는 것이다. 바로 여기에 부모-자녀간의 관계의 기본적 사실 중의 하나가 있다. 이 관계를 깨닫고 그리고 이 관계를 지키면, 부모는 "내가 그렇게 말하기 때문에 이 일을 하라"는 태도를 갖지 않게 될 것이다. 부모의 이같은 태도는 부모-자녀간의 관계를 파괴시킨다.

독재자가 아니라 동반자가 되어 함께 배우고, 함께 행동하고, 맹목적 복종이 아니라 합리적 협력을 요구하는 것이 우리 자신이 존경을 받기를 원하는 대로 자녀의 인격을 존중하는 길이다. 이러한 길을 따르면 부모-자녀간의 참다운 관계를 수립하게 된다.

6) 지금까지 언급한 모든 것은 부모가 무엇보다 그의 자녀를 사랑해야 한다는 단순한 진리 속에 다 요약되어 있다.

사랑이 없으나 위생적이고 살균 소독이 잘된 공공시설보다 사랑이 있는 부유치 못한 가정이 어린이에게 보다 좋은 환경이 된다는 이유가 바로 여기에 있다. 기술적으로 의학적으로 그리고 심리적으로 완벽한 것일지라도 어머니의 사랑을 대신할 수 없다. 이 말은 하나의 감상적인 표현이 아니라 하나의 사실이다.

이것은 결코 훌륭한 공공복지 시설들이 어린이들을 위하여 하고 있는 일들을 과소 평가하는 것은 결코 아니다. 이것은 온갖 종류의 복지 사업이 어린이들을 위하여 하고 있는 일들을 비판하는 것이 아니다. 이것은 단지 공공시설은 불가능한 일을 할 수는 없다는 것을 말할 뿐이다. 공공시설은 어린이가 가정 안에서 받을 수 있는 사랑을 줄 수 없다. 오직 개별적인 인격의 사랑만이 어린이에게 소속 의식(the sense of belonging)

을 줄 수 있다. 이러한 소속 의식이야말로 인생에 중대한 변화를 줄 수 있다. 가정의 분위기가 충분히 깨끗하지 않을 수도 있다. 부모가 존경받을 만한 사람들이 아닐 수도 있다. 그러나 온갖 조건들이 불완전할지라도 그 가정 안에 사랑이 있는 한, 결국 이러한 가정이 온갖 좋은 시설을 갖고 있는 복지 시설보다 어린이에게 더 좋다.

부모-자녀간의 관계는 사랑의 관계가 되지 않으면 안 된다. 만일 부모-자녀간에 사랑의 관계가 있다면, 그밖에 다른 것은 꼭 필요한 것이 아니다. 그러나 만일 이러한 사랑의 관계가 없다면, 무엇으로도 그것을 대신할 수 없다.

제 7 장

제 6 계명

생명은 신성하다

개역 표준판 영어 성경(R.S.V.)과 흠정역 영어 성경(A.V.)에서는 제 6계명이 "죽이지 말라(you shall not kill)"로 번역되어 있다(출 20:13). 그러나 일반적으로 현대역 성서에는 죽이다(kill)라는 말 대신에 살인(murder)이라는 말을 사용하고 있다. 모펫(Moffatt)역 성서와 굿스피드(Goodspeed)역 성서와 개역 성경(R.V.)판에서 이 계명은 일반적으로 죽이는 것을 금하고 있는 것이 아니라 특별히 살인을 금하고 있다.

이 번역이 정확하다. 왜냐하면, 드라이버(Driver)가 언급하고 있는 바와 같이 살인을 나타내는 히브리어 동사는 '승인받지 못한 폭력적인 살인(violent and unauthorized killing)'을 의미하고 있기 때문이다. 이 계명에 대한 불복종은 타락한 사회의 표시이다. 호세아는 다음과 같이 불평하고 있다. "이 땅에는 진실도 없고 인애도 없고 하나님을 아는 지식도 없고 오직 저주와 사위와 살인과 투절과 간음뿐이요 강포하여 피가 피를 뒤대임이라"(호 4:1, 2). 예레미야는 하나님께서 그의 백성을 다음과 같이 정죄하고 있는 것을 듣는다. "너희가 도적질하며 살인하며 간음하며 거짓 맹세하며 바알에게 분향하며 너희의 알지 못하는 다른 신들을 좇으면서 내 이름으로 일컬음을 받는 이 집에 들어와서 내 앞에 서서 말하기를 우리가 구원을 얻었나이다 하느냐?"(렘 7:9, 10).

이 계명을 자세히 설명할 필요조차 없다고 말할 사람이 있을지 모르겠다. 인간의 생명이 신성하다는 것은 분명하다. 인간의 생명을 폭력을 사용하여 빼앗는 것을 금하는 것은 매우 자연스러운 것이다. 그러나 성서가 말하고 있는 바와 같이, 이 계명을 주신 참다운 이유는 홍수 후에 노아에게 하신 하나님의 다음과 같은 말씀이다. "무릇 사람의 피를 흘리면 사람이 그 피를 흘릴 것이니 이는 하나님이 자기 형상대로 사람을 지었음이니라"(창 9:6). 인간이 하나님의 형상대로 지음을 받았기 때문에, 사람의 생명을 빼앗는 것은 이 세상에서 가장 귀하고 또 가장 거룩한 것을 파괴하는 것이다. 이 계명을 공들여 자세히 설명하거나 정당화하거나 변호할 필요는 없다. 이 계명은 액면 그대로 영원한 유효성을 갖고 있다. 그러나 이 오래된 옛 계명에서 현대 윤리와 현대 사회를 위하여 논의의 여지가 있는 세 가지 문제가 발생한다.

첫째, 다음과 같은 의문이 제기된다. 이 계명은 사형과 어떤 관계를 갖고 있는가? 합법적 벌을 주어 사회 정의를 실현하기 위해서일지라도 사람의 생명을 빼앗는 일은 정당화될 수 있는가?

이 계명이 주어지게 된 배경과 유대인의 관습과 또 그것의 일부분인 율법의 배경과 함께 이 계명을 논하는 것이 공평할 것이다.

유대인의 법의 체계 속에는 이 계명이 적법한 살인(judicial killing)을 금하고 있다는 것을 조금도 암시하지 않았다. 사실, 유대인의 법 아래에서 많은 다양한 범죄에 대하여 사형으로 벌을 내렸다. 헤이스팅스(J. Hastings)의 「종교와 윤리의 백과 사전(*Encyclopaedia of Religion and Ethics*)」[1] 안에 수록되어 있는 논문에서 베네트(W.H. Bennett)는 사형의 벌을 받을 수 있는 유대인의 범죄의 목록을 열거하였다. 그리고 어떤 경우에 있어서 특정한 방법으로 사형을 집행하였다고 그는 언급했다. 고대 유대인의 법 아래서 사형을 받을 수 있는 범죄는 다음과 같다.

(i) 살인(출 21:12, 레 24:17)

(ii) 어린이 희생(레 20:22 돌로 때려 죽임)

(iii) 고살(故殺)

유대인의 법은 고의로 사람을 죽이지 않은 살인자, 우발적 사고에 의하여 사람을 죽인 살인자, 사람을 죽일 의사없이 때리거나 공격한 결과로 사람을 죽게 한 살인자를 위하여 특별히 구제할 수 있는 조항을 규정하였다. 사람을 '죽일 목적을

---

1) ed. James Hastings(T. & T. Clark, Edinburgh and Charles Scribner's Sons, New York, 1921).

갖지 않고' 우발적 사고로 사람을 죽인 사람들을 위하여 여섯 개의 도피성을 만들어 놓았었다. 그러나 만일 살인자가 도피성 안으로 피하지 못했을 경우 피의 보복자는 그의 생명을 빼앗을 수 있었다(민 35:9-28).

(ⅳ) 위험한 것으로 알려진 황소를 그대로 기르다가 그 황소가 사람을 죽였을 경우(출 21:29)

(Ⅴ) 위증죄(신 19:18-21)

(ⅵ) 납치(출 21:16, 신 24:7)

(ⅶ) 부모를 치거나 모욕하는 것(출 21:15, 17, 레 20:9, 신 21:18-21, 돌로 쳐서 죽임)

(ⅷ) 온갖 형태의 성적 부도덕

㉠ 근친 상간, 어머니, 의붓 어머니, 이복자매, 손녀, 숙부, 삼촌의 아내, 며느리, 형수(또는 계수), 의붓딸, 의붓 손녀, 장모 등과 성교를 갖는 것을 근친 상간으로 정의한다(레 18:6-18, 20:14, 신 27:20, 23, 불에 태워 죽임)

㉡ 부정(不貞)(신 22:21-24, 돌로 쳐죽임)

㉢ 간음과 부자연스러운 악(레 18:23, 20:10-16, 출 22:19, 겔 16:38, 40, 요 8:5)

㉣ 제사장 딸의 음란(레 21:9, 불에 태워 죽임)

㉤ 약혼한 여자의 음란(신 22:22, 돌로 쳐죽임, 창 38:25, 불에 태워 죽임)

(ⅸ) 여러 가지 종교 의식상의 범죄

㉠ 마술과 요술(출 22:18, 레 20:6, 27, 돌로 쳐죽임)

㉡ 우상숭배(출 22:20 신 13:6-11, 돌로 쳐죽임)

㉢ 신에 대한 불경(레 24:10-16, 돌로 쳐죽임)

ㄹ 예언자라고 거짓 주장하는 것(신 13:5, 10, 돌로 쳐죽임)
ㅁ 거룩한 장소에 외인이 침입하는 것(민 1:51, 3:10, 18:7)
ㅂ 안식일을 범하는 것(출 31:14)

미쉬나(Mishnah) 속에 있는 산헤드린에 관한 논문 속에는 몇 가지 사형 집행이 열거 기술되어 있다. 여기에는 네 가지 사형 집행법이 있었다.

① 돌로 쳐 죽이는 것

유죄 판결을 받은 사람은 그의 키의 두 배 높은 곳으로부터 내던져진다. 만일 그가 이렇게 높은 곳으로부터 내던져졌는데도 죽지 않으면 그가 죽을 때까지 돌로 친다. 죄인을 고발한 증인이 맨 처음에 그에게 돌을 던진다. 돌을 사람에게 내던져 죽이는 것이 아니라 그 사람 위에 둥근 돌을 떨어뜨려 죽였다(*Sanhedrin* 6. 4).

② 불태워 죽이는 것

유죄 판결을 받은 사람을 마른 거름 또는 피치(pitch, 원유, 콜타르 따위를 증류시킨 뒤에 남는 검은 찌꺼기-역주) 위에 무릎을 꿇어앉게 한다. 부드러운 천을 그의 목 주위에 감는다. 그리고 그 사람의 입이 강제로 벌어 질 때까지 그 천의 두 끝을 잡아당긴다. 그 다음에 용해된 납 또는 불켜진 심지를 그의 목 속에 강제로 쑤셔 넣는다(*Sanhedrin* 7. 2). 허버트 로위(Herbert Loewe)는 「종교와 윤리의 대백과사전」에서 유대인의 범죄와 형벌에 대해 이 사형법을 신속하고 자비스럽게 죽이는 법이라고 기술하고 있다.

③ 목을 베서 죽이는 것

칼 또는 도끼로 사람의 머리를 잘라 죽이는 방법이다. 죄수는 죽을 때에도 곧추 서 있을 수 있도록 그를 기둥에 묶어 놓았던 것처럼 보인다. 율법에 관한 유대인 전문가들 중의 얼마는 몸이 땅에 쓰러지는 것을 참을 수 없는 수치로 생각하는 기묘한 생각을 갖고 있었다(Sanhedrin 7. 3).

④ 교살시키는 것

스카프 같은 천으로 사람의 목을 감고 그가 죽을 때까지 그 천의 끝을 잡아당긴다(Sanhedrin 7. 3). 미쉬나조차 범죄에 해당하는 각 종류의 형벌을 열거하고 있다.

• 돌에 맞아 죽는 벌을 받아야 할 사람들은 다음과 같다.

자기 어머니, 그의 아버지의 아내, 그의 며느리, 남자 또는 짐승과 성교를 한 남자, 짐승과 성교를 한 여자, 신에 대한 불경죄를 범한 사람, 우상 숭배자, 몰렉(Molech)에게 자기의 자녀를 희생으로 바친 사람, 점쟁이, 안식일을 범한 사람, 부모를 저주한 사람, 약혼한 처녀와 성교를 한 사람, 다른 사람을 속여 우상 숭배를 하게 만든 사람, 한 도시를 그릇된 길로 인도한 사람, 마법사와 고집이 세고 반항적인 아들 등이다.

• 불에 태워 죽임을 당해야 할 사람들은 다음과 같다.

자기의 딸(레 18:17), (만일 제사장의 딸이 간음죄를 범했으면) 제사장의 딸과 성교를 한 남자.

• 목베임을 받아 죽어야 할 사람들은 다음과 같다.

살인자들과 신앙을 버린 도시의 사람들(신 13:15).

교살은 흔한 사형법이 아니었다. 제사장이 아닌 사람이 성전에서 제사를 드리면 이같은 방법으로 죽임을 당했다(Sanhedrin 7. 4:9. 1:9. 6). 이것은 무자비한 이야기이다. 그러나 이 문제를 보다 상세히 설명치 않고 그대로 지나치면 이것은 유대교의 고상함에 대하여 불공평하게 대하는 것이 될 것이다.

유대인의 율법의 자비가 사실상 사형을 실제로 집행하는 것을 거의 불가능하게 만들었다는 것을 우리는 계속 살펴보지 않으면 안 된다. 율법은 유대교가 죄를 심각하게 생각하고 있다는 것을 보여주고 있다. 율법의 집행은 유대교가 죄인에 대하여 갖고 있는 자비를 보여주고 있다. 그 요구에 있어서 매우 엄격하게 보이는 동일한 율법이 바로 죄인의 인권을 보호하는 데 놀라울 만큼의 주의력을 쏟고 있었다. 우리는 먼저 도피성의 제도를 살펴볼 수 있다(출 21:12, 13, 민 35:6-34, 신 4:41-43, 19:1-13, 수 20:1-9). 초기 율법의 환경에서 그러한 도피의 장소가 필요했다. 만일 정의를 실현하려면 자비는 그냥 내버려두어야 했다. 초기 율법에 있어서 살해된 사람의 가족이나 친척이 살인자를 죽여야만 했다. 율법은 그에게 그러한 보복을 할 권리를 주었을 뿐만 아니라 의무도 주었다. 아직 율법은 범법자를 개인이 처리하지 않고 사회가 처리하는 단계에 이르지 못했다. 이러한 환경에서는 살해당한 사람의 가족이나 친척은 정의의 정신보다는 복수심에 불타는 가운데 살인자의 생명을 빼앗기 쉬웠다.

이러한 상황에 대처하기 위하여 이스라엘 안에는 여섯 개의 도피성을 세우게 되었다(수 20:1-9). 전국에 있는 백성들이 다 도피성을 찾을 수 있도록 각처에 그것들을 세웠다. 그래서 세 개의 도피성은 요단강 서쪽에 있었다. 즉 유대 산지 헤브론, 에브라임 산지 세겜, 그리고 납달리의 산지 게데스 등이었다. 그리고 요단강 동쪽에 세 개의 도피성이 있었다. 즉 르우벤 지파 중에서 평지 광야의 베셀, 갓 지파 중에서 길르앗라못, 그리고 므나셋 지파 중에서 바산 골란이었다. 도피성으로 향하는 길은 열려 있었고, 아마 도로 표지판도 세워져 있었을 것이다. 그리고 이 도피성들 사이의 거리는 30마일이 넘지 않도록 균형있게 배치되어 있었다.

이 도피성의 목적은 다른 사람을 죽인 사람이 이것들 중의 하나로 달려가 피신하게 하는 것이었다. 이 도피성에 관한 법과 규정은 민수기 35장 6-34절 속에 자세히 기록되어 있다. 이 성 안에 들어가기만 하면 완전하고 영원한 안전이 보장된다는 것을 의미하지 않는다. 어떤 사람이 도피성 중의 하나에 도착하면, 살인하게 된 전체적 환경이 조사될 때까지 죽임을 당한 사람의 가족이나 친척이 그를 보복하지 못하도록 보호함을 받을 수 있었다.

만일 조사 결과 그 살인이 미리 계획된 것이고, 또 고의적인 것으로 판명되면, 그 살인자는 죽임을 당해야만 했다. 그리고 그의 생명의 대가로 지불하는 돈을 받는 것이 금지되어 있었다. 그러나 만일 그 살인이 고의적인 것이 아니라 우발적인 것이었다는 것이 입증되면, 살인자에게는 도피성에서 살도록 허락되었다. 여기서 가장 중요한 것은 살해의 동기였다. 만일 그 살인이 고의적인 것이고, 증오심에서 나온 것이라는 것이 인정되면, 살해범의 생명은 보호함을 받을 수 없었다. 만일 죽이고 싶은 증오심이 없었다면, 만일 죽일 의도와 계획이 없었다면, 그는 도피성 안에서 살도록 허용되었다. 도피성 안에서 살도록 허락받은 사람은 도피성 밖으로 나가는 것이 허용되지 않았다. 만일 그가 도피성 밖으로 나간 것이 발견되면, 피해자의 가족이나 친척이 그를 죽일 수 있었다. 살인자는 그가 살고 있던 성의 대제사장이 세상을 떠날 때까지 도피성 안에 살도록 규정되어 있었다. 새 제사장이 임명되면, 도피성으로 도망가 살던 살인자는 다시 본래 그가 살던 곳으로 돌아가 살 수 있었다.

유대인의 율법은 범죄를 범했거나 또는 범할 수 있는 사람을 보호하는 것이, 적어도 이상적으로는 이러한 것이었다. 이러한 사람이 재판을 받게 될 때에 법의 모든 절차는 그의 이익을 보호하도록 규정되어 있었고 또 그가 유죄 판결을 받는 것은 매우 어렵게 만들어져 있었다. 법정의 규칙은 미쉬나 안에 들어 있는 산헤드린에 관한 논문 속에 잘 나타나 있다(4-6장).

적어도 두 사람의 목격자의 증언에 기초하지 않고는 아무도 정죄를 받을 수 없었다(신 17:6, 민 35:30). 유대인의 법정에서는 상황 증거(circumstantial evidence)는 효력이 없었다. 피고에게 유리한 온갖 증거가 채택되도록 세심한 배려가 있었다. 법정은 언제나 그러한 증거를 받아들이기 위하여 문을 열어 놓았다. 유죄 판결을 받은 사람을 처형장으로 데리고 가기 전에, 이러 이러한 사람이 이러 이러한 죄목으로 처형될 것이니 이제라도 그에게 유리한 증거를 갖고 있는 사람은 와서 증거를 제시할 것을 사람을 미리 보내어 온 성에 다니면서 알리게 하였다. 유죄 판결을 받은 사람이 처형장으로 가는 도중에라도 법정의 입구 또는 멀리라도 볼 수 있는 곳에 하얀 손수건을 갖고 서 있는 사람이 있으면, 한 사람이 말을 타고 있다가 그것을 보았다. 만일 어떤 새로운 증거가 나타나 그 사람이 하얀 손수건을 흔들면 말 탄 사람은 그것을 보고 달려와 처형을 중단시켰다. 사람이 아무리 여러 번 새로운 증거를 받아줄 것을 요구할지라도, 법정은 거듭해서 그것을 받아들였다. 만일 유죄 판결을 받은 사람이 자기에게 유리한 증거를 제시하면 그 증거는 처형 장소에서 조차도 받아들여졌다.

유대인들은 사형을 집행하는 일을 너무나 신중히 하였기 때문에 산헤드린이 어떤 한 살인자를 죽이는 데 7년이 걸렸다는 말이 있다. 만일 어떤 사람을 7년 후에 처형하였다면, "그것은 지독한 일이다"고 랍비 엘리에젤 벤 아자랴(Eliezer ben Azarya)는 말했다. 만일 피고인에게 유리한 증거가 언제든지 나타나면, 사형 선고를 내릴 수는 없는 것이라고 랍비 아키바(Akiba)와 랍비 트라이폰(Tryphon)은 말했다.

물론, 신약성서 시대에 팔레스타인은 피점령 국가였다. 그러므로 유대인들은 사형 집행권을 갖고 있지 못했다. 그러나 만일 산헤드린이 사형을 집행할 수 있는 무제한의 권력을 갖고 있었을지라도, 산헤드린은 그 권력을 행사치 않았을 것이다. 왜냐하면 유대인의 법은 생명을 죽이는 것보다 살리기로 결정되어 있었기 때문이었다.

헬라의 법 아래서는 어떤 큰 범죄들, 즉 살인, 반역죄, 불효, 신성 모독죄, 위조 화폐를 만드는 죄 등은 사형에 처해질 수 있었다. 인권과 재산권을 침해하는 범죄가 있었다. 밤에 남의 집에 들어가 50드라크마(약 250펜스) 이상의 물건을 훔친 사람을 사형으로 벌을 줄 수 있었다. 간음은 남편의 권리를 침해한 가장 큰 범죄 중의 하나였다. 그 남편은 그의 아내를 유혹한 사람을 죽일 권리를 그의 손 안에 갖고 있었다. 다른 한 편에 있어서 음행은 전혀 범죄가 아니었다. 납치범, 주거 침입 강도, 그리고 노상 강도는 사형에 처해질 수 있었다. 운동장에서 강도짓을 한 사람과 항구에서 좀도둑질을 한 사람도 사형에 처해질 수 있었다. 신약 성서 시대에 헬라식 사형 집행 방법은 소크라테스에게 한 것과 같이 유죄 판결을 받은 사람에게 헴록(hemlock)이라는 독을 마시게 하여 죽게 하는 것이었다. 로마법 아래에서는 통치자와 정부 관리의 부패, 납치, 유혹, 강간은 모두 사형을 받을 만한 범죄들이었다. 그러나 헬라와 로마법에서는 사형 집행권이 매우 드물게 사용되었다.

영국에서는 사형 집행권이 매우 널리 사용되었다. 19세기초에는 영국에는 교수형에 처해질 수 있는 200가지 이상의 범죄가 있었다. 사람이 3펜스 정도의 작은 돈을 훔친 죄목으로 죽임을 당할 수 있었다. 그 동안 영국에서는 자비가 계속 증가해 왔다. 그러나 다음과 같은 문제는 아직 남아 있다. 기독교 국가 안에 사형 제도가 그대로 보존되어야 하는가? 사형 제도는 기독교 국가의 법률의 일부분으로 남아 있는 것이 적절한가?

우리는 이 문제에 답하기 전에 일반 형벌을 살펴보지 않으면 안 된다. 형벌의 목적은 무엇인가? 형벌이 의도하고 있는 것은 무엇인가? 사회 공동체 생활에서 형벌이 차지하고 있는 자리는 무엇인가?

1) 사회는 법 위에 세워졌다.

법은 곧 사회의 기초이며 사회를 하나로 결속시키는 접합제(cement)이다. 사회는 법 없이는 붕괴되고 만다. 법은 보통 사람들을 악한 강자와 똑똑하지만 이기적이고 야심이 많은 악한의 무법한 음모로부터 보호한다. 만일 삶을 원만하게 계속 영위하기 위해서는 일상적인 삶의 활동에서 즉 자동차를 운전하는 일, 집을 짓는 일, 물건을 사고 파는 일에 있어서 법을 지키는 것은 아주 중요하다.

그러나 인간의 본성은 악하기 때문에 법을 어기려는 욕망이 항상 있다. 법은 부주의하거나 또 고의적으로 범해질 위험이 계속적으로 있다. 그러므로 법은 강제력을 갖고 있지 않으면 안 된다. 법의 유지를 위해서는 벌이 필요하다. 법은 사회의 기초이다. 법을 범하는 것에 대하여 적절한 벌을 주기 위해서는 벌과 법은 병행되어야 한다.

이것은 때때로 악법, 공정치 못한 법, 공동체의 일부에게는 유리하고, 그리고 공동체의 다른 부분의 사람들을 억압하는 법이 있을 수 있다는 것을 부인하는 것이 아니다. 또한 법의 운용이 만족스럽지 못한 때가 있다는 것을 부인하는 것도 아니다. 예를 들면, 법을 집행하는 사람이 부패하거나, 또는 법의 적용이 일정치 않거나 예측할 수 없어서 원한 이외에 아무 것도 낳지 못하는 법이 있을 수 있다는 것을 부인하는 것도 아니다. 이러한 법이 있을 수 있다는 것을 인정해야 한다. 그러나 민주주의에 있어서 법의 남용이나 오용을 시정할 수 있는 수단을 제공하는 것도 법 자체이다. 그러나 정상적인 환경에서는 사회를 유지하게 하는 것은 법이다. 그러므로 사회를 위하여 법을 어기는 것과 법에 대한 도전을 벌하지 않으면 안 된다.

2) 어떤 사람에게 손해를 야기시키는 범죄를 범했을 때, 그는 변상을 하거나 본래의 상태로 회복시켜 놓아야만 한다.

만일 범인의 범죄에 의하여 이익을 얻도록 허용한다면 그것은 도저히 참을 수 없는 상황이다. 범인의 최후의 권리는 강구되어야만 한다(우리는 이 점에 대해서는 앞으로 논의하게 될 것이다). 그러나 범인에 대한 관심 때문에 희생자를 전혀 망각해 버리는 일이 있어서는 안 될 것이다. 해를 받은 사람의 이익을 보존하기 위해서 형벌은 필요하다.

　3) 형법은 하나의 억제책(deterrent)으로써 필요하다.
　범죄를 계획하고 있는 사람에게 범죄는 아무 이익도 없다는 것을 일깨워 줄 필요가 있다. 형벌은 악을 행한 자에게 벌을 주기 위해서만 있는 것이 아니라 다른 사람으로 하여금 비슷한 행동을 하지 못하도록 예방하기 위하여 있다.
　형벌은 일반 대중에게 범죄에는 반드시 형벌이 따른다는 것을 알려주어 범죄를 미리 예방하는 데 그 목적이 있다. 팔레스타인에게는 될 수 있는 한 많은 사람들이 법을 범한 사람에게 어떤 일이 발생하는가를 볼 수 있도록 하기 위하여 범인이 할 수 있는 한 긴 길을 걸어가서 처형당하게 하는 것이 당시의 관습이었다. 현대에도 공개 처형 방법이 있다. 예를 들면, 프랑스에서는 범인을 길로 틴(the guillotine)으로 공개 처형하였고, 또 영국에서는 범인을 교수대에서 처형하였다. 이와 같이 공개 처형함으로써 폭도로 하여금 그 광경을 보고 무서워하게 하였다. 이와 같은 공개 처형은 법을 어긴 사람에게 어떤 일이 발생하는가를 보여줌으로써 경고하는 데 그 목적이 있다. 현대에는 신문이 범죄에 따르는 형벌을 공개함으로써 공개 처형에 의한 경고와 비슷한 효과를 나타낸다. 많은 경우에 있어서 공개 처형은 가장 나쁜 형태의 형벌이다. 그리고 모든 경우에 있어서 공개 처형은 범죄에는 형벌이 따른다는 것을 보여줌으로써 범죄를 미리 억제하는 목적을 갖고 있다.

4) 우리가 이 문제에 대하여 아직 살펴보지 않은 두 면이 있다.
모든 크리스천 형벌의 첫 원리는 사회를 위할 뿐만 아니라 범인을 위한 것이 되지 않으면 안 된다. 크리스천의 관점에서 볼 때에 범인을 형벌의 무서운 본보기와 억제책으로 사용하는 것만으로 충분치 않다. 형벌은 보복적인 것만이 되거나 법의 모든 중요한 원리를 보호하기 위하여 침해를 받은 사회가 부과하는 벌이 되는 것만으로 충분치 못하다. 형벌에 관한 크리스천 관점의 중요한 한 가지는 항상 그것이 치료를 위한 것이 되어야 한다는 것이다(it must always be remedial). 형벌의 주요한 목적은 악행자를 보다 좋은 사람으로 만드는 것이다. 형벌은 보복을 목표로 삼을 뿐만 아니라 개혁을 목표로 삼아야 하며, 벌을 목표로 삼을 뿐만 아니라 치료를 목표로 삼아야 한다.
크리스천에게 있어서 벌은 사랑에 의하여 지배되어야 하기 때문에 벌은 개선과 치료를 위한 것이어야 한다. 크리스천의 사랑은 감상적인 값싼 감정이 아니다. 아가페의 사랑은 다른 사람의 유익을 바라는 끊임없이 흔들리지 않고, 굽힐 줄 모르고, 패배 할 줄 모르는 욕망이다. 분명히 이 사랑은 종종 형벌을 내포한다. 왜냐하면 전혀 징계를 모르는 사랑은 진짜 사랑이 아니기 때문이다. 그러나 악행자가 보다 좋은 사람이 되도록 벌을 주어야 한다.

명백히, 당신은 악행자를 죽임으로써 그를 치료할 수는 없다. 명백히, 당신은 그를 교수대 또는 전기 의자로 보냄으로써 그의 최대의 유익을 구할 수는 없다. 그를 사형에 처하는 것은 그 사람은 개선될 가망이 없다는 것과 사람의 기술이나 하나님의 은혜도 그를 위해서 아무 것도 할 수 없다는 것을 사실상 선언하는 것이다. 여기에 바로 기독교 원리에 입각하여 기독교 국가 안에서는 사형 제도가 폐지되어야 한다는 기본적인 이유가 있다. 기독교 원리에 입각하여 모든 형벌은 치료를 위한 것이어야 한다. 사형은 이 원리를 궁극적으로 완전히 부정한다.

이것은 형벌의 면제를 의미하지 않는다. 이것은 범인이 사회에 대하여 위험한 존재가 되는 한 그를 가두어 두어야 한다는 것을 의미한다. 이러한 구금의 기간이 평생 동안이 될 수도 있다. 이것은 그가 치료되기 전에는 석방되어서는 안 된다는 것을 의미한다. 이것은 그의 구금 기간이 5년, 10년 또는 20년으로 선고되어서는 안 된다는 것을 의미한다. 이것은 그 사람이 치료받아 사회 안에서 그의 위치를 다시 차지할 수 있을 때까지 그가 갇혀 있어야 한다는 것을 의미한다.

분명히 이것은 사형은 크리스천 법의 일부분이 아니라는 것을 의미한다. 이것은 현존하고 있는 교도소 제도 전체가 부적당하다는 것을 의미한다. 물론 교도소 제도가 확실히 발전되고 개선되었다. 그러나 감금의 원리는 대체적으로 보복적인 것으로 남아 있다. 이것은 치료로서의 벌이 아니라 보복으로써의 벌이다. 대개의 사람들이 교도소에 들어갈 때보다 더 나

빠져서 나온다. 교도소는 병든 영혼을 치료하는 병원이 되어야 한다. 이러한 방면으로 교도소가 많이 개선된 것이 사실이나 아직 개선되어야 할 것이 많이 남아 있다. 교도소 개혁 운동은 크리스천이 펴야 할 운동이다. 사람이 범한 죄와 균형이 잘 이루어진 벌을 주어야 한다. 범죄한 사람으로 하여금 자기가 범한 죄의 심각성을 깨닫게 만들고 또 그를 치료하여 보다 좋은 사람이 되어 사회로 복귀하게 만들 수 있게 벌을 주는 것이 필요한 일이다.

5) 우리가 앞으로 살펴보아야 할 이 문제의 두 번째, 즉 최종적 면은 예방이 치료보다 항상 좋다는 원칙을 인정하는 것이다.

시민으로서는 더 말할 것 없고, 크리스천으로서 우리가 해야 할 일은 범죄가 매력을 잃는 사회를 건설하는 것이다. 심리학자들은, 에너지를 좋은 활동에 사용치 않을 때에 파괴적인 활동에 쓰게 될 것이라고 우리에게 알려 주고 있다. 휴식 공간의 오락 시설을 갖추지 않은 새 건물을 지으려고 하는 설계자들의 터무니없는 맹목은 이해할 수 없고 용서받을 수 없다. 사람들이 같이 살 건물을 지으면서 놀이터를 마련하지 않는 것은 젊은이와 늙은이가 함께 건강한 활동을 할 수 있는 장소가 없으므로 건강에 좋지 않다. 공을 차는 데 사용되지 않은 에너지는 창문에 벽돌을 던지는 데 사용된다. 운동 경기에 사용되지 않은 에너지는 깡패들의 패싸움에 사용된다. 형벌의 치료적인 관점을 취한다는 것은 사형의 나쁜 점만을 보는 것을 의미하는 것이 아니라 교도소의 개혁의 필요성까지를 보는 것을 의미한다. 이것은 범죄의 행위에 사용될 힘이 건강한 활동에 사용할 수 있는 환경을 조성하는 것을 의미한다. 왜냐하면 건강한 활동에 사용되지 않는 힘은 범죄 행위에 사용될 기회를 갖기 때문이다. 만일 힘이 이렇게 좋은 일에 사용되지 않으면 많은 곳에서는 이미 때가 늦은 감이 없지 않아 있다.

살인을 금하는 제 6계명에서 그것과 관련된 두 가지 물음이 더 제기될 수 있다. 크리스천은 이 물음들에 대하여 답하지 않으면 안 된다.

1. 크리스천은 안락사를 어떻게 보는가

안락사(euthanasia)에 대하여 크리스천은 어떤 태도를 취해야 하는가? 안락사는 사람의 생명이 견딜 수 없는 지경에 다다랐을 때, 사는 것이 죽는 것보다 더 나쁘게 되었을 때에 합법적으로 생명을 빼앗을 수 있느냐 없느냐를 논의하는 학설이다. 이 학설에 따르면 고통만을 주는 불치의 병을 앓고 있는 사람이, 만일 그가 동의할 수 있다면 그의 동의를 받아 친절하게 인간답게 그를 죽일 수 있다. 또 이 학설에 의하면 기형아로 태어나 참으로 인간답게 살 수 없는 어린이를 성장하도록 허락하지 않을 수도 있다. 정신적으로 결함이 있는 아기가 치료될 가망이 없을 때 실로 삶을 시작하기 전에 그의 생명을 빼앗을 수도 있다는 것이다. 그러나 종교적 이유와 함께 실제적 이유에서 안락사를 실행하는 것을 매우 주저하게 만드는 수가 있다.

1) 안락사를 실행할 수 있는 범위를 정하는 데는 참으로 어려움이 있다.

한 사람이 그의 생명이 끝나는 것이 보다 좋겠다고 생각되어지는 단계에 언제 도달하는가? 치료할 수 없다는 말을 어떻게 정의(定義)할 수 있는가? 옛날에는 치료할 수 없던 많은 질병도 지금은 치료할 수 있지 않는가? 지금은 치료할 수 없는 병도 그 환자의 생존시에 치료할 수 있게 되지 않을까? 인간의 기술이 인간의 고통 또는 인간의 기형시 안락사를 시킬 단계에 도달했다고 결정하기에는 곤란한 문제이다. 법은 이 일에 있어서 정확한 지식을 요구하고 있다. 법은 일정한 회수의 한결같이 적용할 수 있는 테스트(test)를 요구한다. 이것은 이같은 정확성을 기하거나 또는 그러한 테스트를 고안해 낼 수 있는 영역이 아니다.

2) 테스트를 할 수 있을지라도 누가 그 사람의 생명을 끝나게 할 것을 결정할 것인가?

가족이나 친척이 결정할 수 있을까? 그 환자를 담당하고 있는 의사가 결정할 수 있을까? 어떤 특별 위원회가 각 환자의 경우를 조사해 보고 결정할 것인가? 환자 본인은 이 결정에 있어서 어떤 역할을 할 수 있는가? 아마 이상적인 공화국이나 개인은 결정권이 전혀 없고 국가가 전적으로 결정권을 갖고 있는 어떤 유토피아에서는 이것이 실행 가능할 것이다. 그러나 정상적인 상태에서 결정에 대한 책임을 진다는 것은 견딜 수 없는 문제이다.

3) 테스트 방법이 고안되어 결정할 수 있을지라도, 누가 그 결정을 실행할 책임을 질 수 있을까?

법에서는 정당하다고 인정하는 일종의 살인(homicied)을 누가 시행하려고 할 것인가? 분명히 이 일은 개인의 손에 맡길 수는 없다. 의사도 역시 책임을 질 것을 분명히 거부할 것이다. 일종의 공적 '시행자'(a kind of public executioner)가 있어야 한다는 것은 견딜 수 없는 일이다. 합법적으로 어느 누구에게 이 책임을 지게 할 수는 없다.

4) 이러한 계획은 확실히 남용될 가능성이 많이 있다.

일단 어떤 환경에서 생명을 빼앗는 것이 허용되면, 어느 때 나 그러한 환경은 조작되어 부당하게 생명을 빼앗는 일이 확대될 것이다. 노인이나 허약한 사람의 생명을 제거하거나 히틀러의 독일 안에서 발생했던 것과 같이 원치 않는 계층의 전체 시민을 죽일 수 있는 길이 열리게 될 것이다. 이러한 계획의 운용은 복잡한 보장 조항과 끊임없는 경계를 요구하고 있기 때문에 사실상 이러한 계획을 실행하는 것은 불가능하다.

이와 같이 실천상의 어려운 점을 떠나서도 어떤 사람에게 생존권을 준다는 것은 근본적으로 잘못된 것이라는 뿌리깊은 확신이 아직 남아 있다. 어느 국가도 안락사를 합법화하지 않았다. 그리고 기독교 국가는 앞으로도 이것을 합법화하지 않을 것이다. 그러나 이것은 사람은 어떤 환경에서든지 잔인하게 고통을 주는 불치의 병을 앓도록 포기당해야 한다는 것을 의미하지 않는다. 훌륭하고 지혜로운 의사의 도움을 받아 환자가 보다 편하게 세상을 떠날 때가 있을 수 있다. 그러나 안락사를 합법화하여 실천할 수 없으며, 또 그렇게 하는 것은 도덕적으로 잘못된 것이요 또 신학적으로도 정당화될 수 없다.

2. 크리스천의 자살관

크리스천은 자살에 대하여 어떤 태도를 취해야 하는가? 성서 안에서 안락사는 전혀 나오지 않는다. 그러나 자살은 구약 성서와 신약 성서 안에 모두 나온다. 그러나 자살에 관한 명백한 가르침은 없다.

구약 성서에는 자기 생명을 빼앗은 사람의 경우가 적어도 다섯 번 있다. 아히도벨이 자기의 모략이 시행되지 못함을 보고 고향으로 돌아가서 자기 집을 정리하고 스스로 목을 매어 죽었다(삼하 17:23). 시므리가 오므리에 의하여 디르사성이 함락됨을 보고 왕궁 위소에 들어가서 왕궁에 불을 놓고 그 가운데서 죽었다(왕상 16:18). 아비멜렉이 한 망대를 공격할 때에 한 여인이 내던진 맷돌에 의하여 치명적인 상처를 입었을 때에 그는 여인에게 죽었다는 말을 듣지 않기 위하여 그의 병기를 잡은 젊은이에게 그의 칼로 그를 찌르라고 말했다. 그래서 그 젊은이는 그의 칼로 아비멜렉을 찔러 죽게 하였다(삿 9:54). 삼손은 그의 최후의 노력으로 집을 무너뜨려 자기 자신과 그를 잡아온 사람들을 함께 죽게 하였다(삿 16:23-31). 사울이 블레셋 사람에 의하여 정복당하고 상처를 입었을 때에 그의 병기를 잡은 자가 그를 죽일 것을 거절하자 스스로 자기 칼 위에 쓰러져 죽었다(삼상 31:4, 5). 그리고 신약 성서에서는 가룟 유다가 예수님을 팔고 받았던 돈을 제사장들에게 다시 던지고 나가서 목을 매어 자살했다(마 27:3-5).

초기에는 생명은 소중했기 때문에 자살은 흔치 않았다. 그러나 그후 유대인들이 이방인들 사이에 흩어져 살게 되었을 때에 강한 염세주의가 유대인들 속에도 침투하게 되었다. 그리고 처음으로 유대인 랍비의 법은 자살을 인정하게 되었다. 자살을 금하고 있는 성경 본문은 다음과 같다. "내가 반드시 너희 피 곧 너희 생명의 피를 찾으리니"(창 9:5). "오직 너는 스스로 삼가며 네 마음을 힘써 지키라"(신 4:9). 그리고 이 계명 자체이다. 욥기 2장 9, 10절에서 욥은 재난에 직면해서도 자살하라는 제의에 분개하여 거부한다.

이때에는 자살은 '일부러 자기 자신을 파멸시키는 죽음'이라고 정의되었다. 이 때에 자살자의 시체는 저녁 때까지 그냥 내버려 두고 매장하지 못하도록 규정되었을 것이다. 그리고 자살자를 위해서는 애곡하지 못하도록 규정되었고 또 자살자의 시체는 다른 사람들의 무덤 가까이에 매장하지 못하도록 되어 있었다.

유대인의 법은 자살을 금했다. 그러나 이것은 자기 자신의 신앙을 위하여 자기 자신의 생명을 버리는 것이 필요한 때가 있었다는 것을 부인하는 것은 아니다. 요세푸스(Josephus)는 두 가지 필요를 보여 주는 두 사건을 언급하고 있다. 마사다(Masada)가 포위되어 온갖 희망이 사라졌을 때에 엘리아잘(Eleazar)은 로마인들의 손에 넘기워지기 보다는 차라리 자기 식구들을 죽이고 자신들도 죽을 것을 수비 대원들에게 권고했다. 그는 다음과 같이 말했다. "아직도 고귀하게 죽을 수 있는 선택의 자유는 남아 있다.… 우리들의 아내들로 하여금 수치스럽지 않게 죽게 하자…남자들은 노예가 되기보다는 차라리 죽음을 선택했다는 것을 증거하자. …영혼에게 자유를 주고 또 영혼으로 하여금 모든 재난으로부터 자유롭게 떠날 수 있게 하는 것은 죽음이다. 원수의 노예가 되지 말고 자유로운 인간으로 죽자. 우리의 자녀들 그리고 아내들과 함께 생명을 끝내자"(Josephus. *Wars of the Jews* 7, 8, 6, 7). 이 결과 두 여인과 다섯 자녀들 이외에 960명의 수비대 전원은 다 자결하였다. 이와 같이 랍비(*T. B. Gittin* 57b)는 처녀들은 포로로 잡혀가 수치스러운 삶을 살기보다는 투신 자살했다고 전해 주고 있다. 신앙을 위하여 목숨을 버리는 것은 고귀한 것이다.

그러나 요타파타(Jotapata)의 사건에서는 문제의 다른 면을 볼 수 있다. 이 경우에는 요세푸스 자신이 관련되어 있었고 또 그는 유대인들에게 자살하지 말 것을 호소하였다. "영혼과 몸과 같은 다정한 친구가 왜 헤어져야 하는가? …마땅히 죽어야 할 때에 죽기를 싫어하는 것과 죽어서는 안 될 때에 죽기를 원하는 것은 꼭 같이 비겁하다. …태풍이 무서워 폭풍이 불어오기 전에 그의 배를 침몰시키는 키잡이보다 더 형편없는 겁장이는 없다. 자살은 모든 피조물들이 공유(共有)하고 있는 본성에 모순된다. 그리고 자살은 우리를 창조하신 하나님께 대한 경건치 않은 행동이다. 고귀하게 잘 죽은 사람은 영원히 빛날 것이다. 그러나 어두운 음부가 자살한 영혼을 사로잡을 것이다"(Josephus. *Wars of the Jews* 3, 8, 5).

그러므로 유대인이 보기에 자살 자체는 죄이다. 그러나 때때로 그의 하나님을 믿는 신앙을 위하여 자기의 생명을 스스로 버리는 것은 옳은 것이 될 수 있었다.

헬라와 로마 세계에는 자살을 반대하는 법은 없었다. 자살은 결코 법적으로 죄는 아니었다. 그러나 역사에 있어서 한 시대를 제외하고는 자살은 결코 승인을 받지 못하고 신들에 대한 죄와 국가에 대한 위해(injury)로 간주되었다. 헬라와 로마 역사의 모든 시대에 사람들은 많은 이유에서 자살했다.

사람이 명예를 지키기 위하여 자살할 수밖에 없는 상황에 처하게 될 때에는 영웅적인 자살(heroic suicide)이라고 불려질 수 있는 것이 있었다. 판티테스(Pantites)의 유명한 경우가 바로 이런 것이었다(*Herodotus* 7. 232). 역사상의 가장 큰 전투 중의 하나는 델모피라에의 전투(the Battle of Thermophylae)였다. 이 전투에서 300명의 스파르타 병사들은 2만 명의 페르시아 병사들과 싸웠다. 이들은 한 명을 빼놓고는 모두 끝끝내 싸우다가 서서 죽었다. 이때에 살아남은 한 사람은 판티테스였다. 아무도 그가 살아남은 데 대하여 비난하지 않았다. 그러나 그가 스파르타에 돌아왔을 때에 그가 전투에서 전사하지 않은 것을 수치스럽게 생각한 나머지 자살하고 말았다.

낭만적 자살(the romantic suicide)이라고 불려질 수 있는 것이 있었다. 사람이 그가 사랑하던 사람이 죽었을 때에 혼자 살 수 없기 때문에 자살하는 경우가 바로 낭만적 자살이다. 플라토(Plato)는 다음과 같이 말한다. "인간의 사랑을 위하여, 죽은 아내를 위하여, 죽은 아들을 위하여 자진하여 음부에 내려간 사람들이 많다. 이들은 저 세상에서 사랑하던 사람과 만나 함께 있을 수 있다는 소망을 갖고 그와 같이 스스로 목숨을 끊고 음부에 갔다"(Plato, *Phaedo* 68A). 메이르(A.W. Mair)가 아름답게 표현하고 있는 바와 같이, 헬라 세계에는 생존시에 사랑스럽고 유쾌하게 같이 살다가 죽어서도 헤어지지 않는 사람들이 많이 있었다.

비관적 자살(the pessimistic suicide)이라고 불려질 수 있는 것이 있었다. 사는 것보다 죽는 것이 더 좋다고 생각하여 자살하는 사람의 경우가 바로 비관적 자살이다. 세상에 태어나는 것보다는 태어나지 않는 편이 더 좋다고 느끼는 사람들이 많다.

오늘날 우리가 비관적 자살의 이유를 이해하고 있는 바와 같이, 헬라인들도 이러한 자살의 이유를 이해했다. 왜냐하면 비관적 자살의 이유는 보편적인 것이기 때문이다. 그러나 헬라인들은 자살에 대하여 생각하는 바가 있었다.

그들은 자살은 국가에 대한 범죄라고 생각했다. 아리스토틀(Aristotle)은 이 점에 대하여 매우 분명하였다. "자살은 불의를 범하는 것이다. 그러나 누구에 대하여? 이 범죄는 자기 자신에게 대해서 보다는 오히려 국가에 대하여 범하는 죄처럼 보인다. …이러한 이유에서 이 범죄에 대하여 벌을 내린다. 자살은 국가 반역죄와 같이 불명예스러운 것으로 여기에 맞는 벌을 받게 된다"(Aristotle, *Nicomachean Ethic* 5. 11. 3, 11 38a 10).

우리는 헬라에서는 자살이 결코 비합법적인 것이 아니었다고 이미 언급한 바 있다. 불명예의 표시는 법적인 것보다 종교적인 것이었다. 플라토가 강조한 것은 자살은 종교적 악이었다. "모든 사람들 중에서 자기 자신을 죽이는 사람은 자기의 가장 좋은 친구(즉 자기 자신)를 괴롭히는 것이 아닌가? 정해진 생명의 몫을 폭력을 사용하여 스스로 박탈하는 자살은 국가의 법이 그에게 요구하기 때문도 아니요, 또 고통스럽고 불가피한 불운이 닥쳐와 그에게 자살할 것을 강요하기 때문도 아니요, 회복될 수 없는 수치를 당했기 때문이 아니라 벌을 자신에게 부과하는 남자다운 용기의 부족 때문이라고 나는 생각한다. 그를 위하여 하나님이 아시는 장례와 정화의 의식이 있다"(Plato, *Laws* 873). 자살자의 시체는 특별한 장소에 매장되었다. 자살케 한 바른손은 시체의 다른 부분에서 떼내어 별도로 다른 장소에 매장하였다(Aeschines, *Against Ctesiphon* 244).

피타고라스 학파 사람들(the Pythagoreans)과 오르페우스 숭배자들(Orphics)도 역시 자살을 죄로 보았다. 이 두 파는 영혼 재래설(reincarnation)을 생각했다. 그러므로 사람은 살아 있는 동안은 하나님께서 그를 위하여 정해 준 생명과 출생의 싸이클(the cycle of life and birth) 안에서 활동한다. "인생은 참회의 훈련이다." 그리고 자살은 하나님의 명령과 계획을 방해하려는 기도이다.

오직 한 때 한 그룹 안에서만 자살은 일반적인 것이고 또 승인을 받을 수 있었다고 말할 수 있다. 그 때는 초대 교회와 동시대에 로마제국 안에서였다. 이때는 변덕스럽고 독재적인 황제들이 통치하던 시대였다. 야심 많고 믿을 수 없는 밀고자들이 날뛰던 시대였다. 사람의 명예와 생명과 재산이 안전하게 지켜질 수 없는 시대였다. 이 시대에 많은 사람들은 참을 수 없는 상황으로부터 피하는 길로 자살을 택했다. 그들은 다음과 같이 말했다. "하나님께서는 사람들에게 생명을 주셨다. 그러나 하나님께서는 인간들에게 자살할 수 있는 보다 큰 은총을 허락해 주셨다." "가장 깨끗한 노예가 되는 것보다 가장 더러운 죽음이 더 좋다"고 세네카는 말했다. 이미 언급한 바와 같이, 자살은 폭정으로부터 피할 수 있는 하나의 길이었다. 영원한 자유로 향하는 길도 작은 창(lancet)이 종종 주어졌다. 안티스데네스(Antisthenes)가 병들어 고통을 당하고 있을 때에, 디오게네스(Diogenes)가 그를 방문하였다. "누가 나를 이 고통에서 해방시켜 줄 것인가?"라고 안티스데네스가 말했다. 디오게네스는 단도를 그에게 넘겨주면서 "이것"이라고 말했다(*Diogenes Laertius* 6. 18).

이 때는 스토익주의(stoicism)가 지배적인 철학이었기 때문에 이러한 일이 용이하게 있을 수 있었다. 스토익주의자들에게 생명은 '대수롭지 않은' 것이었다. 생명 그 자체는 좋은 것도 아니요, 나쁜 것도 아니며, 이익도 아니요 축복도 아니었다. 어떤 환경에서는 생명은 보존될 수 있었다. 또 어떤 다른 환경에서는 생명을 버릴 수도 있었다. 그러나 생명 그 자체가 특별한 가치를 갖고 있었던 것은 아니다. "현명한 사람은 자기 조국을 위해서, 그의 친구를 위해서, 또는 견딜 수 없는 고통 때문에, 신체의 어느 부분의 절단의 아픔이나 불치의 병 때문에 생명으로부터 탈출할 수 있다고 사람들은 우리에게 말해 줍니다"(*Diogenes, Laertius* 7. 130). 삶이 참을 만한 동안은 사람이 계속 살 것이다. 그러나 불치의 고통스러운 병을 앓거나 노쇠하여 정신이 몽롱하게 되면 그는 사라질 것이라고 세네카는 말했다. "단순히 고통스럽기 때문에 죽는 사람은 약자요 비겁자이다. 그러나, 단순히 고통을 참으면서 사는 사람은 바보이다"(*The Moral Letters* 58, 36). 비록 스토익주의자들은 생명을 대수롭지 않은 것으로 여겨 필요에 따라 살 수도 있고 죽을 수도 있다고 생각했으나 그러나 그들은 생명으로부터 탈출하는 것을 가볍게 생각지는 않았다. 어떤 사람이 에픽테투스(Epictetus)에게 세상을 버리고 떠나는 것이 어떠냐고 암시했을 때에 그는 다음과 같이 대답했다. "여보시오. 하나님을 기다리시오. 그가 당신에게 신호를 보낼 때에 당신은 당신의 봉사로부터 해방될 것이다. 당신은 그를 향하여 떠나게 될 것이다. 지금은 그가 당신을 있도록 한 그 자리에서 참으면서 살아야 합니다. …기다리시오. 비합리적으로 떠나지 마시오" (Epictetus *Discourses* 1. 9. 16). 스토익주의자는 언제라도 세상을 떠날 용의가 있었다. 그러나 떠나는 것이 정당화될 수 있을 때만 그처럼 하고자 하였다. 그는 이탈자가 될 경우에는 세상을 떠나고자 하지 않았다.

헬라인들과 크리스천 사이의 차이는 크리스천은 결코 자살을 정당화하지 않는다는 것이다. 어거스틴은 다음과 같은 두 가지 근거에서 자살을 금했다(*City of God* 1. 17). 첫째, 자살은 회개할 기회를 막아버리기 때문이다. 둘째, 이것은 살인으로 제 6계명을 범하는 것이기 때문이다.

토마스 아퀴나스는 다음과 같은 세 가지 근거에서 자살을 금한다. 첫째, 자살은 부자연스럽다. 둘째, 플라토가 이미 언급한 바와 같이, 자살은 공동체에 대한 범죄이다. 셋째, 자살은 하나님의 특권에 대한 권리 침해이다. 왜냐하면 하나님만이 생명을 끝나게 만들 권리를 갖고 있기 때문이다. 칸트는 인간 자신 속에 구현되어 있는 인간성에 대한 모욕이라는 근거에서 자살을 정죄하였다.

우리가 지금까지 언급한 것을 요약하면 다음과 같을 것을 알 수 있다.

1) 자살은 사람의 정신이 건전하지 못할 때에 항상 발생한다고 우리는 말할 수 있다.

로스(H. J. Rose)는 「종교와 윤리의 대백과사전(*the Encyclopaedia of Religion and Ethics*, Vol. xii p. 22)」속에 수록되어 있는 자살에 관한 그의 논문에서 다음과 같이 언급하였다. "어떤 사람의 정상적인 길이의 삶이 깨어 있는 매순간 절대적으로 건전한가는 의문스럽다.' 쇼펜하우어가 본 바와 같이 자살할 때에 사람은 생명의 가장자리에 있다. 자살이란 살고자 하는 의지의 상실이다. 자살이란 생명의 제일 법칙인 자아-보존(self-preservation)의 부정이다. 자살하는 사람은 자살하는 순간에 정상적인 정신 상태에 있지 않다.

2) 자살의 잘못은 이중적이다.

자살은 삶으로부터의 도피인 동시에 토마스 아퀴나스가 본 바와 같이, 하나님께만 속한 권리를 침범하는 행위이다. 인간은 이와 같은 행위에서 자기의 손으로 자기의 생명을 처리함으로 현실의 삶으로부터 도피하고자 시도한다.

3) 만일 정죄가 침묵을 지켜야 할 한 곳이 있다면, 동정이 우세한 곳이 있어야 한다면, 마음 속으로 자책해야 할 곳이 있다면, 바로 여기이다.

사람이 자살하는 것은 삶이 견딜 수 없다고 판단했을 때이다. 가끔 다른 사람이 자살자로 하여금 삶을 참을 수 없는 것으로 만들기 때문에 자살하는 경우가 있다. 만일 자살하고자 하는 사람이 자기의 답답한 심정을 털어놓을 수 있는 이야기의 대상자를 갖고만 있었다면 자살하지 않았을 것이라고 말할 수 있을 것이다. 사람들이 인생에 실패했을 때 우리는 그들을 하나님의 자비에 맡길 수 있다.

크리스천에게 자살은 금지되어 있다. 그러나 우리는 외로움과 절망감에서 자살로 현실의 삶으로부터 도피하고자 하는 사람을 사랑으로 동정해야 한다.

아우구스투스(Augustus) 때로부터 교회의 정통 교리가 '정당한 전쟁'의 개념 속에 어떻게 구체화되었는가를 생각해 보자.

여호수아 6장 10절을 주석하면서 아우구스투스는 정당한 전쟁만이 여호수아가 사용한 전략을 정당화 할 수 있다고 주장하고 있다. 그는 정당한 전쟁을 다음과 같이 정의하고 있다. "정당한 전쟁은 악을 시정하기 위한 전쟁이라고 정의될 수 있다. …한 국가는 시민들이 범한 잘못을 바로잡거나 또는 침해된 권리를 회복하도록 해야 한다."

보니페이스(Boniface)에게 보낸 편지(*Letter* 189)에서 아우구스투스는 평화를 추구해야 하지만 전쟁은 피할 수 있다고 주장하고 있다. "당신은 언제나 평화를 바라야 합니다. 전쟁은 불가피할 때만 해야 합니다. …평화를 회복하기 위해서만 전쟁을 해야 합니다. 그러므로 전쟁을 할 때에도 당신은 낭신의 공격자들을 정복함으로써 평화의 조성자(peacemaker)가 되시오. 그리고 당신의 공격자들에게도 평화의 유익을 갖게 하십시오. …전투시에 적군을 죽이는 것은 불가피한 일이지만 결코 그렇게 하기를 바라는 욕망에서 해서는 안 됩니다."

보니페이스에게 보낸 또 다른 편지(Letter 220. 3)에서 어거스틴은 보니페이스가 그의 아내의 죽음으로 말미암아 침울해 있었고 또 군복무를 버리고 수도원으로 들어갈 것을 생각하고 있을 때에 그에게 글을 써 보냈다. 아우구스투스는 그가 군인으로 남아 있으면서 야만인들의 공격으로부터 교회를 지키는 것이 교회를 더욱 위하는 것이 될 수 있다고 그에게 호소하였다.

아우구스투스는 「파우스투스에게 반대하여(Against Faustus)」라는 저서 제 8권에서 이 문제를 다시 취급하고 있다. 우리는 가이사의 것은 가이사에게 돌려주라는 말을 듣고 있다. 이것은 군대를 유지하기 위한 비용과 군인들에게 급료를 지불하기 위하여 세금을 바치는 것을 포함하고 있다. "인류의 평화를 유지하는 일과 통치자가 전쟁 수행의 권위와 능력을 갖는 것은 자연스러운 일이다. …하나님의 뜻에 복종하여 전쟁을 수행하는 것과 인간의 교만을 제압하거나 분쇄하는 것이 의로운 일이라는 것을 의심하는 것은 잘못이다. 하나님께로부터 오지 않은 권세는 하나도 없으므로(롬 13:1) 선한 사람이 악한 통치자의 명령을 받아들이는 것은 정당하다." 사랑은 감상적인 것이 아니다. 그리고 다른 사람의 유익을 위하여 그를 다정하게 대하면서도 엄격하게 다룰 수 있다고 그는 말한다.

종교 개혁시까지 내려온 정당한 전쟁의 이론을 간단하게 살펴보자. 종교 개혁시에 정당한 전쟁의 이론은 대부분 구체화되었다.

토마스 아퀴나스는 예수님의 교훈에 기초한 전쟁에 대한 반대를 다루고 있다. 검을 가지는 자는 다 검으로 망하느니라고 예수님께서 말씀하셨다(마 26:25). 그러나 여기서 검을 가진다는 것은 정당한 이유없이 그것을 사용하는 것을 의미하며 또 이것은 공인받지 못한 개인이 독단적으로 군사력을 사용하는 것을 금하고 있다. 전쟁은 '악한 자를 대적하지 말라'와 원수를 갚지 말라'(마 5:39)는 명령과 일치하지 않는다. 그러나 이 계명들은 관대한 정신의 개발에 의하여 만족될 수 있다. 그러나 이 계명들은 악을 벌하지 않고 내버려둠으로써 우리들이 도리어 해악(害惡)을 범할 것을 요구하는 것은 아니다. "만일 화평케 하는 자가 복이 있으면 전쟁을 만들어 내는 자들(warmakers)은 저주를 받는다"고 논의할 수 있을 것이다. 그러나 종종 전쟁이 평화를 조성하는 가장 좋은 길일 수가 있다(*Summa* 2. 2 qu. 40, art. 1).

 루터는 복음이 '자연적 권리와 의무를 전제한다'는 것을 조금도 의심치 않았다. 그리고 그는 크리스천 군인을 옹호하고 칭찬하였다.

 칼빈은 전쟁은 보복적 정의의 행위(an act of retributive Justice)이며 또 시민 행정 장관이 범죄자에게 벌을 주는 것과 같이 전쟁은 수행되어야 한다고 주장했다. 시민을 범죄자로부터 보호하는 사회 정의의 보통 수단과 꼭 같이 전쟁도 정당화될 수 있다. "왕이 큰 규모로 다른 나라를 침입하거나 또는 악한이 소규모로 남의 권리를 침해하거나 간에 그는 꼭 같이 강도로 여김을 받아 벌을 받아야 한다. 이것은 살인하지 말라는 계명을 범하는 것이 아니다. 불의한 전쟁을 일으킨 자들을 죽이는 것은 하나님의 처형이요 심판이다. 그리고 의(義)를 지키기 위하여 싸우는 사람들은 단순히 하나님의 도구들이다. 만일 신약 성서는 크리스천들에게 싸울 것을 명백히 허락하지 않았다고 반대한다면, 신약 성서는 시민 정부에 관한 법률을 재정하지 않았다는 것도 언급해야 한다. 그리고 구약 성서에서 모세와 다윗과 같은 하나님의 위대한 사람들은 하나님을 섬긴 위대한 용사들이었다는 것을 그것이 전제하고 있다는 것도 언급하지 않으면 안 된다."

정당한 전쟁의 교리는 항상 정통주의의 입장이었고 또한 지금도 그러하다. 다른 것들을 주장하는 목소리들, 특별한 퀘이커 교도들(Quakers)의 목소리가 있는 것이 사실이다. 1676년에 로버트 바클레이(Robert Barclay)는 다음과 같이 기록했다. "다음과 같은 것들을 조화시킬 수 있다고 생각하는 사람이 있을지 모르겠다. 즉 악을 대적치 말라와 악을 힘으로 대적하라를 조화시킬 수 있다. 그리고 다시 다른 편 뺨을 돌려대라와 다시 때리라를 조화시킬 수 있다. 그리고 또한 원수를 사랑하라와 원수를 약탈하고, 그들을 희생의 제물로 만들고, 칼과 불을 갖고 그들을 추격하라와 조화시킬 수 있다. 너희를 핍박하는 자를 위하여 기도하라와 그들을 벌금, 투옥, 죽음으로 박해하라와 조화시킬 수 있다. 이러한 것들을 조화시킬 수 있는 수단을 발견할 수 있는 사람은 누구나 하나님과 마귀를 화해케 만들고, 그리스도와 적그리스도를 화해케 만들고, 빛과 어두움을 조화시키고, 선과 악을 조화시킬 수 있는 길을 발견했다고 상상할지 모르겠다."

톨스토이(Tolstoy)가 말한 바와 같이, 예수님께서는 많은 말씀으로 전쟁을 금기하시지는 않았을지 모른다. "그러나, 정직하게 살 것과 다른 사람을 해치지 말 것과 다른 사람들에게 주어야 할 것을 모두 줄 것을 그의 아들에게 권고하는 아버지는, 노상에서 사람을 죽일 것을 그의 아들에게 금할 것이다." 어떤 원리를 제시한 후에는 상세한 것을 말할 필요는 없다.

우리는 이 주제를 자세히 재검토할 필요가 있다는 데 대해서 조금도 의심치 않는다. 그러므로 이 주제를 자세하게 검토하고 있다. 헤이스팅스의 「종교와 윤리의 대백과사전」 속에 수록되어 있는 패터슨(W. P. Paterson)의 전쟁에 관한 논문 속에 있는 자료에 나는 많은 신세를 지고 있다. 그러나 이 논문 속에 있는 많은 의견은 터무니없게 비실재적이고 우스꽝스러운 것처럼 보이는 것도 사실이다.

광의적으로 말하면 정당한 전쟁은 항상 정의를 지키고 악을 벌하기 위한 전쟁으로 해석되어졌다. 보통, 정복의 전쟁은 정당한 전쟁의 범주 속에 포함되지 않는다. 비록 침략전이 때때로 정당한 것이라고 주장되는 경우가 있을지라도 그것은 정당한 전쟁 속에 포함될 수 없다. 정당한 전쟁에 대한 위대한 크리스천 저술가와 사상가들의 개별적인 언급을 살펴보기 전에 전쟁을 정당화하는 일반적인 이론을 살펴보기로 하자.

정당한 보복은 항상 크리스천 신앙의 중요한 요소였다는 주장이 있다. 최후의 심판에 관한 비유가 있다(마 25:31-46). 마가복음 13장과 마태복음 24장에는 종말론적 정리(the eschatological condemnatins)가 있다. 하나님을 대적한 자들에 대한 최후의 심판이 요한계시록에 나온다. 만일 악행자를 징벌하는 것이 바로 기독교 윤리의 구조의 일부분이며, 또 세계 존재의 원리의 일부분이라면, "기독교가 죄인으로 하여금 지상에서 악의 세력을 억제하는 일과 정의를 실현하는 일에 있어서 하나님과 같이 일하는 동역자가 될 수 있는 민족으로 삼는 것은 도저히 믿을 수 없는 생각이라고 논의할 수 있을 것이다." 이러한 보복을 시행하는 일에 참여하기를 거부하는 것은 하나님 자신이 지독한 혹평을 받아야 하며, 또 하나님의 우주 통치법에 대하여 고발할 수 있는 근거 죄를 제시할 수 있는 도덕률(a code of morals)을 요구할 것이다. 거룩한 하나님에 의한 보복과 죄 많은 사람에 의한 보복은 매우 다른 것이라는 대답은 확실히 적절하다. 만일 원수 갚는 일 같은 것이 있다면, 그것은 하나님께 속한 것이다(롬 12:19). 히로시마와 나가사끼에 원자탄을 투하한 것에 대한 책임을 져야 할 사람들이 하나님의 동역자들이었다고 불려질 수 있다고 믿기는 참으로 어렵고 불가능하다.

사랑이 크리스천의 중요한 미덕이라는 것은 인정할 수 있다. 그러나 사랑은 징계와 병행할 수 있고, 또 비록 징계는 강제력을 내포하고 있을지라도 사랑은 때때로 징계를 하지 않을 수 없다고 논의되어지고 있다. 사랑이 징계를 하지 않을 수 없다는 것을 아무도 부인할 수 없을 것이다. 그러나 징계가 수천 명의 남녀와 어린이들을 죽게 한 적은 거의 없다. 징계의 전체 개념을 파괴하지 않고는 징계로부터 제거할 수 없는 징계의 한 특징이 있다면 그것은 바로 치료와 개선의 특징이다. 개인 또는 집단을 살해함으로써 개인의 잘못이나 민족 전체의 과오를 치료하거나 개선할 수 없다. 사람을 살해함으로써 징계할 수 있다는 생각은 참으로 이상하다.

어떤 국가도 그 국가의 남녀 백성, 어린이들, 노인들, 약자들, 방어 수단을 갖고 있지 못한 약자들을 침략군에게 내줄 권리가 없다. 어떤 국가도 이러한 사람들을 희생시킬 권리를 갖고 있지 않다고 주장한다. 방어할 힘이 없는 약자를 돕기 위하여 일어나는 기사도 정신의 반응은 훨씬 좋고 또 훨씬 고귀한 반응이다. 적어도 방어의 전쟁은 정당화될 수 있을 것이다. 역사 속에 들어온 희생의 요소 없이 역사의 참다운 발전이 있을 수 있었겠는가는 매우 의심스럽다.

우리는 예수님의 전체 가르침에 관하여 물음을 제기하지 않으면 안 된다고 논의할 수 있다. 우리는 단지 예수님을 사랑과 온유의 조건에서만 생각할 것이 아니라 정의와 권위와 힘의 조건에서 그를 생각하지 않으면 안 된다. "기독교는 이러한 입장에서 선한 양심을 갖고 불의와 폭력으로 가득차 있고, 하나님의 법을 어기고, 또 하나님의 의로운 권위에 도전하는 세상 속에서 전쟁을 위하여 하나님과 협력할 수 있다"는 말이 있다. 우리가 이미 한 답은 여기서도 역시 적용된다. 하나님과의 협력으로서의 전쟁에서 되어진 일들을 이해하는 것은 매우 어렵다. 남녀와 어린이들을 살해하는 것과 하나님과 협력하는 것이 동일한 것이라고는 주장할 수 없다.

전쟁을 찬성하는 두 가지 매우 오래된 논의가 있는데, 이것들은 아직 통용되고 있으므로 검토해 보지 않으면 안 된다. 마치 몸의 건강을 유지하는 데 운동이 중요하듯이 전쟁은 한 국가의 활력을 보존하는 데 필요하다고 베이컨(Bacon)이 언급한 바 있다. "육체이거나 정치적 단체이거나 간에 몸은 운동 없이는 건강할 수 없다. 한 나라에 있어서 정당하고 명예로운 전쟁(just and honourable war)은 참다운 운동이다."

둘째로, 전쟁은 모든 미덕의 학교(the school of all the virtues)라는 주장이 있다. 전쟁에서 용기, 영웅적 자질(heroism), 충성심, 그리고 전우의 사랑이 꽃핀다. 다른 곳에서는 결코 이러한 것들이 싹틀 수 없다. 그러나 또 다른 종류의 전쟁이 있다. 즉 모험을 하게 하여 인간을 위대하게 만들고 빈곤과 질병과 무지를 몰아내기 위하여 싸우는 전쟁이 있다.

아마 어떤 다른 것보다 대답하기 더 어려운 또 다른 하나의 논의가 있다. 많은 면에서, 우리가 부모님께 빚지고 있는 것보다 국가에 더 많은 빚을 지고 있다는 사실이다. 그러므로 우리가 우리의 부모님이 우리를 저버리는 일이 불명예스러운 것같이 국가가 어려운 때를 맞았을 때 국가를 버리는 것도 불명예스러운 일이다라고 논의하는 사람들이 있다. 나라는 우리가 결코 떠나기 어려운 공동체를 갖고 있다. 이러한 논의에 대한 유일한 대답은 부모님께 대한 의무, 국가 또는 어떤 지상의 충성, 또는 관계에 대한 의무보다 앞서는 의무가 있을 수 있다는 것이다.

우리는 정당한 전쟁에 관한 기독교의 위대한 사상가들의 견해를 살펴보아야 하겠다. 정당한 전쟁은 합법적 권위(예를 들면, 이것은 반역과 혁명을 제외한다)를 갖고 있는 군주가 벌을 받아 마땅한 원수에 대항하여 선을 증진하고 악을 제거하려는 목적을 갖고 수행해야 한다고 토마스 아퀴나스는 말했다 (*Summa* 2.2 qu. 40, art, 1). 탐욕에 의하여 자극된 전쟁은 항상 정당치 못하다. 그리고 정당한 전쟁은 한 나라의 군주가 하나님을 대행하여 살육과 약탈을 일삼는 나라로 하여금 그러한 일을 하지 못하도록 힘으로 제지하는 전쟁이라고 칼빈은 말했다(*Institutes* 4. 20). 유고 그로티우스(Hugo Grotius)는 그의 저서(*De Iure Belli et Pacis*, Book 2)에서 세 종류의 정당한 전쟁을 열거하고 있다. 즉 국가가 자기의 이익을 지키고 유지하기 위하여 수행하는 전쟁과, 국가가 다른 사람들을 위하여 개입하는 전쟁과, 하나님께 대한 의무를 수행하는 전쟁 등이다. 한 국가는 자기의 국민을 보호하고, 손해를 입은 것에 대하여 보복하고, 정당한 의무를 수행하고, 그리고 침략자를 벌할 의무를 갖고 있다. 한 국가는 동맹국들과 우방들과 일반적으로 온 인류를 돕기 위하여 참전하는 것은 정당화될 수 있다. 하나님의 존재를 부인하고 또 하나님께서 모든 인간사를 돌보시고 있다는 것을 부인하는 나라는 대단히 위험한 주의(主義)를 갖고 있기 때문에 온 인류의 일반적 이익을 위하여 합법적으로 힘에 의하여 억압되어야 한다.

우리는 정당한 전쟁에 관한 다른 견해들(이 견해들은 널리 알려져 있지는 않다)을 좀더 간단히 살펴보게 될 것이다. 예기한 전쟁(anticipatory war)은 정당화될 수 있다고 논의되어 왔다. 한 나라가 문제를 일으키기 전에 그 나라를 공격하는 것은 정당하다. 한 나라가 분쟁을 일으킬 것 같이 보일 때에 그 나라를 공격하는 것은 정당하다. 한 나라가 그 시대의 세계 정신의 최선의 대표가 어느 순간에도 될 수가 있고, 또 한 나라가 세계 정신의 최선의 대표가 될 수 있다는 것이 그 나라로 하여금 선택된 나라가 될 수 있게 만들며, 또 다른 나라를 정복할 권리를 갖게 만든다. 왜냐하면 보다 작은 나라들은 그러한 민족에 의하여 정복되는 것이 뒤에 가서는 보다 좋게 될 수 있기 때문이라고 헤겔(Hegel)은 논했다. 탐욕을 갖고 고질적으로

(세계의) 평화를 교란시키는 나라에 대하여 침략전을 시작하는 것은 정당하다고 로데(Rothe)는 주장하였다. 그는 또 보다 높은 문명으로 보다 낮은 문명을 대치시키거나 보다 크고 또 보다 좋은 권력의 지배 밑에 쇠하고 타락한 국가를 두게 하기 위하여 전쟁을 시작하는 것은 옳다고 그는 또 주장했다. 마지막으로 '침략은 하나님께서 침략자에게 부여해 준 자연스러운 권리'라고 실지로 주장되어 왔다. 이것은 결국 힘이 정의라고 단순히 말하는 것이다.

정당한 전쟁의 이론을 믿는 사람들은 동시에 대개 그러한 전쟁이 수행되는 조건에 대하여 많이 언급한다. 40년 또는 50년 전에 건전한 것이라고 말할 수 있었던 어떤 것들이 오늘날에는 냉혹한 조롱거리처럼 보인다.

우리가 종종 인용하고 있는 「종교와 윤리의 대백과사전」(Encyclopaedia of Religion and Ethics, Vol, XII p. 684)에 수록되어 있는 전쟁에 관한 논문에서 패터슨(W. P. Paterson)은 다음과 같이 언급했다. "현대에는 전쟁 행위를 위한 조정이 현대 발명에 기인한 공포의 증가와 강쇄를 상쇄하리만큼 인간화되었다." 현대인들에게 '전쟁 행위의 인간화(humanization of the conduct of war)'를 말하는 것은 터무니 없이 비현실적인 것으로 들릴 것이다. 그리고 패터슨은 우리가 전쟁에 대한 19세기의 이상이라고 부를 수 있는 내용을 계속해서 인용하였다.

벤쟈민 프랭크린(Benjamin Franklin)은 옛 야만적인 행위가 제거된 것을 다행으로 생각했다. 그리고 그는 그러한 과정이 계속되어서는 안 된다는 이유를 보지 못했다. 국가들이 전쟁을 수행할 때에 "땅을 개간하는 사람들, 어부들, 무장하지 않은 배 안에 있는 상인들, 예술가들, 공개된 도시에서 일하는 기계공들은 병역 의무로부터 면제를 받아야 하며, 약탈이나 사략선(privateer, 私掠船-전시에 적선을 나포할 수 있는 면허를 받은 민간 무장선)은 없애야 하며, 그리고 병원은 존중되어야 한다"고 그는 제안했다. 19세기의 국제법에 관한 논문은 전쟁은 국가간의 경쟁이므로 비전투 시민은 중립자로 간주되어야 한다고 설명하고 있다. 우리가 전쟁의 위험으로부터의 면제라고 부를 수 있는 것들에 대한 이러한 목록은 드레스덴(Dresden)과 함부르그(Hamburg), 코벤트리(Coventry)와 런던(London)에서 전쟁의 참상을 보고 들은 사람들에게 있어서는 이 세상에서의 삶이 전혀 어떤 것인지 알지 못하는 다른 세계로부터 온 사람의 꿈같이 보일 것이다.

1899년과 1907년의 헤이그(The Hague) 회의와 선언은 전쟁의 합법적 방법과 무기에 관하여, 그리고 피점령국의 권리에 관하여 선언을 했다. 적군을 해할 수 있는 권리는 무제한적인 것이 아니며, 독으로 위험하게 상처를 주거나 죽이는 일은 금지한다고 규정되어 있었다. 방어 수단이 없는 도시를 폭격하는 일은 금지되어 있었다. '종교, 예술, 과학 그리고 자선 사업의 목적으로 사용되는' 건물들을 불필요하게 파괴하는 일은 금지되어 있었다.

점령한 도시를 약탈하는 것은 금지되어 있다. 피점령국에 있어서도 사유 재산권은 개인의 약탈과 공적인 수용(需用)으로부터 보호를 받아야 한다. 히로시마와 나가사끼와 지구를 불태워 버리려는 현대의 공중 폭격 정책의 배경에서 읽어볼 때에 이 모든 것들은 다른 세계에서 온 것 같이 들린다.

만일 정당한 전쟁을 지지하는 사람들이 전쟁에서 사용되는 무기와 전쟁을 수행하는 방법을 제어할 수 있다고 생각한다면, 그들이야말로 지금까지 세상이 낳은 가장 잘 속는 바보들임에 틀림없다. 어쨌든 일단 전쟁이 발발하여 참전하게 되면, 국가가 동원할 수 있는 온갖 무기를 다 사용하여 할 수 있는 한 빨리 전쟁을 끝내도록 해야 한다고 역시 논의되고 있다. 이러한 논의들과 선언들은 20세기 후반에 있어서는 적당한 것이 못 된다.

물론, 다른 편에서 주장하는 목소리들도 항상 있어 왔다. 루소(Rousseau)는 국가들이 평화주의자의 입장을 갖는 것은 순전히 바보스러운 것이라고 말했다. "국가들은 선하게, 관대하게, 사욕이 없게, 공공심이 있고 인정이 차고 넘치게 될 필요가 없다. 국가들은 불의하고 탐욕심이 있고, 무엇보다 자국의 이익을 앞세울 수 있다. 우리는 다만 국가들에게 바보가 되지 말 것을 요구한다. 이 입장(평화주의자의 입장)을 취하게 되면 그들은 바보가 될 것이다."

오늘날 이 물음은 우리에게 답할 것을 강요한다. 현재 핵폭탄은 티엔티(TNT) 3천 2백 억 톤에 해당되는 양이 비축되어 있다고 한다. 이 양은 전세계 안에 있는 개개인에게 10톤 이상이 배당되는 셈이다. 지금 미국만이 보유하고 있는 에로솔 신경 가스(aerosol nerve gas)로 4억 5천 5백만 평방 마일 안에 있는 모든 생명을 죽일 수 있다고 한다. 이 면적은 지구 전체 면적의 8배에 해당된다. 무서운 말 같지만 만일 어린이들이 장난감을 갖게 되면 그들은 조만간 그것들을 작동시켜 갖고 놀게 될 것이다. 마치 우리는 핵무기를 제어할 수 있는 것처럼 핵 억제책에 관하여 말한다. 그러나 핵을 소유하고 있는 자들이 그것을 사용하고자 한다면 핵 억제책은 전혀 억제책이 될 수 없다. 그리고 이러한 논의는 이론적인 윤리에 있어서 결코 유쾌한 학문적 토의는 아니다. 이것은 실질적 정치의 가장 실질적인 것이다.

이 마지막 문장은 의심할 여지 없는 문제를 야기시켰다고 할 수 있을 것이다. 전쟁과 평화의 문제, 핵무기의 사용 여부의 문제는 교회가 전적으로 관심을 가져야 할 문제일까? 이것은 정치적 문제가 아닌가? 이 문제는 정부와 정치인들이 해결하도록 맡겨야 할 문제가 아닐까? 이러한 것을 논의하고 또 행동화하는 것은 교회가 정치에 간섭하는 경우가 아닐까?

교회가 단순히 진리를 말하는 것으로 만족할 수 없다는 것을 항상 기억하지 않으면 안 된다. 교회는 말의 진리를 행동의 진리로 전환시키기 위하여 사용할 수 있는 온갖 합법적 수단을 다 사용해야만 한다. "모든 것은 신비주의에서 시작하여 정치에서 끝난다"고 페귀(Peguy)는 말했다. 세상은 교회가 간섭하는 것을 원치 않는다. 독일의 괴벨(Goebbels)은 다음과 같이 말했다. "교인들은 정치에 손을 대서는 안된다. 그들은 내세를 준비하는 일만을 해야 한다." 니뮐러(Niemöller)가 히틀러(Hitler)에게 가서, 자기는 독일 국가의 미래에 대하여 관심을 갖고 있다고 말했다고 한다. 이 말을 듣고 히틀러는 "그것에 대해서는 내가 관심을 가질 것이다"라고 대답했다. 세상은, 침묵하고 있는 교회만큼 더 좋아하는 것이 없다.

로렌스(D. H. Lawrence)는 다음과 같이 말한 적이 있다.

"나는 기독교의 위대성을 알고 있다. 이것은 과거의 위대성이다. 나는 다만 초기 크리스천의 위대성만을 알고 있다. 우리는 암흑시대의 혼란과 절망적인 큰 불행에서 벗어나지를 못했다. 만일 내가 기원 400년에 살았더라면, 내가 열렬한 참다운 크리스천과 모험가가 될 수 있게 해달라고 하나님께 기도하리라. 그러나 지금 나는 1924년에 살고 있다. 그리고 크리스천 모험은 끝났다. 기독교에서 모험은 사라져 버렸다. 우리는 하나님을 향하여 새로운 모험을 시작하지 않으면 안 된다."

여기 기독교에서 지도력을 찾아볼 수 없다는 침울한 생각이 있다. 사람들은 지도력을 찾기 위하여 그들의 시선을 다른 방향으로 돌리고 있는 것이 틀림없다. 그러므로 교회는 사람들을 인도할 수 있도록 이 문제가 어디에 있는가를 세상 사람들에게 말해 주는 것을 회피할 수 없다.

우리는 이 문제에 접근하면서 다만 한 곳으로부터 시작할 수 있다. 즉 우리는 크리스천 사랑의 개념으로부터 시작하지 않으면 안 된다. 크리스천 사랑은 값싼 감상주의(easy sentimentalism)가 아니다. 크리스천의 사랑은 행동할 수 있다. 크리스천의 사랑은 힘을 사용할 수 있다. 만일 내가 어떤 사람이 다른 사람을 약탈하거나 죽이는 것을 보고 있다면, 나는 그의 행동을 중단시킬 것이다. 필요하다면 나는 힘을 써서라도 그와 같은 행동을 중단시킬 것이다. 그의 나쁜 행동을 중단시키지 않는다면, 나는 그의 범죄 위에 회피하는 나의 범죄를 더하게 될 것이다. 그러나 만일 크리스천의 힘을 사용한다면, 그 힘은 다음과 같은 3가지 특징을 갖지 않으면 안 된다.

1) 그 힘은 치료를 위한 것이어야 한다.

그 힘은 악을 행하는 자를 보다 좋은 사람으로 만들고자 하는 하나의 목적을 갖고 사용되어야 한다. 그의 나쁜 행동을 중단시키는 것으로 충분한 것이 아니라 그를 치료하기 위하여 힘은 사용되어야 한다. 우리는 그의 존재를 말살시킴으로써 그 사람을 치료할 수는 없다.

2) 그 힘은 개인적인 것이어야 한다.

그 힘은 악한 행동을 저지른 사람에 대해서만 사용되어야 한다. 이 힘은 완전히 무차별하게 아무에게나 사용될 수는 없다. 사람이 악한 행동을 하는 것을 중단시키기 위해서만 이 힘은 사용되어야 한다. 한밤중에 하나의 도시 전체를 파괴하는 것은 아주 다른 것이다.

3) 그 힘은 사랑 안에서 사용되어야 한다.

이 힘은 증오, 원한, 그리고 악의 없이 사용되어야 한다. 이 힘은 보복하고 싶은 생각에서 사용되어서는 안 된다. 이 힘은 보상의 욕망에서 사용되어서는 안 된다. 보다 좋은 사람을 만들기 위하여 벌을 준다는 생각에서 이 힘이 사용되어야 한다.

크리스천에게는 힘의 사용이 금지되어 있다고 말하는 것은 아주 잘못된 것이다. 힘은 범죄를 범한 사람을 죽이기 위해서가 아니라 치료하기 위해서 사용되어야 한다. 이 힘은 무차별하게 사용될 것이 아니라 개별적으로 개인에게 사용되어야 한다. 힘이 다른 사람을 말살하기 위해서 사용될 것이 아니라 사랑에서 힘이 사용되어야 한다. 악한 행동을 하는 사람에게 벌을 줄 때에도 그의 최고의 선을 도모해야 한다. 전쟁이 결코 이러한 조건들을 만족시켜 줄 수 없다는 것은 너무나 당연한 것이다.

평화주의자의 입장이 사람에게 진리를 설득하는 데 상식보다 더 필요한 것이 없다고 루소가 한 번 말한 적이 있다는 것을 우리는 이미 알고 있다. 이 말에 의문을 제기할 사람이 많다는 것도 명백하다. 어떤 환경에서든지 예수 그리스도께서 세계 안에 있는 어떤 도시 위에 원자탄을 투하하는 것을 승인할 것이라고 생각할 수 없다고 논의하는 것은 지나치게 단순화하는 것이라고 말하는 사람들이 있을 것이다. 그러나 이것은 우리가 대면하지 않으면 안 될 논의이다. 지금 생존하고 있는 세대에게 직접적인 파괴를 주고 또 아직 출생치 않은 세대에게 잔인한 영향을 주게 될 핵무기의 사용을 지지할 정직한 논의가 가능하다고 생각하기는 매우 어렵다. 그러나 이 논의가 여기에 머물러 있어서는 안 된다. 기독교인의 관점에서 볼 때에 활과 화살로 사람을 죽이는 것이 나쁜 것과 꼭 같이 원자탄으로 사람을 죽이는 것도 나쁘다. 사람을 죽이는 원리는 같다. 다만 다른 것이 있다면, 오늘날 우리의 시선을 끌게 만드는 것은 대규모의 살해 행위이다. 그러면 평화주의자의 입장을 반대하는 논의가 무엇인가?

1) 크리스천의 사랑의 윤리는 개인들간의 인격적 관계의 윤리이지 정부들과 국가들 사이의 관계를 결정할 수 있는 것이 아니라고 논의되어지고 있다.

이것은, 공적인 윤리와 사적인 윤리라고 불려질 수 있는 것

사이에는 차이가 있다는 것을 의미한다.

이 교리는 말틴 루터(Martin Luther)에까지 소급해 올라갈 수 있다. 루터는 두 왕국을 구별하였다. 하나님의 바른 손의 왕국(the Kingdom of God's Right Hand)인 영적 나라와 하나님의 왼손의 왕국(the Kingdom of God's Left Hand)인 세속적인 나라가 있다. 영적 나라에서 우리는 그리스도의 법에 절대적으로 복종해야 한다. 개인으로서 크리스천은 절대적 사랑의 윤리를 따라야 하다. 그러나 세속적인 세계 안에서 크리스천은 개인이 아니라 관계 속에 있는 사람이다. 즉 그는 그의 가족과 관계를 맺고 있으며, 직장에서 그의 주인과의 관계를 맺고 있으며, 또 국가와도 관계를 맺고 있다. 그는 이것들을 보호하지 않으면 안 된다. 세속적인 영역에서 그는 크리스천이 아니라 아버지이며, 주인이며, 시민이다. 이 영역에서 무저항을 말하는 것은 잘못이다. 그는 재산을 보호해야 한다. 그는 자기 자신의 권리와 다른 사람의 권리를 옹호해야 한다. 그는 현상(the status quo)을 유지하지 않으면 안 된다. "군주 또는 재판관 또는 당신 밑에 있는 사람을 부리는 영주 또는 안주인으로서의 당신의 의무가 어떤 것인지 알기를 원하는가?"라고 루터는 묻고 다음과 같이 답한다. "당신은 당신의 의무에 대하여 그리스도에게 물을 필요가 없다. 제국이나 나라의 법에 물어라." 그러므로 개인으로서 우리는 영적 영역에서 사랑의 윤리를 따라야 하지만 그러나 한 국가의 시민으로서 우리의 법은 국가의 법이며 또 우리는 이 법을 받아들이지 않으면 안 된다는 것을 루터는 분명하고 솔직하게 말하고 있다. 이러한 두 왕국설에 기초하여 적어도 독일 교회의 일부분은 히틀러를 받아들일 수 있었다. 이보다 더 위험한 교리를 설교할 수는 없었을 것이다.

확실히, 이것에 대한 답은 내가 어디에 있든지 나는 나로 남아 있게 된다는 것이다. 나는 내 사생활의 영역으로부터 나의 공적 생활의 영역으로 옮겨갈 때에도 하나의 인격으로서 나는 변하지 않는다. 국가는 그 구성원들과 그 시민들의 총체에 불과하다. 만일 시민으로서의 내가 개인으로서의 내가 받아들이는 것과 다른 규칙을 일부러 받아들인다면, 그것은 개인의 도덕과 공적인 도덕이 영원히 다른 것들이라는 것을 의미하는 것이 틀림없다. 그리고 이러한 논의에 근거하여 판단하면 공적인 도덕은 항상 개인의 도덕보다 훨씬 낮은 것이다.

크리스천은 크리스천 시민이다. 우리가 집에 들어오고 또 나갈 때에 외투를 입었다 벗었다 하는 것처럼 우리는 마음대로 크리스천 윤리의 옷을 입었다 벗었다 할 수 없다. 크리스천은 개인으로 할 수 없는 것을 시민으로도 할 수 없다. 국가의 구성원들이 모든 삶의 영역에서 크리스천이 될 때에 그 국가는 기독교 국가가 될 수 있다.

2) 우리는 옹색한 상황 속에서 살고 있기 때문에 우리는 완전함에 도달할 것을 기대할 수도 없고 또 목표로 삼을 수도 없다는 논의가 있다.

바꾸어 말하면, 우리는 환경에 얽매여 있기 때문에, 환경이 허락하는 만큼만 크리스천이 될 수 있다고 논의되어 진다. 이러한 환경에서는 우리의 선택은 옳고 그른 것 사이의 선택이 아니라 두 가지가 다 전적으로 옳은 것은 아니지만 다른 것보다 더 크리스천적인 것을 선택하는 것이다. 바꾸어 말하면, 우리는 종종 보다 작은 악을 택한다. 그러므로 전쟁이 보다 작은 악일 수 있는 상황이 발생할 수 있다는 것이다. 우리는 이 문제의 논의를 후에 다시 하게 될 것이다.

그러나 크리스천이 어떤 일들을 받아들이지 않으면 안 된다는 것을 인정하지 않으면 변화될 수 없는 상황 속의 일들이 있다는 것을 인정할 수는 있다. 매음의 사회를 깨끗이 정화하는 것은 거의 불가능하다고 말할 수 있다. 그리고 또한 나는 개인적으로는 이것과는 아무 상관도 없다고 말할 수도 있을 것이다. 나는 사회가 완전히 기독교적이 아니라는 것을 알고 있다. 그러나 나 자신은, 비기독교적인 것을 받아들일 것을 거부하는 것이 나에게 순교자의 죽음을 초래할지라도 나는 비기독교적인 것을 받아들일 것을 거부하겠다고 말할 수 있다. 이러한 상황을 받아들일 것을 거부함으로써만 결국 우리는 상황을 변화시킬 수 있다. 두 악 중에서 작은 악을 선택해야 한다고 말하는 것이 참된 것이 아니다. 만일 우리가 희생의 대가를 치를 용의가 있다면, 우리는 옳은 것을 선택할 수 있다.

3) 이 논의는 어떤 분지(分枝)를 갖고 있다.

이 논의의 다른 형식의 내용은 다음과 같다. 크리스천은 기독교 정책을 완전히 받아들이는 완전한 기독교 국가를 기대할 수는 없다. 국가는 완전한 기독교 국가임을 자처할 수 없다. 그러므로 국가는 자국의 시민들을 보호하고, 그 영토를 지키고, 받은 위해에 대하여 보복하고, 가능하다면 정복에 의하여 자기의 영토를 확장하는 것을 자기의 의무로 받아들인다. 그러므로 완전히 기독교를 받아들이지 않은 나라에게 기독교 윤리를 완전히 받아들일 것을 요구할 수도 없고 또 기대할 수 없다고들 말한다. 그러므로 국가가 전쟁을 할 때에 시민은 그 전쟁을 받아들일 수밖에 없다고 결론을 내리게 된다.

이 논의의 위험은 명백하고 위험하다. 이 논의의 요점은 국가를 크리스천의 행동의 최종적 결정자로 삼고 있는 것이다. 이것은 크리스천에게 반기독교적인 행동일지라도 그것이 국가가 요구하고 있는 것이기 때문에 그것을 묵묵히 따를 의무가 있다고 규정한다. 모든 시대를 통하여 교회가 가장 강할 때에는 이러한 태도를 받아들일 것을 거부했다. 교회의 주는 예수 그리스도이지 시저(Caesar)가 아니다. 그리고 다시 한번 말하거니와, 만일 국가의 구성원들이 완전히 크리스천의 길을 따르면, 궁극적으로 국가 자체는 기독교적이 될 것이다.

4) 평화주의자의 입장을 반대하는 마지막 논의는 매우 많은 사람들에게 있어서 가장 강한 것이다.

이 논의는 아주 단순하게 다음과 같이 묻는다. 만일 국가가 어떤 환경에서 전쟁에 참전치 않는다면, 어떤 일이 발생할 것인가? 만일 전쟁을 하지 않으면 도저히 지킬 수 없는 가치있는 것들을 지키기 위해서 전쟁은 할 수밖에 없다고 종종 주장되어 왔다. 자유, 서구의 문명, 그리고 결국 기독교 자체의 존재가 위험에 처하게 될 때에는 전쟁을 할 수밖에 없다고 주장되어 왔다.

얼핏 보아 이것은 감탄하지 않을 수 없는 논의이다. 그러나 참다운 의미에서 이것은 가장 큰 불신앙의 논의이다. 만일 기독교가 전쟁에 의하여 지켜지지 않으면, 기독교는 멸망될 것이라고 우리는 참으로 믿을 수 있는가? 만일 전체주의 또는 공산주의가 나라에 침투해 들어오면, 기독교는 말살될 것이라고 당신은 참으로 믿을 수 있는가? 기독교 신앙을 파괴하는 것이 가능하다고 당신은 참으로 믿는가?

만일 우리가 이것을 믿는다면, 우리는 일부러 기독교를 믿지 않는다는 것에 찬성 투표를 한 것이다. 만일 기독교가 이러한 종류의 방어를 필요로 한다면, 참으로 신적(神的)인 것이 기독교에는 없는 것이다. 확실히 기독교 신앙은 그 속에 파괴될 수 없는 것을 갖고 있다. 확실히 만일 기독교가 참되다면 기독교는 개종에 의하여 세상을 정복할 수 있다는 것을 믿지 않으면 안 된다. 확실히 기독교는 파괴될 수 없다는 숭고한 확신을 갖고 있다. 기독교를 파멸시키려고 시도하는 사람들은 마침내는 자기들이 기독교에 의하여 정복되고 말 것이다. 확실히 유대교가 훌륭한 본보기이다. 유대교는 수천년 동안 싸우지 않았다. 그리고 그것을 말살시키려는 고의적 기도(企圖)가 있었음에도 불구하고 유대교는 파괴될 수 없다는 것을 입증하였다.

만일 우리가 기독교를 참으로 믿는다면, 기독교는 스스로 자기를 방어할 수 있다는 것을 역시 믿을 수 있다. 현대 전쟁의 방어를 필요로 하는 신앙은 살아 남을 가치조차 없는 신앙이라고 우리는 결론을 내릴 수 있다. 이것 때문에 우리가 대면하지 않으면 안 될 의무가 있는 것이다.

그러나 전쟁에 대한 크리스천의 의무를 긍정적으로 살펴보기 전에 전쟁의 수단에 의하여 기독교의 가치들, 기독교 문명, 기독교 사회가 방어될 필요가 가끔 있다는 논의에 대하여 한 가지만 더 살펴보기로 하자. 그리고 이 논의가 무엇을 의미하는가를 분명히 알아보자. 우리는 기독교의 가치들을 공격하고 있다고 단언하는 사람들의 행동으로부터가 아니라, 기독교의 가치들을 옹호한다고 단언하는 사람들의 행동으로부터, 즉 우리 자신의 나라와 우리의 연합국들의 행동으로부터 이 논의가 무엇을 의미하는가를 검토해 볼 것이다.

크리스천 가치들을 지키기 위하여 하나의 원자탄이 일본의 한 도시인 히로시마에 투하되었다. 그리고 그 결과로 71,139명의 사람이 살해되었다. 어느날 밤 독일의 도시 드레스텐(Dresden)은 세 차례에 걸쳐 폭격을 당했다. 첫 폭격은 244대의 랭카스터(Lancasters)에 의한 것이었고, 두 번째 폭격은 529대의 랭카스터에 의한 것이었고, 세 번째 폭격은 450대의 포트레스(Fortresses)에 의한 것이었다. 그 당시에 드레스텐의 상주 인구는 6십 5만 명이었고 또 이 도시는 동부로부터 피난온 3십만명으로 가득차 있었다. 이 도시에는 대공포도 설치되어 있지 않았다. 하룻밤 동안에 13만 5천 명이 살해되었고 8만 동의 건물이 파괴되었다. 흥미있는 것은 영국과 미국측에서는 20만 명 내지 25만 명의 사람이 살해되었다고 주장하고 있다. 사실 실제로 손해를 준 것 보다 더 많은 야만적 파괴를 했다고 주장하고 있다. 만일 이것이 기독교의 가치와 서구 문명의 방어라고 불려질 수 있다면, 그러한 가치와 그러한 문명은 그것들을 파괴함으로써만 방어될 수 있다고 주장할 수 있다. 그렇게 관계가 약한 방법으로 행하는 행동이 기독교의 방어와 어떻게 관련되어 있는지는 정상적으로는 이해할 수 없다. 그리고 그런 것이 전쟁이다. 그러한 일이 발생하지 않도록 전쟁을 콘트롤(control)할 수 있다고 말하는 것은 쓸데없는 것이다. 일단 시작된 전쟁은 아무 것으로도 제어할 수 없다는 것이 당연한 사실이다. 아무리 많은 논의를 한다 해도 그러한 종교의 방어를 정당화할 수 없고 또 그러한 행동에 의해서는 그 종교가 사랑의 종교라고 말할 수 없다.

그러면, 이러한 모든 것을 비추어 볼 때에, 크리스천의 의무는 어디에 있는가? 이 물음에 대한 답은 다음과 같은 두 가지 면에서 찾아볼 수 있다.

1) 우리가 소극적인 면이라고 부를 수 있는 것이 있다.

이 입장에서는 크리스천은 전적으로, 완전히, 그리고 절대적으로 전쟁을 포기해야 하며, 또 크리스천은 전쟁에 참전해서는 안 된다고 답을 할 수 있다.

만일 우리가 전쟁을 포기하면 그 결과는 어떻게 될 것인가라고 묻는다면 사실 그 물음이 잘못된 것이라고 말할 것이다. 어떤 상황에서 어떤 선택에 직면해서도 크리스천은 다음과 같이 묻지 말아야 한다. 만일 내가 이렇게 하면 어떤 일이 발생할까? 다음과 같이 단순히 물어야 한다. 이것은 옳은가 또는 잘못인가? 이것은 크리스천은 그가 하는 일의 결과에 관하여 관심을 전혀 갖지 않는다는 것을 의미하는 것은 아니다. 이것은 그가 있음 직한 결과를 미리 주의깊게 계산하고 행동하는 것보다는 하나님의 음성을 인식하고 행동하는 것을 의미한다.

2) 그러나 의무의 의미에서 대면해야 할 결과가 있다.

전쟁을 포기한다고 가상해 보자. 나라가 적군에 의하여 침략을 당하고 있다고 가상해 보자. 무장을 하고 저항하는 일이 없다고 가상해 보자. 첫째로, 전쟁에 따르는 육체의 고통은 많지 않으리라는 것이 거의 확실하다. 드레스덴 또는 함부르그, 또는 코벤트리, 또는 나가사끼와 같은 것은 없을 것이다.

그러나 둘째로, 현대 조건에서 직접 일어나는 어떤 것이 있을 것이다. 아주 다른 종류의 전쟁이 곧 벌어지게 될 것이다. 두 가지 사상 사이의 전쟁, 또는 두 종교 사이의 전쟁인 이데올로기의 전쟁(ideological warfare)이 터지게 될 것이다. 비록 다른 때 다른 곳에서는 기독교를 대적하는 특정한 세력이 다른 것이 될지라도 이러한 형태의 전쟁은 아마 공산주의와 기독교 사이의 투쟁이 될 것이다. 현대 전쟁은 단순히 영토를 확장하기 위한 것은 아니다. 아마 현대의 전쟁은 두 가지 삶의 방식에서 발생하는 두 정치적 강령 사이의 이데올로기의 갈등일 것이다. 이러한 전쟁은 결국 두 가지 이데올로기, 신조, 종교, 삶의 방식 중의 어느 것이 가장 만족스러운 삶을 사람들에게 줄 수 있느냐에 의하여 결판이 날 것이다. 어떤 신조, 또는 이데올로기, 또는 종교는 그것의 열매에 의하여 알려져야 하고 또 테스트(test)되어야 한다. 그리고 그 열매는 사람이다.

그러므로 우리는 지금 이 대답의 적극적인 면에 직면하게 되었다. 크리스천 개인이 그의 신앙에 전념할 것과 교회 개혁에 헌신할 것을 호소하지 않으면서 평화주의에 호소하는 것은 불가능하다. 크리스천 평화주의가 갖고 있는 유일한 무기는 그가 갖고 있는 기독교이다. 그러므로 대중 집회를 연다든지, 시위를 위한 행진을 한다든가, 수동적 저항 등은 쓸모 없는 것보다 오히려 나쁜 것이다. 이런 것들은 절대적으로 해로운 것이다. 왜냐하면 이런 것들은 평화주의가 법과 질서의 적이라는 것을 나타내는 데 불과하기 때문이다.

참다운 크리스천 과업은 이보다 훨씬 더 어렵다. 기독교가 수행해야 할 과업은 기독교를 침식하거나 파괴하려는 어떤 기도에 대해서 저항할 뿐만 아니라 기독교를 파괴하고자 하는 사람들로 하여금 결국에 가서는 기독교를 받아들일 것을 결단하게 만듦으로써 기독교에게 도저히 저항할 수 없다는 것을 입증하는 것이다. 어떤 사람은 이것은 실현 불가능한 이상이라고 말할 것이다. 이러한 것이 실현 불가능하다고 말하는 사람들은 곧 크리스천이 되는 것이 불가능하고 또 크리스천이 되려고 시도해 보는 것도 무가치하다고 말하는 편이 더 좋을 것이다.

기독교의 힘과 가치를 나타낼 수 있는 하나의 특별한 방향이 있다. 그것은 곧 화해(reconciliation)이다. 크리스천들이 사람들 사이에서 평화롭게 살지 못하면서 평화를 전하는 일은 쓸데없고 바보스러운 짓이다. 그러므로 교회가 세계적인 규모의 화해의 과업에 효과적으로 접근하기 전에 교회가 이룩하기 위하여 노력해야 할 세 가지 화해가 있다.

1) 개인 대 개인의 화해가 있어야만 한다.

두 크리스천이 서로 싸우는 것보다 더 비극적인 역설(tragic paradox)은 세상에 없다. 서로 싸우고 있는 크리스천이라는 말은 용어 자체의 모순이다. 그러나 분노, 개인간의 싸움, 맞겨룸이 없는 회중은 거의 없다. 교회는 아직 서로 사랑하라고 사람들에게 가르치는 단순한 기초적인 과업을 시작하지 않으면 안 된다.

2) 공동체 안에 있는 계급과 계급 사이의 화해가 있어야 한다.

사회는 협력보다는 경쟁의 모습을 보여 주고 있는 것이 여전히 사실이다. 사회 내에서 사람들은 같은 이익을 생각하기보다는 이익의 충돌을 여전히 생각하고 있다. 고용주와 고용인은 서로 대립된다고 생각하는 일이 아직 너무나 자주 있다. 만일 우리가 한 나라의 친교를 도모하지 못한다면, 세계의 친교를 도모할 소망은 거의 없다. 우리는 교회를 통하여 사랑과 정의로 한 나라를 형제로 연합시키는 일을 목표로 삼아야 한다.

3) 교회와 교회 사이에 화해가 있어야 한다.

교회는 이 일을 착수하기 전에 세계적 규모의 화해의 과업을 시작할 수 없다. 이론적으로는 그렇지 않을지라도 실질적으로는 인종차별을 하고 있는 교회들이 있다. 이론적으로는 그렇지 않을지라도 실질적으로는 사회 계층간의 차별을 하고 있는 교회들이 있다. 자기 교회의 성찬식만을 인정하고 다른 교회나 교파의 성찬식은 인정치 않음으로써 주님의 성찬의 식탁을 어떤 개별적인 교회 또는 교파의 성찬의 식탁으로 만들어 버리는 것을 목격하는 것은 참으로 가슴 아픈 일이다. 실지로 오늘날 교회가 서로 불화하면서 세상을 향하여 화해를 설교하는 것은, 솔직히 말하면 참으로 뻔뻔스러운 것이다. 교회가 먼저 자기 집안의 질서를 바로잡기 전에는 세계의 질서를 바로 잡을 수 없다.

바로 여기에 평화주의자 입장의 가장 중요한 문제가 있다. 기독교는 전쟁의 화해를 요구하고 있다. 그러나 만일 개인 종교의 부흥과 교회의 재생(rebirth of church)이 화해해야 할 하나의 몸으로 손을 서로 잡고 협력하지 않는다면, 그러한 화해는 실패하고 말 것이 절대적으로 확실하다고 생각되어진다. 화평의 도구인 주님의 교회가 새롭게 정화되기 전까지는 평화의 주님은 그의 목적과 함께 좌절된 상태에 머물 수밖에 없다. 크리스천들이 각기 주님께 전적으로 헌신하지 않으면 교회의 갱생은 이루어질 수 없다.

살인을 금하는 이 계명은 맨 처음에 주어졌을 때와 꼭 같이 오늘날에도 타당성을 갖고 있다.

제
8
장

제 7 계명

남자들, 여자들 그리고 하나님

제 7계명은 "간음하지 말지니라"(출 20:14)고 말하고 있다. 유대교에서 간음보다 더 무서운 죄로 여겨지고 있던 죄가 없고, 또 예언자들과 현인들의 책망에 의하여 판단해 볼 때에, 간음보다 더 흔한 죄가 없었다는 것은 인간성의 역설(the paradox of human nature)이다.

"부녀와 간음하는 자는 무지한 자라 이것을 행하는 자는 자기의 영혼을 망하게 하며"(잠 6:32)라고 현인은 말했다. 만일 어떤 사람이 간음을 하면 그의 모든 미덕도 그를 구원치 못한다라고 규정되어 있었다(*Sotah* 4b). 게헤나(Gehenna)로부터 결코 돌아올 수 없는 사람이 셋이 있다. 즉 간음을 범한 사람,

자기의 동료를 사람들 앞에서 창피하게 한 사람, 자기의 동료를 무례한 별명으로 부르는 사람이다(Tan, d. b. El. p. 29).

하드리안(Hadrian)이 예루살렘을 최후로 파괴한 후, 아키바(Akiba) 시대에, 유대인은 자기의 생명을 구원하기 위하여 어디까지 타협할 수 있는가를 논의하였다. 정당화될 수 없는 세 가지 죄가 규정되어 있었는데 그것들은 우상숭배, 살인, 그리고 간음이었다. 간음은 용서받을 수 없었던 죄 중의 하나였다. 그리고 아무것으로도 간음죄를 정당화할 수 없었다.

예언자들이 간음죄가 무서운 것이라고 기록했고 또 그 죄를 책망하였지만 그 죄를 범하는 일은 중단되지 않았다는 사실이 그대로 남는다. 예레미야 5장 7-8절에는 다음과 같은 말씀이 기록되어 있다.

> 내가 어찌 너를 사하겠느냐?
> 네 자녀가 나를 버리고
> 신이 아닌 것들로 맹세하였으며
> 내가 그들을 배불리 먹인즉
> 그들이 행음하며
> 창기의 집에 허다히 모이며
> 그들은 살찌고 두루 다니는 수말같이
> 각기 이웃의 아내를 따라 부르짖는도다.

"너희가 도적질하며 살인하며 간음하며 거짓 맹세하며 바알에게 분향하며 너희의 알지 못하는 다른 신들을 좇으면서 내 이름으로 일컬음을 받는 이 집에 들어와서 내 앞에 서서 말하기를 우리가 구원을 얻었나이다 하느냐?"(렘 7:9, 10).

그는 다시 다음과 같이 말한다(23:14).

"내가 예루살렘 선지자들 중에도
가증한 일이 있음을 보았나니
그들은 간음을 행하며 행악자의 손을 굳게 하여."

그들에게 파멸이 임하게 될 것이다. "이는 그들이 이스라엘 중에서 망령되이 행하여 그 이웃의 아내와 행음하며 내가 그들에게 명하지 아니한 거짓을 내 이름으로 말함이니라"(렘 29:23). 에스겔은 그 당시에 그의 민족을 "그 지아비 대신에 외인과 사통하여 간음하는 아내로다"(겔 16:32). "내가 또 간음하고 사람의 피를 흘리는 여인을 국문함 같이 너를 국문하여 진노의 피와 투기의 피를 네게 돌리고"(겔 16:38)와 같이 고발하고 있다.

우리의 연구를 좀더 진전시키기 전에 우리들이 살펴보아야 할 한 가지가 더 있다. 현대 영어에서 간음(adultery)이라는 말은 흔히 넓은 의미로 사용되고 있다. 참으로 이 낱말은 거의 모든 성적 불규칙을 가리키는 데 사용되고 있다. 그러나 유대인의 법에서 이 낱말은 분명하고 확실한 것을 의미한다. "간음은 결혼한 여자가 자기 남편 이외에 다른 남자와 성교를 갖는 것이다." 결혼한 남자가 그의 아내 이외에 다른 결혼한 여지와 성교를 갖지 않으면 간음죄가 성립되지 않는다. 유대인의 견해에서는 간음은 특별하고 독특하게 결혼의 침소(the marriage bed)를 범하는 범죄이다.

이것의 배경 안에 있는 한 가지 사실은 상황 안에 있는 중요한 요소로 살펴볼 가치가 있다. 「랍비의 사화집(Rabbinic Anthology)」을 소개하는 글 속에서 몬테피오레(C. G. Montefiore)는 고대 유대교 안에서 여자들이 차지하고 있던 지위에 관하여 말하고 있다(p. xix). 특별히, 랍비들은 이성과의 정상적이고 자연스러운 교제를 갖지 않았다. 남자와 여자 사이에는 우정이 거의 존재치 않았다. 대부분의 랍비들은 결혼하여 그들의 아내와 순결하고 진실하게 살았다. 그러나 그들은 그들의 아내와 함께 일을 하거나 공부를 하지는 않았다. '여자들, 아이들 그리고 노예들'이라는 어구가 반복해서 사용되었다. 여자들은 확실히 남자보다 낮은 지위에 있었다. 실지로 사용되었던 아침 기도문 안에는 "나를 이방인, 노예, 또는 여자로 창조치 않으신 당신에게 복이 있을지어다"라는 내용이 있었다. 여자와 사교상의 교제를 갖는 것을 도덕적으로 위험시하였고 또 그 교제가 정욕과 타락으로 인도되도록 자극을 받게 되고 또 성적으로 부정한 지경에 이르게 되는 위험을 내포하고 있다고 당시의 유대인 남자들이 생각하고 있었다고 몬테피오레는 말한다. 이성간에는 건전하고 단순한 우정이 완전히 결핍되어 있었다. 이러한 상황 안에서는 어려운 문제가 발생하기 어렵지 않았다. 너무나 자유가 없는 것은 너무나 자유가 많은 것만큼 해롭다는 것을 기억하는 것이 좋다.

간음을 금하고 있는 것은 명백하고 틀림없다. "간음하지 말찌니라"(출 20:14). "너는 타인의 아내와 통간하여 그로 자기를 더럽히지 말찌니라(레 18:20)." "간음하지도 말찌니라"(신 5:18).

원시 시대에는 일반적으로 남편은 자기 아내를 유혹한 다른 남자를 죽일 권리를 갖고 있었다. 왜냐하면 간음은 부분적으로는 재산권을 침해하는 범죄요 또 부분적으로는 가족에 기초하고 있는 사회 구조 전체를 침해하는 범죄이기 때문이다. 이것은 고대의 법전에서 간음죄에 대한 벌은 죽음이었다는 이유를 설명해 준다. "누구든지 남의 아내와 간음하는 자 곧 그 이웃의 아내와 간음하는 자는 그 간부와 음부를 반드시 죽일찌니라"(레 20:10). "남자가 유부녀와 통간함을 보거든 그 통간한 남자와 그 여자를 둘 다 죽여 이스라엘 중에 악을 제할찌니라"(신 22:22). 그러한 행위에 대한 미쉬나(Mishah)에 규정되어 있는 공식적인 벌은 교수형이었다(Sanhedrin 11, 1).

정혼한 시종 처녀와의 간음의 경우에 있어서 여자는 질책당하지 않았다. 왜냐하면 여자는 자유롭지 못하기 때문이었다. 남자는 속건제를 드림으로써 속함을 받았다(레 19:20-22). 만일 제사장이 성적 불규칙의 죄를 범하면, 그는 불에 태워 죽임을 받았다(레 21:9). 부정한 아내를 불태워 죽이는 것에 대한 원시적 언급이 창세기 38장 24절에 나온다. 간음한 여자의 코를 깎아 버리는 애굽의 관습도 언급되어 있다(겔 23:25).

역사 시대에서는 실지로 간음자에게 사형의 벌을 내린 일이 없는 것이 아주 확실하다. 사형은 이혼으로 대신하게 되었다. 여자가 보통 이유로 이혼당했을 때에는 그녀의 지참금을 돌려받을 수 있었다. 그러나 만일 그녀가 간음죄를 범했기 때문에 이혼당했을 때에는 그녀는 그녀의 모든 권리를 상실하였다. 죄를 범한 남자는 채찍을 맞았다. 간음을 범한 여자의 남편은 합법적으로 그녀와 계속 동거할 수 없었다. 그는 그녀를 내보내야만 했다. 이혼 후에 여자는 합법적으로 그녀의 정부(情夫)

와 결혼할 수 없다(Sotah 5. 1). 유대인의 법 아래서는 여자는 합법적 권리를 갖고 있지 못했다. 아무리 남자가 죄를 범했을지라도 여자는 그녀의 남편을 믿어 이혼 소송을 제기할 수 없었다. 그녀는 다만 그녀에게 자유를 주는 데 필요한 절차를 밟아 줄 것을 그녀의 남편에게 호소할 수 있었다.

민수기 5장 11-31절에는 간음죄를 범한 여자를 시험해 보는 절차가 기록되어 있다. 이 절차는 미쉬나 안에 있는 소타(Sotah)라는 논문 속에서 전개되어 있다. 우리는 절차의 과정의 설명에서 이 자료를 설명하였다. 만일 어떤 사람이 자기 아내에 대하여 혐의를 품고 그녀를 죄인 판별법에 회부하고자 할 때에, 그는 보리가루 한 에바의 십분의 일을 갖고 그녀를 제사장에게로 데려갔다. 이것은 가장 거친 가루로 동물의 사료였다. 그녀는 동물처럼 행동했다. 그리고 그녀의 제물은 동물의 사료였다(Sotah 2. 1). 그녀를 동쪽 문으로 데려갔다. 이 문은 니카놀 문(Nicanor Gate) 맞은편에 있었다(Sotah 1. 5). 그녀는 검은 옷을 입었고 모든 장식품을 제거되었다. 그녀의 옷은 찢겨져 젖가슴이 드러나게 되었고 그녀의 목에는 밧줄이 감겨졌다. 그녀는 그녀의 애인에게 몸을 노출시킨 것과 같이, 수치스럽게 자기의 몸을 드러내게 되었다(Sotah 1. 6). 제사장은 물두멍으로부터 거룩한 물을 취했다(Sotah 2. 2). 그는 거룩한 물을 성전 마루에서 취한 먼지와 섞었다. 그는 성전 입구 오른쪽에 있는 대리석 평석(平石) 밑에서 먼지를 취했다(Sotah 2. 2). 만일 그녀가 간음죄를 범했으면, 그녀에게 내려질 저주를 그녀에게 읽어 주면, 그녀는 그것을 받았다. 저주가 양피지에 기록되었다. 그리고 그 쓴 글을 물에다 씻었다. 보리의 곡물 제물이 그녀의 손에 주어진다. 그녀는 쓴 물을 마셨다. 만일 그녀가 간음죄를 범했으면, 그녀의 몸은 부어올랐고, 또 그녀의 넓적다리가 떨어져 나갔다. 그러면 그녀는 저주를 받게 되었다. 만일 그녀가 무죄하면, 그녀는 해를 받지 않은 상태로 남아 있었고, 또 시간이 흐르고 난 후에 아이를 낳을 수 있었다. 만일 그녀가 유죄일지라도, 만일 그녀에게 어떤 공적이 있으면, 하늘로부터의 벌은 지연될 수 있었다(Sotah 3. 4). 의심하고 있는 남편 자신이 절대적으로 무죄하지 않으면 그 죄인 판별법은 효력을 발생할 수 없었다(Sotah 2. 1).

그것은 죄인 판별법에 의한 재판이기 때문에 분명히 이것은 매우 원시적이다. 랍비 요가난 벤 자카이(Jochanan ben Zakkai) 시대에 전체의식은 철폐되었다는 것을 우리는 미쉬나(Sotah 9. 9)에서 찾아볼 수 있다. 왜냐하면 간음은 아주 흔한 것이 되었고 또 그와 같은 재판 제도의 철폐는 호세아 4장 14절에 있는 다음과 같은 말씀에 의하여 정당화되었기 때문이다. "너희 딸들이 행음하며 너희 며느리들이 간음하여도 내가 벌하지 아니하리니." 그러므로 우리가 처음에 살펴본 바와 같이, 우리는 간음의 공포의 이상한 역설을 볼 수 있다. 그러나 후기 유대교에 있어서 간음은 비극적으로 널리 퍼져 있었다.

제 7계명은 간음을 다루고 있다. 우리가 이미 살펴본 바와 같이, 간음은 전문어로 말하면 한 여인이 자기의 남편 이외에 다른 남자와 성교를 갖는 것이다. 그러나 우리는 성적 순결의 전체 문제로부터 거의 따로 격리시킬 수 없다. 보다 넓은 의미로 사용되는 말은 음행이다. 음행은 결혼하지 않은 사람들 사이와 또 결혼한 사람과 결혼하지 않은 사람 사이에 갖는 성교이다.

　유대인들이 순결을 가장 중요하게 여겼다는 것을 신명기 속에 있는 성경 구절에서 찾아볼 수 있다. 남편이 결혼시에 그의 신부의 순결을 의심할 때에 그것을 판별하는 재판에 관하여 신명기의 성경 구절은 말하고 있다. 만일 그 신부가 처녀가 아니라는 것이 입증되면 그녀는 돌에 맞아 죽었다(신 22:13-21).
　레위기 19장 29절은 다음과 같이 말하고 있다. "네 딸을 더럽혀 기생이 되게 말라." 레위기 21장 7절에서는 제사장이 창녀와 결혼하는 것이 금지되어 있다. 레위기 21장 9절에는 창녀가 된 제사장의 딸은 불살라 죽이도록 규정되어 있다. 이 세 가지 법 배후에는 현대인에게 충격을 줄 수 있는 관습이 있다. 이것을 검토해 보기 위해서는 결코 유쾌하지 못한 관습을 살펴보아야만 한다. 그리고 우리는 옛날에 참다운 종교가 직면했던 위험이 어떤 것이었나를 알아보아야만 한다.
　이것의 배경에는 한 관습이 있는데 이것에 대하여 패터슨(W. P. Paterson)은 다음과 같이 말한다. "간음은 모세의 율법의 불변성과 순결성을 위협하는 가장 강력하고 방심할 수 없는 힘이었다." 이 관습은 자연의 생산력을 신격화하는 데서 발생하였다. 옥수수를 자라게 하고 포도 열매를 익게 하고, 감람나무 열매를 결실케 만드는 힘보다 더 놀라운 것은 없다. 왜냐하면 이렇게 식물을 성장케 만드는 것은 생명력(the life force)이기 때문이다. 이 생명력의 표현의 최고 절정은 인간의 생산, 즉 성(sex)에서 볼 수 있다. 그 결과로 성과 많은 사원과는 밀접한 관계를 맺게 되었다. 특별히 이슈타르(Ishtar) 또는 아스타르테(Asturte)의 신전들과 성은 긴밀한 관계를 맺고 있었다. 아스타르테는 헬라에서는 아프로디테(Aphrodite) 여신으로 알려져 있다. 이 사원에서 봉사하던 수백 명의 여사제들은 거룩한 창녀들(sacred prostitute)에 불과했다. 이들과 성교를 갖는 것은 생산력을 예배하는 행위로 여겼다. 그리고 여기서 얻어진 수입은 그 신전에 바쳐졌다.

이미 언급한 바와 같이, 창녀에게는 사제와 종교 계급의 일원이 되는 거룩한 특권이 부여되었다. 신전에는 여사제들만이 있었던 것이 아니라 남사제들도 있었다. 신전 예배자들은 이들과 부자연스럽게 성관계를 맺었다. 우리는 구약 성서 전체에서 이러한 것의 메아리를 들을 수 있다. 신명기 23장 17, 18절에서는 이러한 종교 창녀의 사용이 금지되어 있고 이러한 행위를 통하여 얻어진 돈을 성전에 바치는 것도 금지되어 있다. 르호보암 시대에도 이들이 존재했다(왕상 14:24). 아사가 남색하는 자들을 쫓아냈다(왕상 15:12). 요시아는 미동의 집을 허는 조치를 취했다(왕하 23:7). 창세기 38장 21, 22절에는 창녀에 관하여 언급되어 있다. 호세아 당시에 사람들은 종교 창녀들과 함께 희생을 드렸다(호 4:14).

이스라엘 주위에는 생산의 힘(the power of reproduction)에 대한 이러한 예배가 있었다. 시리아에서는 아달 축제일(the Feast Day of Attar)은 여인들이 자진하여 창녀 노릇을 할 수 있는 날이었다(Ephraem 459 c). 현대는 발베크(Baalbek)인 히에라폴리스(Hierapolis)에서 처녀는 누구나 그의 일생에 한 번은 아스타르테(Astarte) 신전 안에서 낯선 사람과 성교를 가졌다(Eusebius, *Life of Constantine* 3:58; Sozomen, *Ecclesiastical History* 5. 10. 7; Socrates, *Ecclesiastical History* 1. 18. 7-

9). 비브로스(Byblos)에서 아도니스(Adonis) 예배의 축제와 관련하여 모든 여인이 하루 동안 어떻게 낯선 사람과 성교를 하고 그녀의 머리털을 희생으로 신전에 바치는 가에 대하여 루시안(Lucian)은 말해 주고 있다(*On the Syrian Goddess* 15). 구브로섬 바보(Paphos in Cyprus)에서는 아무리 양가집에서 출생했을지라도 모든 여인들은 다 결혼 전에 자기 자신의 몸을 창녀로 바치지 않으면 안 되었다. 헤로도투스(Herodotus)는 바벨론에서 있었던 이러한 장면을 기술(記述)하고 있다 (Herodotus 1, 199; Clement of Alexandria, *Protrepticus* 2; *Athenaeus* 12:11). 애굽 데베스(Thebes in Egypt)에서는 결혼 적령기에 달한 모든 처녀는 결혼하기 전에 한 달 동안 신전에서 창녀 노릇을 하지 않으면 안 되었다(*Strabo* 17. 1. 46).

 현대인에게는 창녀 제도와 종교가 관련되어 있다는 것은 하나의 큰 충격이다. 그러나 옛날에는 이러한 일이 몹시 널리 행해지고 있었다. 우리가 생명과 생산력의 예배를 이해할 때에 이것은 아주 완전히 이해할 만하다. 인간의 본성이란 그런 것이기 때문에 소위 이러한 형식의 예배에 사람들이 매력을 갖고 있었다는 것을 우리는 쉽게 알 수 있다. 이러한 주위 환경 속에서 유대인들이 예배의 기본적 순수성을 유지했다는 것은 더욱 놀라운 일이다. 기독교 윤리도 꼭 같은 문제에 직면하고 있다는 것을 우리는 앞으로 살펴볼 것이다. 유대인들이 가끔 성적 부정 행위 속에 부지중에 빠지게 되었다는 것은 조금도 놀라운 일이 아니다. 그러한 환경 속에서 훈련된 순결의 이상이 생겨났고 또 마침내는 그 순결의 이상이 승리하게 되었다는 것은 하나의 기적이다.

이 일곱 번째의 계명은 우리로 하여금 결혼과 이성간의 문제 전체를 검토해 보게 만든다. 그리고 우리는 이것을 시도해 보고자 한다. 우리는 먼저 유대인의 결혼을 살펴보기 시작할 것이다.

유대인에게 있어서 결혼은 신성한 의무(sacred obligation)였다. 하나님께서는 이렇게 말씀하셨다. "생육하고 번성하여 땅에 충만하라"(창 1:28). 하나님께서는 사람이 살도록 땅을 창조하셨다(사 45:18). 사람이 홀로 있는 것이 좋지 못하였다(창 2:18). 사람은 "생육하고 번성하여 땅에 충만하라"는 법을 지키지 않을 수 없다. 샴마이(Shammai)에게 있어서 이것은 사람이 적어도 두 아들을 두어야 한다는 것을 의미하였다. 힐엘(Hillel)에게 있어서 이것은 한 사람이 아들과 한 딸을 두지 않으면 안 된다는 것을 의미하였다. 왜냐하면 하나님께서 한 남자와 한 여자를 창조했기 때문이다(*Yebamoth* 6, 6). 사람은 하나님의 형상으로 지음을 받았기 때문에(창 1:26, 27), 결혼하지 않는 것은 세상 안에 있는 하나님의 형상을 감소시키는 것이다(*Genesis R*, 17:2). 시몬 벤 아자이(Simon ben Azzai)는 결혼하지 않는 사람은 피를 흘리게 하는 사람과 같다고 말했다. 왜냐하면 그는 그의 후손을 살해한 것과 마찬가지이기 때문이다(*Yebamoth* 63 b). 아내를 갖고 있지 않는 남자는 선(善)도 없고, 조력자도 없고, 기쁨도 없고, 축복도 없고, 속죄도 없고, 심지어 복리와 생명조차 없다(*Yebamoth* 62 b). 그는 온전한 사람도 아니다. 왜냐하면 하나님께서 그들에게 복을 주시고 그들의 이름을 사람이라 일컬으셨다고 성서가 말하고 있기 때문이다(창 5:1, 2).

사람은 반드시 결혼해야 할 뿐만 아니라 젊어서 결혼하지 않으면 안 된다. 18세는 결혼하기에 알맞은 연령이다. 그리고 20세가 넘은 다음에도 결혼하지 않는 것은 죄이다. "거룩하신 분은 사람이 20세가 되기까지 결혼하는 가를 지켜보고 계시다가 결혼한 사람에게 축복해 주시고 결혼하지 않은 사람을 저주하신다"(Kiddushin 29 b).

에릭 히톤(Eric Heaton)은 그의 저서 「구약 성서 시대의 생활(Life in Old Testament Times, p. 70)」에서 다음과 같이 지적하고 있다. 대체로 남자는 19세에 아버지가 되고, 38세에 할아버지가 되고 57세에 증조부가 될 것으로 기대할 수 있다. 결혼의 의무는 그렇게 강력한 것이기 때문에 남자는 장가 들 비용을 마련하기 위하여 율법의 두루마리를 팔 수조차 있다 (Megillah 27 a).

결혼을 연기할 수 있는 오직 한 가지의 이유가 있다. 즉 율법을 공부하기 위하여 그리고 율법 연구에 집중하는 학도가 되기 위하여 결혼을 연기할 수 있었다. "사람은 그의 공부를 하고난 다음에 결혼해야 한다. 그러나 만일 그가 아내 없이 살 수 없으면, 그는 먼저 결혼하고 다음에 공부할 수 있다"(Yoma 72 b; Menahoth 110 a; Kiddushin 29 b). 유대의 현인들은 젊어서 결혼할 것을 장려할 때에 경제적 현실과 필요를 결코 못 본 체하거나 도외시하지 않았다. 그들은 신중하게 결혼할 것을 권고하였다. 그들은 신명기 20장 5-7절에 근거하여 먼저 집을 짓고 그 다음에 포도원을 만들고, 그 후에 결혼할 것을 주장했다(Sotah 44 a). 결혼하지 않는 사람은 자기의 후손을 죽이는 사람이라고 말한 시몬 벤 아자이 자신은 결혼하지 않았다. 그가 설교하는 것과 그의 행위는 일치하지 않는다고 어떤 사람이 그에게 말하자 그는 자기 자신을 변호하기 위하여 이렇게 말했다. "나는 어떻게 할 수 있겠는가? 나는 율법을 사랑하고 있다. 다른 사람들에 의하여 세계의 인구는 유지될 수 있을 것이다"(Yebamoth 63 b).

처녀들은 결혼 이외에 다른 평생의 직업을 갖고 있지 않았다. 그녀는 열 두 살 또는 열 두 살 반쯤되었을 때에 결혼할 수 있었다. 다니엘 롭스(Daniel Rops)가 지적한 바와 같이, 우리 주님의 어머니였던 마리아가 예수를 14세 이전에 낳았을 가능성이 분명히 있다. 그 당시 사람들은 딸을 원치 않았다. 그리고 그들의 딸을 위한 배필을 발견하기 전까지 그들의 딸은 근심거리 이외에는 아무 것도 아니었다. "네 딸을 더럽혀 기생이 되게 말라"는 레위기 19장 29절을 결혼 적령기에 달한 딸을 시집 보내지 않는 사람에게 적용시켰다. 딸의 배필을 찾아주는 것은 부모의 의무였다. 후대의 법은 다음과 같이 말했다. "딸이 성년이 되면, 그를 결혼하지 않은 상태로 남아 있게 하느니보다는 차라리 너의 남자 노예를 해방하여 그에게 네 딸을 아내로 주라"(Pesahim 113 a).

탈무드에는 딸을 갖고 있는 사람의 염려에 관한 다음과 같은 구절이 있다. "기록되었으되 딸은 그녀의 아버지에게 헛된 보화이다. 그는 그의 딸에 대한 불안 때문에 밤에 잠을 이루지 못한다. 그녀가 어렸을 때에 꾀임에 빠질까 봐 그는 염려하게 되고, 그녀가 사춘기에 접어들면, 그녀가 잘못된 길로 빗나갈까 봐 그는 근심하게 된다. 그녀가 결혼 적령기에 달하면, 남편감이 나타나지 않을까 봐 근심한다. 그녀가 결혼을 하면, 자녀를 낳지 못할까 봐 그는 염려하게 된다. 그녀가 늙으면 마법을 사용할까 봐 그는 염려하게 된다"(Sanhedrin 100 b). 어느 단계에서나 딸은 불안을 가져다 준다. "여호와는 네게 복을 주시고 너를 지키시기를 원하며"(민 6:24)라는 말씀이 해설되었다. 아들들과 딸들을 잘 기르는 사람은 복이 있다. 왜냐하면 그들은 주의 깊게 보호받을 필요가 있기 때문이다(Numbers R. 11. 5).

하나님께서는 하늘에 앉아서 결혼을 정한다고 하다. 그리고 어린아이가 형성되기 40일 전에 하늘의 목소리는 다음과 같이 선언한다고 한다. "이 아이는 이러 이러한 사람의 딸과 결혼하기로 예정되어 있다"(Sotah 2 a).

신약 성서 시대에 있어서도 이론적으로 일부 다처주의 제도는 완전히 합법적이었다. 물론 족장 시대에는 일부 다처주의가 실행되었다. 신명기 21장 15절은 일부 다처주의 제도를 나타내 주고 있다. 왜냐하면 이 구절은 "어떤 사람이 두 아내를 두었는데"라고 시작하고 있기 때문이다. 그러므로 "사람이 그가 원하는 만큼 많은 아내와 결혼할 수 있다"고 규정되어 있다(Yebamoth 65 a). 또 다른 구절은 아내의 수를 넷으로 제한하고 있다(Yebamoth 44 a). 대제사장은 한 명의 아내와 결혼하도록 제한되어 있었다(Yoma 13 a). 만일 어떤 사람이 또 한 명의 아내를 얻을 경우 본처가 이혼해 줄 것을 요구해 오면 그는 본처에게 이혼을 허락해야만 한다(Yebamoth 65 a). 그러나 신약 성서 시대에는 이론적으로만 일부 다처주의가 있었지 실지로는 일부 일처주의가 일반적인 규칙이었던 것이 틀림없다.

대부분의 결혼은, 부모나 직업적인 중매장이의 주선에 의하여 결정되었다. 결혼은 너무나 중요한 일이었기 때문에 젊은 사람들의 감정에 맡겨놓을 수 없었다. 여자가 갓난아기였을 때에 부모에 의하여 약혼이 맺어질 수 있었다. 그녀가 열두 살이 되는 성년이 되었을 때에 이미 약혼한 남자에게 시집갈 것을 거부할 권리를 갖고 있지 못했다. 사랑은 결혼 전에 오는 것이 아니라 결혼 후에 온다는 말이 종종 있었다. 예를 들면, 에서가 제멋대로 장가를 들었는데 그것이 그의 부모에게 근심거리가 되었다(창 26:34, 35). "너의 손이 네 아들의 목을 잡고 있을 동안"(*Kiddushin* 30 a) 즉 그가 그의 아들을 콘트롤할 수 있는 동안에 아버지는 그의 아들을 장가 보내라는 충고를 받고 있다.

그러나 아무리 주의 깊게 아들딸의 결혼을 사전에 조정해 놓을지라도 젊은이들 사이에 연애 감정이 침투해 들어오는 것을 막을 수 없었던 것이 아주 명백한 사실이었다. "만일 어떤 남자가 돈 때문에 여자와 결혼을 하면 그는 불명예스러운 자녀들을 갖게 된다"(*Kiddushin* 70 a)는 말이 있다. 솔로몬의 아가는 미리 정해진 약혼을 준비하는 한쌍의 젊은이의 노래가 아니다. 아브(Ab)달 15일에 있었던 일을 매력있게 묘구(妙句, 매우 잘 된 글귀)한 한 구절이 미쉬나(*Taanith* 4. 8)에 있다. "예루살렘의 아들들은 남에게서 빌어온 하얀 겉옷을 걸치고 늘 외출하였다. 그들이 그와 같이 한 것은 자기 자신의 겉옷을 갖고 있지 못한 사람들을 부끄럽게 하지 않기 위해서이다." 예루살렘의 딸들은 포도원에서 다음과 같이 소리치면서 춤을 추었다. "젊은 청년이여 그대의 눈을 들어 그대의 아내가 될 처녀를 보고 선택하라. 아름다움에 눈을 팔지 말고 가문을 보라." 그 다음에는 주의 깊은 신중성을 가질 것을 충고하고 있다. "아내를 선택하는 데 조심하여라"(Yebamoth 63 a). 그리고 거듭해서 강조된 것은 가문이었다.

  결혼하고자 하는 사람들에게 탈무드가 준 충고보다 더 실제적인 것은 없을 것이다. 남자가 자기의 사회적 신분보다 한 단계 낮은 여자를 아내로 선택하는 것이 좋다. 왜냐하면 남자가 자기의 사회적 신분보다 높은 여자를 아내로 맞아들이면 다만 가정 불화를 불러들이기 쉽기 때문이다(Yebamoth 63 a). 연령 차이는 찬성할 수 없다고 주장되었다. "거의 같은 나이의 처녀와 결혼하라. 그리고 너의 집에 싸움을 불러들이지 말라"(Yebamoth 101 b). 홀쭉한 아이를 갖지 않도록 키 큰 남자는 키 큰 여자와 결혼하지 말라. 왜소한 자녀를 갖지 않기 위하여 키 작은 남자는 키 작은 여자와 결혼하지 말라. 살이 흰 남자는 너무 지나치게 살이 흰 자녀를 갖지 않기 위하여 살이 흰 여자와 결혼하지 말라. 피부색이 검은 남자는 너무 지나치게 검은 피부색의 자녀를 갖지 않기 위하여 피부색이 검은 여자와 결혼하지 말라(Bech 45 b). 남자는 무지한 자의 딸과 결혼치 말고 지혜로운 사람의 딸과 결혼하라는 충고를 받고 있다. 첫 경우에 있어서, 만일 그가 죽거나 추방을 당하면, 자녀들은 현명하게 될 것이다. 그러나 다른 경우에 있어서 자녀들도 역시 무리하게 될 것이다(Pes. 49 a).

  유대교에서는 부부 사이의 관계는 매우 높은 이상을 갖고 있었다. 한 사람의 가정은 그의 아내이다(Yoma 1. 1x)라는 말이 있다. 가정의 귀중함의 전부는 부부 사이의 완전한 관계에 집중되어 있다. 결혼이란 말은 키두쉰(Kiddushin)이다. 이 말은 성별, 성화, 격리를 의미한다. "남편은, 성전에 바친 물건과 같이, 그의 아내를 온 세상이 범접하지 못하도록 금하고 있으므로" 결론을 가리켜 성별, 성화, 그리고 격리라고 부를 수 있다(*Kiddushin* 2 b).

이상적인 순결이 있다. "집안에 있는 부도덕성은 채소 안에 있는 벌레와 같다"(*Sotah* 3 b). "부부가 서로 충실하게 정절을 지킬 때에 하나님의 영광(Shechinah)이 그들과 함께 있다. 그러나 그들이 정절을 합당하게 지키지 않을 때에 불이 그들을 사루어버릴 것이다"(*Sotah* 17 a).

이상적인 명예가 있다. "자기 아내를 자기 자신보다 더 사랑하고, 자기 아내의 명예를 자기 자신의 명예보다 더 존중히 여기고, 자기의 아들들과 딸들을 바른길로 인도하고 또 사춘기가 지난 바로 후에 자기 자녀들의 결혼을 준비하는" 사람은 선한 사람이다. 이러한 사람을 가리켜 "네가 네 장막의 평안함을 알고 네 우리를 살펴도 잃을 것이 없을 것이며"(욥 5:24, *Yebamoth* 62 b)라고 말하고 있다.

사려 깊음의 이상이 있다. 사려 깊게 생각하고 또 생각하라. "만일 당신의 아내가 키가 작으면 허리를 굽혀 그녀에게 속삭이라"(*Baba Metzia* 59 a). "너의 아내는 항상 눈물을 흘릴 준비가 되어 있으므로 너의 아내를 애타게 하지 말라"(*Baba Metzia* 59 a)는 격언이 있다.

사랑의 이상이 있다. "한 사람의 생존시 그의 첫 아내가 죽었을 때에 그것은 그의 생존시에 성전이 파괴되는 것과 같다. … 그에게 온 세상은 어둡게 된다"(*Sanhedrin* 22 a).

유대인들은 부부 사이의 육체 관계의 높은 이상을 갖고 있었다. 모든 인간이 세상에 출생하는 일에는 하나님, 아버지, 어머니가 함께 관여하고 있다(Kiddushin 30 b). 모든 자녀의 잉태는 하나님의 성령의 역사라고 유대인은 믿고 있다. 여기서도 깊이 생각할 것이 요구되고 있다. 그들은 아가서 4장 16절을 인용하였다. "나의 사랑하는 자가 그 동산에 들어가서 그 아름다운 실과 먹기를 원하노라." 그리고 그들은 다음과 같이 말했다. "토라는 온순을 가르친다. 신부가 허락하기 전에는 신랑이 신방(新房)에 들어가서는 안 된다"(Pesachim 17 b). 현대인에게 호기심을 일으킬 만큼 그들은 피임을 위한 어떤 법을 규정해 놓았다. 세 부류의 여인들은 흡수제(absorbent)를 사용해야 했다. 미성년자는 임신이 치명적인 것이 되지 않도록 이것을 사용할 수 있었다. 임신한 여자는 유산하지 않도록 이것을 사용할 수 있다. 지금 젖을 먹이고 있는 어머니는 다시 임신하지 않도록 하기 위하여 또 너무 일찍 젖을 뗀 아이가 죽지 않도록 하기 위하여 이것을 사용할 수 있다(Yebamoth 12 b).

모든 일에 있어서 돌봄과 존경을 부부 사이에 낳게 하는 사랑은 이상적이다. 모든 사람은 두 가지 본성, 즉 그를 위로 향상시키는 선한 본성과 그를 밑으로 타락시키는 악한 본성을 갖고 있다는 것을 유대인들은 확고하게 믿었다. 그리고 그들은 바른 결혼에서는 악한 본성도 선한 본성으로 변하게 된다는 생각을 갖고 있었다. "만일 한 남자가 열정을 갖고 있지 않다면 그는 집을 짓지도 않고, 아내와 결혼도 하지 않고 자녀도 낳지 않을 것이다"(Rabba 9).

그러나 이렇게 높은 모든 이상에도 불구하고 유대교는 여자를 이상화하지 않았다. 사람은 그의 이웃의 아내 또는 남종이나 여종 또는 그의 소나 나귀 또는 그밖에 무엇이나 탐해서는 안 된다고 유대교는 규정하였다(출 20:17; 신 5:21). 이것에 기초하여 여자들과 아내들은 재산 속에 포함시킬 수 있었다. 그러므로 여자는 하나의 가재(家財)로 여겨진다고 논의되었다. 여자들은 남자들과 함께 식사하지 않았다. 여자들은 남자들이 식사하는 동안에 서서 시중을 들었다. 성전과 회당에서 여자들은 남자들로부터 격리되었다. 여자들이 밖에서 보이지 않도록 창문에는 종종 창살이 설치되어 있었다. 우리는 여자들이 창살에 의하여 숨겨져 있다는 내용을 종종 읽을 수 있다(삿 5:28; 아가 2:9). 여자들은 베일을 쓰고 다녔다. 베일을 쓰지 않고 다니는 여자들은 행실이 좋지 못한 여자라는 표식이었다.

법적으로 여자는 책임 있는 인간이 아니라 미성년자와 마찬가지였다. 남편은 그의 아내와 맺은 어떤 협약도 이행할 것을 거부할 수 있었다. 여자는 법정에서 증인이 될 자격이 없었다. 아마 그녀에게 있어서 가장 가혹한 일은 그녀의 아버지나 또는 남편에게서 유산을 물려받을 수 없었던 것이다. 그러므로 성서에서 과부가 가난과 무력함의 상징으로 취급되고 있는 이유를 우리는 쉽게 알 수 있다.

종교적인 일에 있어서 여자는 모든 계명과 일정한 시간에 해야 할 모든 일을 하는 것으로부터 면제되어 있다(*Kiddushin* 1:7). 여자는 쉐마(Shema)를 외울 필요도 없었고 또 성구함(phylacteries)을 매달고 다닐 필요도 없었고, 또 오순절, 유월

절, 초막절 같은 의무적으로 지켜야 할 절기에 참석하기 위하여 예루살렘에 갈 필요도 없었다. 여자는 식사 기도를 할 줄 알아야만 했다. 그녀는 18가지 기도, 쉐모네 에스레(Shemoneh Esreh)를 외울 줄 알아야만 했다. 그녀는 문설주에 붙여진 메주자(Mezuzah)를 볼 줄 알아야 한다. 그녀는 안식일 등잔에 불을 켤 줄 알아야만 했다. 이것은 그녀의 특별한 의무들 중의 하나였다. 그녀는 빵을 굽는 데 사용되는 떡반죽의 제물을 만들 줄 알아야만 했다. 성전에서 여자들은 부인의 뜰을 넘어갈 수 없었다. 회당에서 비록 여자는 이론적으로는 율법의 공과를 함께 읽는 7사람들 중의 하나가 될 수 있었으나 회당 예배를 드리는 데 필요한 10명의 정족수 중의 하나가 될 수는 없었다(*Tos. Megillah* 4. 11; *Megillah* 23 a).

여자는 율법 공부로부터 제외되었다. 종종 공정치 못하게 인용되는 다음과 같은 기도를 유대인들이 드린 이유가 바로 이런 데 있다. "나를 이방인과 여자와 노예로 만들지 않은 것을 나는 당신에게 감사드립니다"(*Menaboth* 43 b). 이 감사 기도의 참다운 의미는 그가 여자와 같이 율법 공부로부터 제외되지 않은 데 대하여 하나님께 감사하는 것이다. 이 기도의 본래의 취지는 여자에 대한 경멸이 아니라 율법에 대한 사랑이다.

그러나 여자들은 가사를 돌보는 데 필요한 가정 교육 이외에 다른 교육을 받지 못했던 것이 사실이다. "남자는 시장에 가서 다른 사람들로부터 지식을 배우는 동안 집에 머물러 있는 것이 여자의 길이다"(*Genesis R.* 18. 1). 교육받은 여자를 찾아보는 경우는 매우 드물었다. 예를 들면, 랍비 유다(Juda)

의 집에서는 처녀들도 성서 히브리어를 알고 있었고 또 그 낱말들의 의미를 학자들에게 가르쳐 줄 수 있었다(*Rosh-hashanah* 26 b; *Megillah* 18 a; *Nazir* 3 a). 랍비의 법(the Rabbinic Law)을 전공한 유일한 유대인 여학자로 유명한 여인은 랍비 챠나 벤 테라디온(Channa ben Teradion)의 딸이며 또한 위대한 랍비들 중의 하나였던 랍비 메이르(Meir)의 아내였던 베루리아(Beruriah)였다. 대체적으로 여성의 고등 교육을 바람직하지 않은 것으로 생각하였다. 금송아지에 관하여 묻는 학식이 있는 여인에게 랍비 엘리에셀 벤 힐가루스(Eliezer ben Hyrcanus)는 다음과 같이 대답했다. "여자는 물레가락 이외에 아무 것도 배울 것이 없다"(*Yoma* 66 b; *Jer. Sotah* 19 a). "율법의 말씀을 여자에게 가르치기보다는 차라리 불태워 버리라"(*Jer Sotah* 19 a). 자기 딸에게 율법을 가르치는 사람은 마치 자기 딸에게 호색(lechery)을 가르치는 것과 같다(*Sotah* 3. 4). 탈무드는 경건한 바보, 간교하고 악한 여자-바리새인(she-Pharisee)에 반감을 갖고 있다(*Sotah* 3. 4). 말이 많고 또 질문이 많은 과부와 긴 기도로 시간을 낭비하는 처녀는 정말 싫다(*Sotah* 22 a).

랍비들은 가끔 여자들에 관하여 냉소적으로 말했다. "여자들은 편견을 품고 있다"고 힐렐(Hillel)은 말했다(*Sayings of the Fathers* 2. 7). 여자들의 마음은 경박하다(*Shabbath* 33 b).

그러나 동시에 그들은 다음과 같이 말할 수 있었다. "하나님께서는 남자에게 보다 여자에게 더 많은 지혜를 주셨다"(*Nid* 45 b).

잔소리가 심한 아내는 미움을 받았다. 나쁜 아내를 둔 남자는 이미 지상에서 연옥을 통과했기 때문에 지옥에 갈 필요가 없다(*Erub.* 41 a). 인생다운 인생을 살지 못한 사람들 가운데는 엄처 시하에서 산 사람이 포함된다(*Baba Metzia* 75 b). 여자들은 몹시 말이 많다. 하나님께서는 온 인류에게 열 정도(measures)의 말(言語)를 주었는데 여자가 그 중의 아홉의 말을 차지하였다. 마음의 상처가 아니면 어떤 상처라도 좋고 여인의 악의가 아니면 어떠한 악의라도 참을 수 있다고 벤 시락(Ben Sirach)은 말했다(집혜서 25:13).

장식품에 대한 여인의 사랑은 유명하다. 여인들이 장식을 위하여 간절히 원하고 있는 것들(*Kethuboth* 59 a)과 장식품의 명단이 다음과 같이 나오는 것을 볼 수 있다. 화장 먹으로 눈언저리를 길게 칠하는 것, 머리털을 작은 원들로 둥글게 마는 것, 얼굴에 연지를 찍는 것 등이 있다. 장식에 대한 여인의 욕구는 6가지 또는 16가지 또는 많게는 60가지나 된다(*Moed Katan* 9 b).

때때로 탈무드는 거의 잔일할 정도로 여인들의 질(質)에 관하여 말한다. "여인들은 다음과 같은 4가지 기질을 갖고 있는 것으로 알려져 있다. 여자들은 게걸스럽게 많이 먹는다. 여자들은 문간에서 남의 말을 엿듣는다. 여자들은 게으르고 질투심이 많다. 여자들은 말다툼을 잘하고 또 수다스럽다"(*Genesis R.* 45. 57). 여인에 대한 마지막 불평은 여인은 마술에 잘 말려든다는 것이다. "여인들은 마술에 잘 걸린다"(*Yoma* 83 b). "여인이 많으면 많을수록 그만큼 마술이 더 성행한다"(*Sayings of the Fathers* 2. 8). "대다수의 여인들은 마술에 빠지는 경향이 있다"(*Sanhedrin* 67 a). 무당을 죽이라고 되어 있다(출 22:18).

랍비들의 저술 속에서 여인들에 대하여 내린 판단에 비추어 볼 때에 보통 사람들이 의심스러운 눈초리로 여자들과의 사교를 갖는 것을 보았으리라는 것은 조금도 놀랄 일이 아니다. 엄격한 랍비는 길거리에서나 또는 사람들이 보는 앞에서는 자기의 부인도 거들떠보지 않고 또 이야기도 하지 않았다. 랍비 요세 벤 요카난(Jose ben Jochanan)의 다음과 같은 말이 「조상들의 말씀들(Sayings of the Fathers 1. 5)」속에 기록되어 있다. "여자와 말을 많이 하지 말라." "그들은 이것을 남자 자신의 아내에 관하여 말했다. 그러니 친구의 아내와는 얼마나 더 말을 해서는 안 되겠는가? 그러므로 현인은 다음과 같이 말했다. 여자와 말을 많이 하면서 율법 공부를 소홀히 하는 사람은 자신에게 재앙을 초래케 한다. 그는 마침내 지옥(Gehenna)을 유산으로 받게될 것이다." "자기의 아내일지라도 거리에서 여자와 말하는 것은 금지되어 있다"(Yoma 240 a). 예수께서 우물가에서 사마리아 여자와 이야기를 하는 것을 제자들이 돌아와 보고 놀란 것은 조금도 이상한 일이 아니었다(요 4:27).

그러나 이것에는 또 다른 면이 있는 것이 명백하다. 다니엘 롭스(Daniel Rops)는 다음과 같이 말했다. "말할 것도 없이 가정이라는 소왕국에서 아내는 여왕이었다"(Daily Life in Palestine p. 129). 여인은 자기의 자녀들을 회당 학교에서 율법을 충실하게 배우도록 보내고 또 자기 남편이 랍비의 학교의 학생이 되도록 격려함으로써 공적을 획득할 수 있었다(Ber. 17 a).

유대인들은 여자의 중요한 영향력을 결코 의심치 않았다.

랍비는 경건한 여자와 결혼한 경건한 남자에 관한 이야기를 하였다. 이들에게는 자녀가 없었다. 결혼한 지 10년이 되어도 자녀가 없으면 이혼은 필수적인 것이었다. "그는 악한 여인과 결혼하였다. 그리고 그녀는 그를 악하게 만들었다. 그러나 그의 전처는 악한 사람과 결혼하였다. 그리고 그녀는 그를 의로운 사람으로 만들었다. 이것은 모든 것이 여자에게 달려 있다는 것을 의미한다"(Genesis R. 17. 7). 여자가 좋은 영향 또는 나쁜 영향을 줄 수 있다는 것은 결코 부정되지 않았다. 그리고 좋은 아내와 좋은 어머니보다 더 명예스러운 자리를 차지할 사람은 없다.

여자의 창조에 대한 매우 재미있는 이야기들이 있다. 여자는 아담의 갈비뼈로 창조되었다. "하나님께서는 여자를 남자의 어느 부분으로 창조할까 하고 깊이 생각하셨다. 나는 그녀를 그의 머리 부분으로 창조하지 않겠다고 하나님께서 말씀하셨다. 만일 그가 여자를 남자의 머리 부분으로 창조하면 그녀가 그녀의 머리를 너무 교만하게 쳐들 것이기 때문이다. 그는 여자를 남자의 눈으로부터 창조하지 않았다. 만일 그가 그녀를 그와 같이 창조한다면 그녀는 너무 지나치게 호기심을 갖게 될 것이기 때문이다. 그녀가 남의 말을 엿듣는 사람이 되지 않도록 하나님은 그녀를 남자의 귀부분으로 창조하지 않으셨다. 그녀가 너무 수다스럽게 되지 않도록 그는 그녀를 남자의 입부분으로 창조하지 않으셨다. 그녀가 너무 질투심이 강하게 되지 않도록 그는 그녀를 남자의 심장으로부터 창조하지 않으셨다. 그녀가 너무 탐욕스럽게 되지 않도록 그는 그녀를 남자의 손으로부터 창조하지 않으셨다. 그녀가 쓸데없이 놀러 다니지 않도록 그는 그녀를 남자의 발로부터 창조하지 않으셨다. 그녀가 겸손하고 얌전해지도록 그는 그녀를 남자의 몸의 숨겨진 부분으로부터 창조하셨다"(Genesis R. 18. 2). 구혼할 때에 여자가 남자를 쫓아다니게 한 것이 아니라 남자가 여자를 쫓아다녀야 한다고 한다. 왜냐하면 여자는 남자의 갈비뼈로부터 창조되었기 때문에 남자는 이미 자기 자신의 것을 찾고 있기 때문이다.

어떤 사람이 랍비 가말리엘(Gamaliel)에게 한 다음과 같은 이야기는 매우 유명하다. "당신의 하나님은 도둑이다. 왜냐하면 다음과 같이 기록되어 있기 때문이다. 여호와 하나님이 아담을 깊이 잠들게 하시니 잠들매 그가 그 갈빗대 하나를 취하였다"(창 2:21). 그 랍비의 딸은 그녀의 아버지에게 이렇게 말했다. "그를 나에게 맡겨 주세요. 제가 그에게 답하겠어요." 그녀는 그 남자에게 다음과 같이 말했다. "불평을 조사할 관리를 내게 주시오." "무슨 목적을 위하여?"라고 그가 말했다. 그녀는 다음과 같이 말했다. "도둑들이 밤에 우리 집에 침입하여 우리에게 속해 있는 은으로 된 물병을 훔쳐가고 대신 금으로 된 물병을 두고 갔소." 그 남자는 다음과 같이 소리쳤다. "그러한 도둑이 매일 나를 찾아오면 얼마나 좋을까?" 그녀는 다음과 같이 대답했다. "맨 처음 남자는 갈빗대 하나 잃고 그 대신 그를 시중들 여자를 하나 받았으니 참으로 멋진 일이 아니었겠습니까?"(Sanhedrin 39 a).

유대 문학 속에는 훌륭한 아내를 칭찬하는 두 구절이 있다. 첫째 것은 집회서 26장 1-4절이다.

훌륭한 아내를 가진 남편은 행복하여라.
그는 곱절은 오래 살리라.
부덕을 갖춘 아내는 남편의 기쁨이며 남편은 평화롭게 그 생애를 마칠 것이다.
좋은 아내는 큰 행운이다.
주를 두려워하는 사람들이 이 행운을 받는다.
이런 사람은 빈부를 막론하고 마음이 기쁘며
얼굴은 항상 명랑하다.

다른 하나는 좋은 아내에게 바친 찬사 중에 가장 유명한 것이다(잠언 31:10-31). 이 구절은 안식일이 시작되기 전 매 금요일 저녁에 좋은 아내를 둔 사람이 소리내어 읽어야 할 내용이다. 너무 길기 때문에 25-29절만 인용한다.

옷매무시에는 힘과 위엄이 나타나고
앞일을 걱정하지 않는다.
입을 열면 지혜로운 말이 나오고
혀를 놀리면 친절한 가르침이 나온다.
항상 집안일을 보살피고
놀고 먹는 일이 없다.
그래서 아들들이 일어나 찬양하고
남편도 칭찬하기를,
"살림 잘하는 여자가 많아도
당신 같은 사람은 없소" 한다.

그러면 지금부터 유대인의 결혼 절차에 대하여 살펴보기로 하자. 구약 성서에는 결혼이 금지된 범위를 규정하고 있는 구절들이 있다(레 18:6-18, 20:11-21, 신 27:20). 다음이 그 목록이다. 어머니, 아버지의 아내, 누이, 이복 여동생, 딸, 아들의 딸, 또는 딸의 딸, 아버지의 아내의 딸, 고모, 이모, 삼촌의 아내, 며느리, 형수, 계수, 처형, 처제, 한 여자와 그의 딸, 또는 그녀의 아들의 딸 또는 그녀의 딸의 딸과 결혼할 수 없다.

삼촌과 질녀와의 결혼은 실지로 금지되지 않았으며, 드물기는 하지만, 때때로 이런 일이 있었다는 것을 주목해 봐야 한다. 사촌간의 결혼도 장애를 받지 않았다는 것 역시 주목해 봐야 한다. 사실 사촌간의 관계는 결혼을 위해서는 훌륭한 관계로 생각되기도 하였다. 이 경우에 동종 번식의 두려움은 없었다. 탈무드와 미슈나는 많은 말로 이방인과의 결혼을 금하고 있지 않으나 구약 성서는 이방인과의 결혼을 명백히 금하였다. 그리고 사실 구약 성서는 항상 이방인과의 결혼을 몹시 반대하였다. 그러나 아브라함의 첫아이는 애굽 여인의 아들이었다(창 16:5). 모세는 미디안 여자와 구스 여자를 아내로 갖고 있었다(출 2:21, 민 12:1). 다윗의 조상이었던 룻은 모압 사람이었다(룻 1:4).

우리는 여기서 유대인의 또 다른 하나의 결혼 관습과 의무를 살펴볼 수 있다. 이것은 수혼(嫂婚, Levirate Marriage, 과부가 고인의 형제와 결혼하는 관습-역주) 제도이다. 레비르(Levir)는 라틴어로 남편의 형제를 가리킨다. 같은 의미를 갖고 있는 히브리어는 야샴(ysham)이다. 이러한 결혼제도는 신명기 25장 5-10절에 규정되어 있다. 그리고 미쉬나에서는 소책자 「예바모드(Yebamoth)」가 이 제도를 다루고 있다. 이 제도는 만일 어떤 사람이 아들 없이 죽으면 그의 동생이 과부를 아내로 취하여 그의 죽은 형의 아들을 낳아 주고 그의 가정을 부양해야 하는 것이었다. 이러한 연합에서 출생한 첫아들은 죽은 사람의 아들로 간주되었다. 사두개인은 일곱 형제가 한 여인과 계속 결혼하였을 경우에 부활시에 그녀는 누구의 아내가 되겠느냐고 예수께 물은 적이 있는 것을 우리는 찾아볼 수 있다(마 22:23, 막 12:18, 눅 20:27, 룻 4:20). 매우 원시적인 창세기의 이야기에서(창 38:9) 우리는 오난이라는 사람이 그의 의무를 회피했기 때문에 죽임을 당한 것을 찾아볼 수 있다.

사람이 이 의무를 수행할 것을 거부할 경우가 있었다. 이 때에 하리자아흐(halitzah)의 의식을 향했다. 과부는 그 사람의 신발 한짝을 벗기고 그의 얼굴에 침을 뱉으며 다음과 같이 말했다. "이것은 그의 형의 혈통을 이어주려고 하지 않는 사람을 위한 것이다." 사두개인이 이렇게 시험하려고 예수께 물었던 것으로 보아 수혼 제도가 신약 성서시대에도 여전히 남아 있었다는 것을 알 수 있다.

우리는 결혼의 절차를 상세하게 살펴보기 전에 부부의 중요한 의무를 살펴볼 수 있다. 남편은 그의 아내를 적절하게 음식과 옷으로 부양하지 않으면 안 되었다(출 21:10). 아내는 맷돌질을 하여 떡을 만들고 식사를 준비해야 하며 자녀를 먹이고 길러야 하고, 잠자리를 만들어야 하고 털실로 천을 짜야 했다. 만일 그녀가 그녀의 지참금의 일부로서 몸종을 몇 명 데리고 시집왔으면, 그녀는 이러한 일의 일부분으로부터 풀려날 수 있었다. 만일 그녀가 네 명의 몸종을 데리고 왔으면, 그녀는 "숙녀처럼 의자에 앉아 있을 수 있었다." 그녀가 아무리 많은 몸종들을 갖고 있었을지라도, 그녀는 항상 그녀의 남편의 손과

발을 씻어 주어야 했다. 그리고 게으름은 항상 도덕적으로 위험하다는 것이 지적되었다(*Kethuboth* 5. 5). 아무리 많은 지참금을 갖고 시집온 아내도 일하라는 충고를 받았다.

유대인의 결혼에는 세 단계가 있었다.

1) 약혼 단계가 있었다.

약혼은 부모나 직업적 중매쟁이에 의하여 이루어졌다. 약혼 당사자들이 아주 어릴 때에 약혼이 되었다. 대개 약혼 당사자들은 서로 만나 보지도 못한 채 약혼이 성립되는 것이 통례였다. 책임질 수 없는 연애 감정에 젊은이를 맡겨두기 보다는 오히려 이러한 방법으로 결혼을 주선하는 것이 훨씬 안전한 것으로 생각되었다. 순식간에 사라지는 아름다움에 젊은이들이 부당하게 영향받지 않고 또 인격과 가정 교육의 중요성을 망각하지 않도록 지혜와 돌봄과 신중성을 갖고 취하는 단계는 대단히 중대한 것이었다.

2) 그 다음에는 약혼식(Betrothal)의 단계가 있었다.

이 약혼식은 약혼한 당사자들이 성인이 된 다음에 있었다. 소녀가 만 12년과 하루가 되어야 성인이 되었다. 그리고 이 단계에서 그녀는 남자 청년을 받아들일 것을 거부할 수 있었다. 약혼식이란 말은 키두쉰(Kiddushin)이다. 이 말은 실은 종교 용어였다. 이 말은 남편에 대한 신부의 헌신을 의미한다. 이 행위에 의하여 그녀는 하나님과 사람 앞에서 그녀의 남편에게 헌신하게 되고 또 그녀의 남편을 위하여 따로 구별되었다.

세 가지 방법으로 약혼식이 정당하게 유효한 것이 될 수 있었다(Kiddushin 1. 1).

① 이것은 상징적 판매(symbolic sale)에 의하여 행하여졌다. 여기서 신랑은 신부에게 가치 있는 물건을 건네 주었다(Kiddushin 2. 1-3). 후대에는 그 귀중한 물건이 반지였다. 신랑은 다음과 같은 말을 하면서 두 증인 앞에서 신부에게 예물을 전달했다. "이 반지에 의하여 그녀는 나에게 헌신하고 나의 약혼자가 된다."

② 이것은 기록된 약혼 증서에 의하여 행하여 질 수 있었다. 신랑은 신부에게 약혼 증서(Kethubah)를 주어야만 했다. 신랑은 이 증서와 함께 신부에게 일정한 액수의 돈을 주었다. 그녀는 죽음 또는 이혼의 경우에도 이 돈을 합법적으로 받을 수 있었다. 이 금액의 공급의 필요성이 이혼을 억제하는 가장 큰 억제책들 중의 하나였다.

처녀의 경우에 이 약혼식 기간은 '혼수감을 장만할 기회를 주기 위하여' 일년간 계속되었다. 과부의 경우에는 그 기간이 한달 동안 계속되었다(Kethuboth 5. 2). 약혼 기간 동안에는 청년은 군복무에서 면제되었다(신 20:5-7).

약혼식은 결혼과 마찬가지로 구속력이 있었다. 부정을 범한 약혼한 처녀는 간음죄를 범한 아내와 꼭 같은 방법으로 취급되었다(신 22:23, 24). 약혼은 이혼에 의해서만 끝날 수 있었다. 이 약혼 기간 동안에 약혼한 당사자들은 부부로 여겨졌다. 만일 약혼한 남자가 죽으면, 약혼한 여자는 과부로 간주되었다. 그리고 우리는 율법에서 '과부인 동정녀(a virgin who is a widow)'라는 기묘한 어귀를 찾아볼 수 있다. 우리가 마태복음 첫 장에서 찾아볼 수 있는 바와 같이, 이것은 요셉과 마리아와의 관계를 설명해 준다. 18절에서 그들은 정혼하였다고 기록되어 있다. 19절에서 요셉은 마리아의 남편으로 불려지고 있다. 그는 그녀와 이혼하고자 하였다. 이러한 모든 일은 약혼 기간 동안에 발생했다. 이 약혼 기간 동안에 두 사람은 남편과 아내로 간주되었다. 이 부부 관계는 이혼에 의해서만 해소될 수 있었다. 약혼식 때는 큰 잔치가 벌어졌다. 이러한 약혼식이 있은 다음에야 지금까지 거의 서로 만난 적이 없었던 약혼자들은 서로 잘 알 수 있도록 함께 있는 것이 허용되었다.

③ 약혼의 세 번째 방법은 동거와 성교의 방법에 의한 것이었다. 그리고 이것은 수치스러운 것으로 간주되었다.

이 단계에서 결혼의 실제적인 면이 준비되고 완성되었다.

옛날에 가장 중요한 것은 모할(mohar)이었다. 결혼과 관련하여 지불된다는 사실에서 모할은 지참금으로 간주될 수 있다. 그러나 사실 모할은 신랑이 신부의 아버지에게 지불하는 돈이었다. 간단히 표현하면, 원시 농경 사회에서는 가장이 건강하고 활동력이 왕성한 딸을 잃어버리면, 그는 재산의 한 항목을 잃은 것이었다. 말하자면, 그가 생산성 있는 가족의 일원을 잃는 데 대하여 그는 보상을 받아야만 했다. 신랑이 신부의 아버지에게 주는 결혼 선물인 모할에 대해서는 그만 언급하기로 하자(창 34:12, 삼상 18:25). 출애굽기 22장 16절과 신명기 22장 28, 29절에 나오는 법규들을 종합해 볼 때에 딸을 매입하는 값은 50세겔(£ 7, 50과 거의 대등한 금액이다)이었다는 것을 우리는 알 수 있다. 또 마탄(mattan)이라는 것이 있었다. 이것은 신랑이 신부에게 주는 선물이었다. 때때로 젊은이가 돈이 한 푼도 없으면 그는 신부를 데려오는 값으로 그녀의 아버지를 위하여 일정 기간 동안 섬기는 일을 해야만 했다. 야곱은 7년 동안 섬기고 레아를 아내로 맞았고 또 그가 참으로 사랑한 라헬을 얻기 위하여 또 7년을 그의 장인을 섬겼다(창 29: 18-20, 30). 후대에는 현대적인 의미의 지참금 제도가 있었다. 지참금은 처녀가 그의 결혼시에 갖고 오는 재산이다. 리브가는 자기의 몸종을 데리고 왔다(창 24:61). 라반이 실바를 그 딸 레아에게 시녀로 주었다(창 29:24). 갈렙이 그의 딸에게 윗샘과 아랫샘을 주었다(삿 1:15).

탈무드의 때까지에는 신부가 현대적인 의미의 지참금을 갖고 시집가는 제도가 있었다. 아버지가 그의 딸에게 줄 수 있는 최소 한도의 지참금은 50주즈(zuz)로 규정되어 있었다. 한 주즈는 5 새 펜스(five new pence)의 가치를 갖고 있는 동전이었다. 이것은 '성화된 인자'의 행위로 간주되었다. 이것은 지참금을 갖고 시집갈 수 없을 만큼 가난한 집 출신 신부에게 지참금을 마련하도록 도와 주는 것이었다(*Shabbath* 127 a).

3) 세 번째 단계는 결혼식 자체였다.

유대인 공동체 안에서 결혼식 날은 위대한 날이었다. 그리고 결혼식에 참석하는 것은 바로 하나의 종교적 의무였다(*Pes.* 49 a). 모든 친척들, 모든 친구들, 그리고 온 동리 사람들이 결혼식에 참석했다. 모든 계절 중에 가을은 결혼하기에 가장 좋은 절기였다. 왜냐하면 가을에는 곡식과 포도를 추수하는 계절이요 휴식을 기쁘게 즐길 수 있는 계절이었기 때문이다. 처녀들은 대개 목요일에 결혼했고, 과부들은 대개 금요일에 결혼했다(*Kethuboth* 1. 1).

특별히 결혼 행사의 종교적 면은 없었다. 신약 성서 시대에는 결혼식에 종교적 예배 같은 것은 없었다. 오히려 결혼식을 올릴 때는 잔치와 기쁨의 때였다. 저녁 때에 신부는 멋진 옷으로 성장을 하고 자기 아버지 집으로부터 신랑집으로 데려와졌다. 그녀는 가마를 타고 행렬 속에서 옮겨졌다. 그녀는 신랑의 친구들과 함께 노래와 음악 속에서 운반되었다. 우리는 신랑의 친구들을 신랑의 들러리라고 부른다. 이들에 의해 행렬이 조직된다. 이들이 신랑집에 도착하면 신부는 부모와 모든 축하객들의 축복을 받는다(창 24:60, 룻 4:11, 토비트 9:46). 이것이 혼인 예식의 유일한 종교적 부분이다. 신부는 그녀의 들러리들과 함께 자기의 방으로 들어간다. 나머지 축하객들과 신랑은 초저녁을 게임과 춤으로 보냈다. 그 다음에 피로연이 있었다. 이 때에 예물들이 증정된다. 베일을 쓴 신부가 피로연에 나타나면, 그 다음에 신랑이 신부의 베일을 벗겨 주었다. 신랑만이 신부의 베일을 벗길 권리를 갖고 있었다. 다산(多産)을 확실히 보장하는 상징으로서 씨를 뿌렸고 또 석류알을 깼다. 지금까지는 남자 축하객들과 여자 축하객들은 따로 떨어져 있었으나 이후로는 축하 행사에 이들이 하나가 되어 즐겼다.

신부와 신랑은 밤늦게야 연회장을 떠났다. 그러나 신혼 여행은 없었다. 오히려 그들은 집에 머물러 있으면서 마치 왕과 여왕처럼 즐거운 잔치에서 대우를 받았다. 마침내 이들은 일상 생활을 하기 위하여 가정을 꾸미고 가족을 양육하였다.

유대인의 결혼의 이상이 높은 것은 틀림없다. 그러나 현실이 이상에 미치지 못하는 것은 비극이었다.

유대인이 결코 범해서는 안 되는 세 가지 죄가 있는데 그것은 살인, 우상숭배와 간음이다. 이혼은 하나님께서 미워하시는 것이었다. "…그러므로 네 심령을 삼가 지켜 어려서 취한 아내에게 궤사를 행치 말찌니라. 이스라엘의 하나님 여호와가 이르노니 나는 이혼하는 것을…미워하노라…그러므로 너희 심령을 삼가 지켜 궤사를 행치 말찌니라"(말 2:15, 16). 확실히 이상이 있었다. 그러나 결혼의 기간이 너무나 불안한 때가 왔기 때문에 유대인 처녀들은 결혼하기 어려웠다.

어떤 일들에 대해서는 이혼이 선택의 일이 아니라 필수적인 것이었다. 간음을 범한 여자는 그의 남편이 이혼하기를 원하거나 원치 않거나간에 이혼을 당해야만 했다(*Kethubim* 3. 5). 결혼하고 10년 동안 자녀를 생산치 못해도 이혼은 필수적인 것이었다. 만일 유대인 아내가 10년 이내에 자녀를 낳지 못하면 그녀는 이혼을 당해야만 했다. 그녀는 같은 조건 아래서 재혼할 수는 있었다. 만일 그녀가 유산했으면 그 10년은 유산한 때로부터 계산하기로 되어 있었다(*Yebamoth* 6. 6). 악처와 이혼하는 것은 의무로 간주되었다. "악처는 그의 남편에게 문둥병과 같다. 무엇으로 치료할 수 있겠는가? 그녀와 이혼하라." "만일 어떤 사람이 악처를 갖고 있으면 그녀와 이혼하는 것은 종교적 의무이다"(*Yebamoth* 63 b). 한 가지 이상하게 자비로운 법이 있었다. 정신 이상은 결코 이혼의 근거가 될 수 없었다. 만일 남편이 정신 이상이면 이혼할 수 없었다. 왜냐하면 그는 일을 처리할 수 없었기 때문이었다. 만일 아내가 정신 이상이면, 그녀와 이혼하는 것이 금지되어 있었다. 왜냐하면 이혼하고 나면 그녀를 보호해 줄 사람이 없었기 때문이었다(*Yebamoth* 14. 1).

높은 이상을 갖고 있었는데 어떻게 이혼이 그렇게 비극적으로 일반적인 것이 될 수 있었을까? 그렇게 밑으로 타락하게 만드는 데 영향을 준 두 가지 요소가 있었다.

첫째, 유대교 내에서 여자는 법적 권리를 갖고 있지 않았다. 그러므로 여자가 먼저 이혼할 것을 요구할 수는 없었다. "여자는 그녀의 동의 없이도 이혼당할 수 있었다. 그러나 남자는 그의 동의만으로도 이혼할 수 있다"고 법은 말하고 있다(*Yebamoth* 14. 1). 사실 여자가 오직 할 수 있는 일은, 그녀와 이혼하도록 그녀의 남편에게 압력을 가해 주도록 법원에 호소하는 것뿐이었다. "법원은, 나는 나의 아내와 이혼하겠습니다 라고 말할 때까지 남편에게 강한 압력을 가할 수 있다"고 법은 말한다(*Arachin* 5. 6). 그러한 압력을 가할 수 있는 근거는 매우 적었다. 신방에 들어가 결혼을 완성할 것을 거부할 때에 그러한 압력을 가할 수 있었다(*Kethuboth* 13. 5). 성교 불능자(*Nedarim* 11. 12), 아내를 부양할 능력이 없거나 또는 능력이 있어도 부양할 마음이 없는 남편에게는 이러한 압력을 가할 수 있었다(*Kethuboth* 77 a). 만일 힐렐(Hillel)에 의하면 일주간, 또는 사마이(Shammai)에 의하면 이주간 남편이 그의 아내와 성교를 갖지 않겠다고 맹세했을 경우에 남편에게 이러한 압력이 가해질 수 있었다(*Kethuboth* 5. 6). 만일 남편에게 문둥병같이 역겨운 병이 발병하거나 제혁업자(製革業者), 또는 개똥을 수집하는 일에 종사하는 혐오스러운 직업을 갖게 될 때에 이혼하도록 남편에게 압력이 가해질 수 있다(*Kethuboth* 7. 9, 10). 처자 유기 자체는 이혼의 근거가 되지 못했다. 사망이 입증되어야만 했다. 그러나 두 증인 대신에 오직 한 명의 증인만이 요구되었다(*Yebamoth* 88 a). 배교와 팔레스타인으로부터 다른 나라로 이민가는 것도 역시 여자가 이혼해 줄 것을 호소할 수 있는 근거가 되었다(*Kethuboth* 110 a; *Yebamoth* 88 a).

그러면 먼저 아내는 이혼의 권리를 갖고 있지 않았다는 것을 기억하지 않으면 안 된다. 그녀가 할 수 있는 것은 이혼해 줄 것을 호소하는 것뿐이었다. 그리고 그 근거도 매우 제한된 것이었다.

둘째로, 이혼 절차가 쉬웠던 것도 이혼을 장려하는 것이 되었다. 이혼의 조건에 관한 법이 신명기 24장 1-4절에 충분히 언급되어 있다. "사람이 아내를 취하여 데려온 후에 수치되는 일이 그에게 있음을 발견하고 그를 기뻐하지 아니하거든 이혼 증서를 써서 그 손에 주고 그를 자기 집에서 내어보낼 것이요. 그 여자는 그 집에서 나가서 다른 사람의 아내가 되려니와 그 후부도 그를 미워하여 이혼 증서를 써서 그 손에 주고 그를 자기 집에서 내보냈거나 혹시 그를 아내로 취한 후부가 죽었다 하자 그 여자가 이미 몸을 더럽혔은즉 그를 내어보낸 전부가 그를 다시 아내로 취하지 말찌니 이 일은 여호와 앞에 가증한 것이라."

실제에 있어서는 법적 절차가 전혀 없었다. 필요한 것은 오직 정확하게 작성된 이혼 증서를 두 증인 앞에서 여자에게 전달해 주는 것뿐이었다. 정확하게 작성된 이혼 증서는 다음과 같이 단순히 읽었다. "이것은 내가 네게 주는 이혼 증서이다. 이것은 해고장이요 해방의 행위이다. 그러므로 너는 네가 원하는 어느 남자와도 결혼할 수 있다"(*Gittin* 9. 3). 이것은 취해야 할 유일한 법적 단계였다.

분명히 중요한 점은 이혼 근거의 본질이다. 그 근거는 다음과 같다. "만일 남편이 그녀에게서 추잡한 행위를 발견하였거든"(A.V., '어떤 부정한 일'). 모든 것은 이 구절을 어떻게 해석하느냐에 달려 있다. 그리고 이 구절은 아주 넓게 해석될 수 있다. 샤마이는, 이것은 간통을 의미한다고 말했다. 힐렐은 남편의 식사를 아내가 망쳐놓은 사소한 일을 의미할 수도 있다고 말했다. 만일 남편이 자기 부인보다 더 아름다운 여성을 발견하면 그의 부인과 이혼할 수도 있었다고 아키바(Akiba)는 말했다(*Gittin* 9. 10). 샤마이의 해석에 의존하면, 이혼의 문은 아주 좁게 되어 있었고 힐렐의 해석에 의하면 이혼의 문은 넓게 열려 있었다. 아키바의 해석에 의하면, 이혼의 근거는 전혀 제한되어 있지 않았다. 인간의 본성을 있는 그대로 볼 때에 어느 견해가 우세했는가를 쉽게 볼 수 있다.

사실 이혼을 효과적으로 제한할 수 있는 한 가지가 있었는데 그것은 순전히 재정적인 문제였다. 이혼의 경우에 있어서 남편은 그의 아내에게 위자료를 지불해야 하며, 또 지참금을 그녀에게 돌려주지 않으면 안 되었다. 지참금은 죽음 또는 이혼의 경우에 어떻게 지불되어야 하는가를 우리는 결혼의 준비 단계에서 이미 살펴보았다. 많은 사람들은 아내가 가져온 지참금을 이미 다 써버려서 다시 그의 아내에게 돌려줄 능력이 없기 때문에, 결혼 상태에 그대로 머물러 있었다.

이혼할 경우에 여자는, 만일 그의 아버지가 아직 생존해 계시면 그녀의 아버지 집으로 돌아가거나 근근히 과부 생활을 하는 도리밖에 없었다. 한 가지 일에 있어서만 법은 여자에게 호의를 보여주었다. 그녀가 간음죄 때문에 이혼당하지 않았다면, 그녀는 자녀를 기를 수 있었다. 그녀는 아들들을 6살까지 기를 수 있었고, 딸들은 결혼할 때까지 기를 수 있었다.

우리는 법의 다른 하나의 조건을 살펴보지 않으면 안 된다. 왜냐하면 그것은 이혼 근거의 하찮음과 여자에게 있어서 결혼이 얼마나 불안한 것이었는가를 무엇보다 잘 보여주고 있기 때문이다. 이미 말한 바와 같이, 만일 남자가 그의 아내와 이혼하려면 보통 그는 위자료(Kethubah)를 그의 아내에게 지불해야만 했다. 그러나 어떤 경우에는 그는 이 의무로부터 면제되었다. 아내에게 죄가 있기 때문에 이혼하는 경우에 남편은 위자료를 지불할 필요가 없었다. 남편이 위자료를 지불할 필요가 없는 경우의 목록은 다음과 같다. 유대인의 법을 범한 여자, 머리에 수건을 쓰지 않고 많은 사람들이 있는 곳에 나다닌 여자, 거리에서 방적(紡績)한 여자, 온갖 종류의 남자들과 이야기한 여자, 남편 앞에서 시부모의 흉을 본 여자, 책망하는 여자, 옆집에까지 목소리가 들릴 정도로 크게 떠드는 여자 등이다(*Kethuboth* 7. 6).

이혼의 근거가 얼마나 하찮은 것이라는 것을 쉽게 볼 수 있다. 물론, 팔레스타인에는 행복한 결혼들과 정조를 지키면서 서로 사랑하는 부부들이 있었다. 그러나 예수 당시에 팔레스타인 내의 결혼은 거의 파괴되어 있었고 여자들은 참으로 수치스러운 대우를 받았다. 예수께서 이러한 배경에서 정절을 지킬 것을 요구하셨다는 것을 결코 잊어서는 안 된다. 그러나 우리는 이것들을 살펴보기 전에 복음이 그곳에 전파된 헬레니즘의 세계(Hellenistic World)의 결혼을 먼저 살펴보지 않으면 안 된다.

헬라 세계의 비극은 개선되기보다는 오히려 타락한 이성간의 관계였다. 호머의 「일리아드(*Iliad*)」와 「오디세이(*Odyssey*)」로 소급해 가면 오디세우스(Odysseus)와 페네로페(Penelope)를 생각하는 사람이 볼 수 있는 바와 같이, 결혼은 하나의 동반자(partnership)이다. 초기 문명에 있어서 여자들은 그들의 남편의 생활과 일을 같이 나누었다. 그러나 헤시오드(Hesiod, 약 주전 750년경) 시대에는 부부간의 동반자의 관계는 붕괴되기 시작했다. 이때에 여자는 하나의 물건이 되었다. 헬라 사회에서 여자는 이러한 상황을 피할 수 없었다. 농사를 시작하는 남자에게 준 헤시오드의 충고는 다음과 같다. "무엇보다 먼저 집, 여자, 그리고 일할 수 있는 황소를 마련해라. 여자와 결혼하지 말고 여자를 사라. 그러면 당신은 필요하면 그 여자로 하여금 밭을 갈게 만들 수 있다"(*Works and Days*, 405, 406). 여자와 황소를 필요한 도구 속에 포함시켰다.

헬라인의 정신 속에는 여성에 대한 빈정거림이 있었다. 헤시오드는 "여자는 밉살스러운 종류, 땅 위의 지독한 두통거리"(*Theogony*, 585-612)라고 말하고 있다. "여자들은 하나님께서 창조하신 피조물 가운데 가장 큰 악이다"라고 시인이었던 시몬이데스(Simonides)가 말하였다. 히포낙스(Hipponax)는 다음과 같이 말했다. "아내에게 가장 행복한 두 날은 남편이 그녀에게 장가 드는 날과 그녀의 남편이 그녀의 장례식을 치루어 주는 날이다." "여자는 필연적으로 악한 것이다. 할 수 있는 한 악과 덜 접촉하는 남자는 복이 있다"고 멘안델(Menander)은 말했다.

극작가 유리피데스(Euripides)는 유명하게 여자를 미워하는 사람이었다. "남자에게 그렇게 허울 좋은 저주"인 여자를 제우스(Zeus)신이 창조하지 않았더라면 얼마나 좋았을까! 만일 다른 방법으로 자녀들을 생산할 수 있다면, 남자는 "여성에게 시달림을 받지 않고 자유스럽게 살 수 있을 것이다." 딸들을 낳은 아버지들은 그들을 처분하기 위하여 자진하여 지참금을 지불하고 싶어한다. 남자가 일단 아내와 결혼하고 나면 그녀를 성장(盛裝)시키기 위하여 자기 자신은 알거지가 되지 않으면 안 된다. 머리가 나쁜 여자가 가장 바람직하다. 무엇보다 두려워해야 할 것은 머리가 똑똑한 여자이다(*Hippolytus*, 616-644). 여성 해방을 위하여 오랫 동안 노력해 온 이상적인 공화국에 살고 있었던 플라토(Plato)와 아리스토틀(Aristotle) 조차도 아직 여자를 열등하게 여기는 생각을 갖고 있었다. 여자는 비밀과 음모의 내용을 지키는 데 가장 약한 인간 족속이라고 플라토는 말했다. 여자는 선(善)에 있어서 남자보다 열등하다(Laws 781, A, B). 남성은 본질적으로 여성보다 우월하다. 남성은 지배자이고 여성은 지배를 받는 신하이다라고 아리스토틀은 말한다(Politics 1. 2. 12).

물론 다른 면에서 말해야 할 것들이 있다. 그리고 우리는 때가 오면 그것들에 관하여 언급할 것이다. 그러나 베커(Becker)는 그의 저서(*Charicles*)에서 헬라인의 기본적 여성관을 공평하게 다음과 같이 요약하고 있다. "이 때에 그리고 문명의 바로 초점에 있어서 여자는 남자와 비교해 볼 때에 지성과 감성에 있어서 낮은 계층의 존재로 무시되어 왔다. 여자는 공적인 생활에 참여할 수 없다. 여자는 타고날 때부터 악을 범할 경향성을 강하게 갖고 있다. 여자는 자녀 생산에만 적합하고 남자들의 욕망을 충족시켜 주기에 알맞다."

이러한 여성관은 필연적으로 여성의 전체 신분에 따라서 제도로서의 결혼에 영향을 주었다. 이러한 일반적인 태도는 헬라 여자들에게 아주 명백한 세 가지 결과를 가져다 주었다.

1) 여자는 일생 동안 법적으로 미성년자(minor)로 남아 있었다.

이것을 간단히 말하면 여자는 전혀 법적 권리를 갖고 있지 못했다. 로버트 플라셀이에레(Robert Flaceliere)는 다음과 같이 언급한다. "페러클리스 시대의 아텐에서 자유인으로 출생한 여자도 노예보다 더 많은 정치적 또는 법적 권리를 갖고 있지 못했다." 이스수(Isaeus)는 여자 또는 어린이가 보리 한말을 팔고 사는 일 이상의 어떤 계약을 체결하는 것은 불법이라고 말하고 있는 법을 인용하고 있다(*De Aristarchi Hered*, 259). 올림피아스를 반대하는 그의 연설(his speech *Against Olympias*, 1183)에서 데모스데네스(Demosthenes)는 여자의 요구, 충고, 그리고 설득에 의하여 남자가 한 일은 법적 효력이 없으므로 자동적으로 무효라는 솔론(Solon)이 제정한 것이라고 인용하고 있다. 협약이나 법적인 문제를 내포하고 있는 일에 있어서 여자는 오직 그녀의 후견인(*Kurios*)을 통해서만 행동할 수 있었다. 가정 생활, 결혼, 그리고 이혼에 미치는 이것의 필요한 영향은 분명하다.

2) 여자는 정식 교육을 전혀 받지 못했다.

그녀는 실을 만들어 천을 짜서 옷을 만들고, 요리를 만들고 아이들을 기르고 노예들에게 일을 할당하여 시키지 않으면 안 되었다. 그리고 이러한 일을 하기 위해서 그는 최소한의 교육을 받아야만 했다. 그러나 소녀는 학교에 가지 않았다. 크세노폰의 오이코노미커스(Xenophon's Oeconomicus 7-10)에는 이스코마쿠스(Ischomachus)와 그의 젊은 아내의 매력 있는 그림이 있다. 이스코마쿠스는 소크라테스에게 자기 부인의 가사를 돌보는 솜씨를 자랑한다. 소크라테스는 이스코마쿠스 자신이 그의 아내를 교육시켰는가 또는 그녀가 그에게 시집오기 전에 그녀의 부모에게 가르침을 받았는가를 묻고 있다. 이스마서스는, 그녀가 그에게 시집올 때에는 전혀 지식을 갖고 있지 않았다고 말한다. "그녀는 아직 열다섯 살도 되기 전에 나에게 시집왔습니다. 그때까지 그녀는 보호를 받고 있었으며 될 수 있는 한 보고, 듣고, 말하는 것을 적게 했습니다." 그녀는 털실을 만드는 법과 겉옷을 만드는 법과 실을 만드는 하녀에게 양털을 내주는 법을 겨우 알고 있었다. 수수하게 출생한 소녀에게서 그 이상 더 무엇을 기대할 수 있었겠는가? 그래서 이스코마쿠스는 그와 소녀 신부가 어떻게 함께 기도하였으며 어떻게 대화를 할 수 있게 되었는가 또 그가 그녀에게 그녀의 가사의 의무를 수행하는 것을 가르쳤는가를 말하고 있다.

  이 경우에 있어서 그것은 아름다운 그림이다. 우리가 이 단계에서 살펴보아야 할 기본적인 사실은 소녀가 교육을 받을 가망은 전혀 없었다는 것이었다. 여자가 그의 남편의 지적 동반자가 될 가망성은 거의 없었다.

3) 세 번째 기본 사실은 이미 이스코마쿠스의 이야기 속에 나타났다.

헬라의 상류층 여자들은 완전히 외부 세상과 격리된 환경에서 살았다. 이들은 여자들의 거처에서 살았다. 공평하게 말하면, 이 거처는 편안한 가정 감옥과 같은 것이었다. 헬라의 여자들은 다른 사람들이 없을 때에만 남편과 함께 식사를 했다. 만일 손님이 있으면 그녀는 그 자신의 거처에 머물러 있었다. 그녀에게 공적인 삶이란 전혀 없었다. "존경을 받는 아내는 집안에만 있어야만 했다. 다만 별 볼일 없는 여자들만이 거리에 나다닌다"라고 멘안델(Menander)은 말한다. 핀티스(Phyntis)라고 불려지는 피타고라스 학파의 여성철학자(여성철학자가 있다는 것은 독특한 현상이었다)는 존경받는 여자가 그녀의 집을 떠날 수 있는 이유는 오직 세 가지 뿐이라고 말했다. 즉 그녀는 축제에 참여할 수 있고, 물건을 살 수 있고, 또는 종교적 의무를 수행할 수 있다. 이러한 경우에도 여자는 혼자서 밖에 나갈 수 없었다.

이 모든 것은 하나의 명백한 결과를 갖게 되었다. 즉 존경받는 헬라의 처녀는 결코 남자를 만나지 않았다. 이 이외에 그녀는 어른이 되어도 미성년 취급을 받았다. 결론은 분명하다. 결혼이란 마음으로 서로 사랑하여 하는 것이 아니었다. 결혼이란 부모들간에 미리 정해지는 것으로 젊은 한쌍의 남녀는 그저 그 결혼을 받아들이는 일 이외에 별 도리가 없었다. 시인이었던 나우마치오스(Naumachios)는 "너의 부모가 좋아하는 남자를 남편으로 맞아 들이라"고 말한다. 당파들 중의 하나였던 '보에투스에 반대하여(*Against Boeotus* 11. 12, 13)'라는 그의 연설에서 데모스테네스는 다음과 같이 말한다. "내가 열 여덟 살 되었을 때에 나의 아버지는 내가 유페무스(Euphemus)의 딸과 결혼할 것을 나에게 강요했습니다. 그는 내가 자녀들을 갖는 것을 보고 싶어했습니다. 나는 나의 아버지가 원하는 대로 할 수밖에 없다고 생각했습니다. 그래서 나는 그의 뜻에 복종하여 결혼했습니다." 온갖 부드러움을 갖고 있음에도 불구하고 이스코마쿠스는 그가 그의 소녀 신부와 어떻게 결혼하게 되었는가를 그녀에게 다음과 같이 설명하였다. "너는 지금 내가 왜 너와 결혼하게 되었고 또 왜 우리 부모가 우리의 결합을 승인했는지 이해하는가? 우리는 어떤 다른 사람과 나의 잠자리를 쉽게 나눌 수도 있었다. …그러나 오랫 동안 깊이 생각해 본 다음에, 나 자신은 나의 이익을 위하여, 너의 부모는 너의 부모의 이익을 위하여 모든 후보들 가운데서 우리의 가사와 우리 자녀들의 양육을 위하여 나는 너를 선택했고 또 너의 부모는 많은 다른 좋은 신랑감 후보들로부터 나를 선택한 것이 틀림없다." 아주 솔직하게 이스코마쿠스는 한 남자가 가정부를 선택하듯이 그의 아내를 선택했다.

　아테네 시민은 어떤 여자를 사랑하기 때문에 자유롭게 출생한 아테네 여자와 결혼한 기록이 없다는 뮐러(Müller)의 말을 베커(Becker)가 인용하고 있는데(*Charicles*, p. 473) 얼핏 보기에 이상할 정도이다. 이 말은 보편적인 사실일 수는 없다. 그러나 이것은 헬라의 상류층 사람들에게 일반적으로 해당되는 말임이 아주 확실하다. 결혼은 하나의 의무와 하나의 책임이었다. 국가는 시민들을 필요로 하고 있었다. 군대는 병사들이 필요했다. 신(神)들은 그들의 예배자들이 필요했다. 가족은 아들들을 필요로 하였다. 그러므로 결혼은 행해져야만 했다. 많은 경우에 사랑이 확실히 꽃 폈다. 그러나 결혼의 최초의 동기는 책임의 수행과 의무에 대한 순종이었다. 결혼이 참으로 동반자의 의미를 갖도록 되기에는 정말 어려웠다. 결혼이 동반자의 의미를 가질 수 있었느냐에 대하여 우리는 살펴볼 것이다. 결혼한 당사자들이 동반자가 결코 되지 못했던 일이 너무 자주 있었던 것이 분명하다. 그 결과는 참으로 비참한 것이었다.

이와 같은 상황에서도 부부 사이에 참다운 동반자의 사랑의 경우들이 있었다. 우리는 헬라의 결혼 계약에서 두 사람이 삶의 친교(prosbiou Koinōnian)를 위하여 결혼한 것을 찾아볼 수 있다. 아리스토틀(Aristotle)은 참다운 결혼에서는 부부가 삶의 모든 것을 나눈다는 것을 믿었다(Nicomachean Ethics, 8. 12). 크세노폰의 심포지움(Xenophon's Symposium)에서 소크라테스는 다음과 같이 말한다. 좀 이상하게 보일지라도 사실이다. 니세라투스(Niceratus)는 그의 아내를 사랑했고 또 그녀도 그를 사랑했다고 사람들은 나에게 말한다"(Symposium 8. 3). 「데미스토클레스의 생애(Life of Themistocles, 18)」라는 그의 저서에서 플루타크(Plutarch)는 데미스토클레스에 관한 매력 있는 이야기를 말하고 있다. 데미스토클레스는 어머니의 젖을 빨고 있는 그 자신의 갓난 아기에 대하여 말한다. "그 어린 아이는 세상의 주인이다." "어떻게 그가 세상의 주인일 수 있느냐?"고 그의 친구가 그에게 묻자, 그는 다음과 같이 대답했다. "아덴 사람들은 헬라의 주인들이다. 헬라인들은 세상의 주인들이다. 나는 아덴 사람들의 주인이다. 나의 아내는 나의 주인이다. 이 작은 아이는 그의 어머니의 주인이다. 그러므로 이 아이는 온 세상의 주인이다!" 플라토는 철학자로서 약간 유감스러운 듯이 다음과 같이 말했다. "젊은이들 속에서 기하학을 사랑하는 것보다 더 강한 사랑의 힘이 있다!" 사랑이 그것의 장애를 극복하지 못한 때는 지금까지 없었다.

그러나 그렇게 많은 경우에 있어서 결혼은 형식적이었다. 이러한 형식적 결혼 때문에 마땅히 나누어야 할 참다운 친교를 갖지 못했던 것이다. 여자들이 참다운 친교를 그의 남편들과 갖지 못하도록 양육되었고 또 신분도 그렇지 못했다. 크세노폰의 오이코노미쿠스(Oeconomicus) 안에는 그 속에 비극의 본질을 갖고 있는 대화의 단편이 있다. 소크라테스는 말한다. "그런데, 크리토불루스(Critobulus)여, 여기서 '우리'는 모두 친구들이다. 그러므로 그대는 우리에게 절대적으로 진실만을 이야기해야만 합니다. 그대가 그대의 아내에게 말하는 것보다 덜 말하는 사람이 있는가?" "아마 있을 것입니다. 그러나 만일 그렇다 하더라도 참으로 매우 적을 것입니다"라고 크리토불루스는 대답했다. 아내는 항상 거기에 있었다. 그러나 그녀는 자기의 남편의 생활 영역으로부터 크게 제외되어 있었다.

이러한 결과는 불가피한 것이었다. 남편은 그의 결혼 생활 밖에서 그의 만족을 구했다. 헬라인의 상황의 기본적 사실은 남자가 혼외의 성적 관계를 갖는 것을 수치로 여기지 않는 것이었다. 네아에라에 반대하여(Against Neaera)라는 연설에서 데모스테네스는 다음과 같은 것을 보통 있는 일상적인 일이라고 말하고 있다. "우리는 즐거움을 위하여 애인을 갖는다. 우리는 우리 육체의 쾌락을 충족시키기 위하여 창녀를 갖는다.

우리는 우리의 합법적 자녀들을 낳고 또 우리의 가정을 지킬 주부로 아내를 둔다." 여기에 헬라식 생활 방식이 있다.

플루타크(Plutarch)는 그의 매우 「아름다운 부인론(*Precepts for Wives*)」에서 결혼을 하나의 친교로 묘사하고 있는데 이 친교 속에서 모든 것을 서로 나누고 네것 내것이라는 말은 결코 있을 수 없다. 왜냐하면 모든 것은 우리의 것이기 때문이다. 그러나 그는 바로 이 부인론 속에서 창녀를 사용하는 남성으로 하여금 다른 여자들을 자기의 정욕의 도구로 삼으면서 자기의 아내를 그러한 경험을 갖지 않게 함으로서 자기의 아내를 입에 발린 칭찬을 하고 있다는 암시에 의하여 이러한 헬라식 생활 방식을 실지로 합리화하고 있다(18). 헬라의 아내의 지위에 관하여 그렇게 분명한 빛을 던져 주는 언급은 별로 많지 않다. 그러나 실제적 사실에 있어서의 이러한 관계의 결과를 살펴보기 전에 우리는 헬라인의 결혼의 실제적 과정을 검토해 보지 않으면 안 된다.

이미 살펴본 바와 같이, 여자는 자기 마음대로 약혼할 수 없었다. 약혼은 그녀의 후견인에 의하여 조정되었다. 대개 결혼하지 않은 여자의 후견인은 그녀의 아버지였다. 그러나 만일 그녀의 아버지가 세상을 떠났을 경우에는 그녀의 오빠 또는 삼촌, 또 그녀의 가족의 가까운 친구가 후견인이 될 수 있었다. 서약(egguēsis)을 하는 것으로 약혼 절차는 시작되었다. 이 때에 결혼 지참금의 문제가 결정되었다. 서약의 형식은 매우 단순하였다. 그리고 그것은 기본적으로 다음과 같다. 후견인은 이렇게 말했다. "나는 이 처녀를 합법적인 자녀를 낳도록 당신에게 준다." 남자 구혼자는 다음과 같이 대답했다. "나는 이 처녀를 받아들입니다." 후견인은 이렇게 말했다. "나는 3달란트의 지참금을 첨가한다." 남자 구혼자는 다음과 같이 대답했다. "나는 지참금도 역시 기쁘게 받아들입니다."

유대인의 결혼에서와 마찬가지로, 헬라인의 결혼에 있어서도, 지참금에 대한 규약은 결혼을 확고하게 결합시켜 주는 주요한 기반(羈絆)들 중의 하나였다. 남편은 지참금을 관리하고 또 사용할 수 있었다. 그러나 어떤 환경에서나 그는 그것을 전유(專有)할 수는 없었다. 이혼할 경우에는 그는 그것을 아내에게 돌려주지 않으면 안 되었다. 그는 매해 지참에 대한 18퍼센트의 이자를 가산해서 지불해야 하며 또 그는 그의 전부인(ex-wife)에게 별거수당을 지불하지 않으면 안 되었다. 아내가 먼저 세상을 떠날 경우에도 남편은 그 지참금을 전유할 수 없었다. 그는 그가 세상을 떠날 때까지 또는 재혼할 때까지 그 지참금을 사용할 수 있었다. 그리고 그가 세상을 떠날 때, 또는 재혼시에는 그 지참금을 본래의 결혼에서 출생한 자녀들에게 전해져야 한다. 만일 자녀가 없으면, 그 지참금은 아내의 후견인에게 돌려주어야 한다. 이 경우에 가장 가까운 친척이 후견인일 수도 있다.

남편이 세상을 떠났으나 재혼하지 않고 집에 남아 있는 한, 그녀는 자기 자신의 재산을 관리하고 사용할 수 있었다. 자녀들이 성인이 되면, 그들은 자기 몫의 재산을 받을 수 있었다. 그리고 그들은 그들의 어머니를 봉양해야 했다. 딸들은 그의 아버지의 재산을 상속받을 권리를 갖고 있지 못했다. 만일 여자가 재혼하면, 지참금은 그녀의 둘째 남편의 관리 아래 들어갔다. 지참금과 관련된 재정적 의무가 많은 결혼을 파괴되지 않도록 결속시켜 주었다. 만일 이러한 재정적 의무가 없었다면, 많은 결혼이 파괴되었을 것이다. 결혼의 단계는 다섯 가지였다. 이 모든 단계가 다 종교적 의미를 갖고 있었다.

① 신랑과 신부의 양가는 모두 신들과 여신들에게, 특별히 신들 중의 왕인 제우스(Zeus)신과 그의 아내 헤라(Hera)와 처녀 신인 알테미스(Artemis)에게 속죄의 희생을 바쳤다. 이것은 프로가미아(progamia)라고 불려졌는데 그 뜻은 결혼전 희생(the pre-marriage Sacrifice)이다.

② 그 다음에는 그 가족들이 살고 있는 지방의 지역 신들에게 희생을 바쳤다. 이것은 일종의 헌신의 행동이다. 이 의식 중의 하나는 처녀의 머리털 한 다발을 신들에게 바치는 것이었다.

③ 그 다음에는 특별히 거룩한 것으로 여겨졌던 강물에서 목욕하는 의식이 있었다. 아덴에서는 칼이르호에(Callirrhoe)강에서, 데베스에서 이스매노스(Ismenos)강에서 트로이에서는 스카만델(Scamander)강에서 이러한 의식상 목욕을 했다. 트로이에서는 신부가 강의 신에게 그녀의 처녀성을 받아 줄 것을 기도했다. 후대에는 강물을 집으로 운반해 왔다. 이것은 정화와 헌신의 행동이었다.

④ 결혼식을 올리는 날에는 가신(家神)들에게 제물을 바치고 밀가루와 꿀로 만든 과자를 먹었다.

⑤ 저녁때에 신부와 신랑, 그리고 들러리들은 황소가 끄는 수레를 타고 그들의 새 집을 향하여 갔다. 그리고 이들과 함께 신부의 어머니는 그녀의 집의 불로 점화한 횃불을 들고 갔다. 새 집에서는 신랑의 어머니가 그녀의 집 불로 점화한 횃불을

들고 이들이 도착하기를 기다렸다. 그러므로 새 집의 불은 옛 양가의 불이 한데 섞여 점화되었다. 피리를 부는 사람들과 주연을 즐기는 자들이 이 일행과 동행했다. 하객들은 축제의 면류관들을 썼고 또 신랑 신부는 그들의 혼례복을 입었다. 그리고 새 집의 문은 푸른 나뭇가지들로 장식되어 있었다. 신부는 과일과 사탕과 빵이 소나기처럼 쏟아지는 것을 맞았다. 아덴의 여사제는 제우스 신의 방패를 갖고 집 주위를 돌면서 새 집을 축복했다. 잔치가 벌어졌다. 이때에는 남자들과 여자들은 각기 다른 방에서 잔치를 벌였다. 신부에게는 다산의 상징인 마르멜로의 열매(quince)를 먹도록 주어졌다. 밤늦게 신부의 친척 가운데 나이 많이 먹은 여자가 신부를 신방으로 데리고 가서 신랑에게 신부를 넘겨주었다. 하객들은 혼인 노래(epi-thalamia)를 불렀다. 젊은 신혼 부부는 그들의 새 집에 단 둘이서 남게 되었다.

두 가지 예식이 더 남아 있었다. 결혼식을 올린 다음 이틀 동안 결혼 예물들이 운반되어 왔다. 동시에 신부의 베일을 벗기는 의식(anakaluptēria)이 있었다. 이 예식이 있은 다음에야 신부는 베일을 쓰지 않고 다닐 수가 있었다. 마지막으로, 신부는 그녀의 남편의 문중의 일원으로 등록하였다. 이러한 절차를 밟지 않으면 그 결혼은 합법적이고 유효한 것이 될 수 없었다.

이것은 젊은 신혼 부부가 그들의 새로운 삶을 시작하는 일련의 인상 깊은 예식들이었다.

아무리 헬라의 결혼식이 인상 깊은 것일지라도, 헬라인들은 남편이 혼외에 성적 관계를 갖는 것을 당연한 것으로 여겼다.

남자는 그의 성적 만족을 구할 수 있는 방향이 한 가지 이상이었다.

그는 신전에 가서 성창(sacred prostitutes)인 여사제들을 찾아 그들과 성교를 가질 수 있었다. 이러한 성교는 예배의 행동으로 간주되었다.

성창들을 사원에 두는 관습은 동방에서 온 것이었다. 헬라에서 이러한 관습의 가장 악명 높은 본보기는 고린도에 있었던 사랑의 여신이었던 아프로다이테(Aphrodite)의 신전이었다. 이 신전에는 천 명의 성창들이 있었다. 이들은 저녁에 거리로 쏟아져 나와 여러 나라 언어가 사용되는 도시에서 그들의 매음 행위의 장사를 열심히 했다. 고린도로 여행하는 사람치고 이 신전의 성창들과 관계를 갖지 않는 사람은 없다는 것이 마침내 정설이 되어버렸다.

이러한 처녀들을 신전에 선물로 바치는 것이 실지로 경건한 행위로 간주되기도 하였다. 핀달(Pindar)은 열 세 번째 올림피안 송시(ode, 頌詩)에서 크세노폰(Xenophon)이라고 불려지는 어떤 경주자에 관하여 말한다. 그는 오종(五種) 경기에서 모두 우승하였다. 만일 그가 우승할 것 같으면, 몇 명의 처녀들을 아프로다이테 신전에 바치겠다고 그는 서약했었다. 그래서 핀달은 다음과 같이 쓰고 있다. "사이프러스(Cyprus)의 최고의 여주인(즉 아프로다이테)이시여 크세노폰은 그의 기도에 응답을 주신 데 대하여 감사하는 기쁨의 표시로써 당신을 섬기도록 50명의 처녀들을 당신의 신전에 바칩니다."

이와 같이 남자는 그의 쾌락을 얻기 위하여 신들과 여신들의 전으로 향할 수 있었다.

그는 보통 사창가를 찾아 거리의 창녀들에게서 쾌락을 찾을 수도 있었다. 아덴 시에 공창 제도를 맨 처음 수립한 사람은 위대한 입법자였던 솔론(Solon)이라고 기록되어 있다. 세계의 어느 다른 도시보다도 아덴에 더 많은 창녀들이 있었다. 바로 이 때에 아덴에는 여신 아프로디테 판데모스(Aphrodite Pandēmos)의 전을 건축하고 있는 중이었다. 솔론이 이 신전의 건축 비용을 이러한 갈보집들의 수입으로 충당했다고 한다. 그리고 헬라인들은 신전 건축과 그 건축 비용을 그러한 재원으로 충당하는 것 사이에 하등의 불일치나 부조화를 보지 못했던 것처럼 보인다.

여사제들과 창녀들은 노예들이었다. 그러나 자유롭게 출생한 여자들과 귀족 출신 가운데도 창녀로 봉사하는 사람들이 있었다. 그러한 제도하에서는 어떤 소녀들의 호의를 독차지할 수 있는 권리를 살 수 있었다. 히파르쿠스(Hipparchus)와 크세노클레이데스(Xenocleides)는 유명한 네아에라(Neaera)를 공동으로 소유하기 위하여 3천 드라크마(영국 돈으로 환산하면 100 파운드 이상이다)를 지불했다. 그나다에나(Gnathaena)는 하룻 밤 그의 딸과 즐기는 대가로 1천 드라크마를 요구했다고 한다.

이것들은 정상적인 생활 방식이라고 불려질 수 있었다. 그러한 고전적 헬라에는 독특한 여자의 한 집단이 있었다. 그들은 헤타이라이(hetairai)라고 불려졌다. 이 말의 문자 그대로의 뜻은 동료들(the companions)이다. 이들은 이들 당시의 가장 명석하고, 가장 교양이 있고, 또 가장 교육을 많이 받은 여자들이었다. 이들은 상류 부인의 초대회를 열었던 아주 훌륭한 숙녀들이었다. 이들은 결혼을 위협하는 위험이었다. 왜냐하면 이들은 남자들에게 그들의 아내들이 결코 줄 수 없는 교양 있는 지성적인 교제를 줄 수 있었기 때문이었다. 이들 중의 많은 사람들은 유명하게 되었다. 고린도의 라이스(Lais of Corinth)는 견우학파의 위대한 철학자 디오게네스(Diogenes)의 친구였다. 레온티온(Leontion)은 에피큐로스(Epicurus)의 제자였다. 헬필이스(Herpyllis)는 아리스토틀의 친구였다. 유명한 니코마코스 윤리(*Nicomachean Ethics*)는 그녀의 아들 니코마코스(Nicomachus)에게 주기 위하여 쓰여진 것이다. 페리크레스(Pericles)의 친구였던 아스파시아(Aspasia)는 페리크레스에게 웅변을 가르쳤고 또한 그를 위하여 불후의 명작 웅변집을 기록했다. 로도피스(Rhodopis)는 자비로 애굽의 피라미드들 중의 하나를 건축할 만큼 부자였다. 이들 중의 가장 아름다웠던 피리네(Phryne)는 아주 돈을 많이 갖고 있었기 때문에, 만일 사람들이 재건되는 데베스(Thebes)의 성벽에 "알렉산더가 파괴한 성벽을 피리네가 재건했다"는 명(銘)을 새겨 넣어주기만 한다면 그녀는 자비로 데베스의 성벽을 재건하겠다고 말했다. 소크라테스는 유명한 테오도타(Theodota)를 방문한 적이 있다. 그는 그녀에게 점잖게 말했다. 그가 그녀를 떠날 때에 그녀가 그녀의 애인에게 인사하는 것 같이 인사하였다. "그녀는 거만한 자에게는 문을 닫아버리고 그녀의 애인들이 상사병을 앓는 것을 지켜보았다. 그리고 그녀는 명예로운 일에 성공했을 때와 그녀를 사랑하는 사람들을 정답게 사랑하는 것으로 즐거워했다."

때때로 이 헤타이라이(Hetairai)는 역설적으로 어느 누구보다도 정절을 굳게 지킬 수 있었다. 알기비아데스(Alcibiades)는 아덴 시민들의 영리한 애인이었다. 결국 그는 너무 지나치게 행동하다가 마침내 사형 선고를 받았다. 피에 굶주린 사람들이 그의 뒤를 쫓고 있었기 때문에 그는 이곳에서 저곳으로 숨을 곳을 찾아 다녔다. 그는 붙잡히지 않으려고 무척 애를 썼지만 실패하고 말았다. 플루타크가 「알키비아데스의 생애(*Life of Alcibiades* 39)」라는 그의 저서에서 말하고 있는 바와 같이, 그 무서운 날들에 있어서 그에게 남은 친구는 오직 헤타이라(Hetaira)인 티만드라(Timandra)뿐이었다. 끝에 가서 그가 살해되었을 때에 "그녀는 그의 시체를 자기 자신의 옷으로 싸서 할 수 있는 한 정중하게 장례식을 치루었다."

아마 모든 헤타이라 중에서 가장 유명한 사람은 레아에나(Leaena)였다. 그녀의 이름은 암사자를 의미한다. 그녀는 하모디우스(Harmodius)와 아리스토게이톤(Aristogeiton)의 친구였다. 하모디우스와 아리스토게이톤은 폭군 히피아스(Hippias)를 암살할 음모를 꾸몄다. 그들은 폭군의 아들을 죽이는 데는 성공했으나 폭군을 죽이지는 못했다. 그들은 체포되어 살해되었다. 레아에네가 그들의 친구였다. 그러므로 당국자들은 그 음모에 관련되어 있는 다른 사람들의 이름을 그녀에게서 강제로 알아낼 수 있을 것이라고 생각했다. 그러나 레아에나를 심문하여 그녀의 친구들의 이름을 알아내지는 못하고 오히려 그녀를 고문하여 그녀의 혀를 뽑아버리는 결과를 가져왔다. 그래서 아덴 시민들은 그녀를 기념하여 혀가 없는 암사자의 유명한 상을 세웠다.

우리는 헬라의 상황을 기술하는데 상당히 긴 시간을 보냈다. 왜냐하면 그것은 완전히 비범한 것이기 때문이다. 실지로 헬라인의 아내는 그녀의 남편에게 좋은 친구가 거의 될 수 없었다. 결혼 관계 밖에서 만족을 찾는 것이 남자에게 있어서는 오명이 아니었다. 남자들은 비상하고 영리한 부류의 여자들인 헤타이라이(Hetairai)에게서 그들의 참다운 친교를 자주 찾았다.

남편에게 허용되는 것이 아내에게는 허용될 수 있다고 전혀 생각할 수조차 없었다. 아내를 위해서는 온전한 정절의 표준이 규정되어 있었다. 사실 아내를 위한 온전한 정절의 표준이 지켜지도록 하기 위해서 아내들은 외부의 남자들로부터 완전히 차단되어 있었다. '티마쿠스를 반대하여(*Against Timarchus* 183)'라는 연설에서 애쉬네스(Aeschines)는 솔론(Solon)이 입법한 법을 기술하고 있다. "간음을 범한 여자들은 순진한 여자들과 섞여 그들을 부패하지 않게 하기 위하여 간음을 범하다가 현장에서 붙잡힌 여자는 자기 자신을 치장할 수 없고 공중 희생 제사에 참여할 수 없다. 그러나 만일 그녀가 공중 희생 제사에 참석하거나 몸치장을 한 것이 발각되면, 그것을 본 사람은 그녀의 옷을 벗겨 찢어버리고, 그녀의 장식품을 빼앗아 버리고, 그리고 그녀가(죽지 않고 상처가 나지 않을 정도로) 그녀를 때려야 하다. 왜냐하면 입법자는 그녀에게 수치감을 주고 또 그녀의 삶은 그 가치가 없다는 것을 깨우쳐 주고자 하기 때문이다." 남자는 어디서나 그의 쾌락을 추구할 수 있었다. 그러나 여자는 의심받을 일을 해서는 안 되었다.

현저한 사실 한 가지를 더 살펴보지 않으면 안 되겠다. 증인들이 보는 앞에서 아내를 내보내는 경우에는 어떤 종류의 법적 절차도 이혼을 위해서 필요치 않았다. 여자는 어떤 법적 행동도 취할 수 없었으므로 여자는 그녀의 남편과 이혼할 것을 전혀 먼저 제기할 수 없었다. 간음을 범했을 경우에 이혼은 강제적인 것이었고 자녀를 생산하지 못할 경우에 이혼은 보통 흔한 일이었다. 결국 이혼의 내용이나 목적은 종작 없는 일이었다.

어느 다른 나라에서와 같이, 헬라에도 행복한 결혼들이 있었던 것은 사실이다. 비천한 서민들 중에 좀더 많은 정절이 있었던 것도 사실이다. 기독교가 탄생할 때쯤에 헬라의 상류층 사이에서는 결혼이 거의 완전하게 붕괴되어 가고 있었던 것도 역시 사실이다.

우리가 로마인의 결혼으로 향하여 볼 때에 우리는 로마인의 결혼의 이상이 헬라인의 것과 아주 다르다는 것을 발견한다. 로마인의 결혼도 역시 타락해 있었고 결혼 관계는 비극적으로 해이한 상태에 있었다는 것은 사실이다. 그러나 결혼이 시민적인 연합이라기 보다는 종교적인 연합이었으므로 그 결혼의 특성을 전적으로 상실한 것은 아니었다.

로마 여자의 지위는 헬라 여자의 지위와는 근본적으로 달랐다. 우리는 헬라 여자들은 자기 집에서도 완전히 격리된 생활을 했다는 것을 이미 살펴보았다. 그녀는 삶을 위한 어떤 교육이나 장비 없이 남편에게 시집왔다. 그녀는 전혀 공적인 삶에 참여할 수 없었다. 로마의 부인은 가정 생활이나 공적인 생활에 충분히 참여하였다. 그녀는 여자의 거처에서 살지 않고 가정 생활의 중심이 되는 가장 크고 좋은 방(atrium)에 살았다. 그녀는 노예들을 완전히 장악하고 있었다. 그녀는 광의 열쇠들을 갖고 있었다. 그녀는 모든 가사를 돌보는 데 필요한 기술 교육을 받았다. 그녀는 가정의 안주인이었다. 그녀의 남편이 연회장에 초대되어 가면 그녀도 역시 남편을 따라 참석할 수 있었다. 그녀는 자유롭게 거리에 나다닐 수 있었다. 그녀는 게임에 참여할 수 있었고 사원에 예배드리러 갈 수 있었다. 그녀는 법원에서 증인이 될 수 있었고 또 그녀 자신이 법에 호소할 수 있었다. 헬라의 여자들과 비교해 볼 때에 로마의 부인들은 완전히 자유로웠다. 점심 또는 오찬시에 남편은 남자 손님들을 돌봐 주었고 또 아내는 여자 손님들을 돌봐 주었다. 그들은 오늘날 우리가 우리 나라에서 하는 것과 같이 그들의 손님을 대접했다(Cicero, *Letters to Atticus* 5. 1). 로마인의 아내의 온전한 신분은 다른 것이었다. 그러면 이제부터 로마인의 결혼 절차를 살펴보기로 하자.

　로마에서도 결혼은 대개 중매에 의하여 이루어졌다. 프리니(Pliny)가 쥬니우스 마우리쿠스(Junius Mauricus)에게 보낸 매력적인 편지(1. 14)가 있다. 마우리쿠스는 프리니에게 그의 딸의 신랑감을 찾아 달라고 부탁했다. 프리니는 이러한 일을 하나의 특권과 명예로 생각했다. 그는 매우 적절한 신랑감인 미누시우스 아킬리아누스(Minucius Acilianus)를 찾아냈다. 이 편지의 나머지 부분은 다음과 같은데 마치 하나의 추천장과 같다. 미누시우스와 숙부, 그리고 조부모들을 모두 조사해 보았더니 훌륭한 사람들로 판명되었다. "당신은 그의 가족에게서 나쁜 것을 하나도 발견할 수 없을 것이다." 신랑감에 대해서는 다음과 같이 기술되어 있다. "그는 적응성이 강할 뿐만 아니라 매우 활발하고 명랑합니다. 동시에 그는 상냥하고 겸손합니다." 그의 외모도 기술되어 있다. "그는 품위 있고 혈색이 좋은 얼굴을 갖고 있습니다. 그는 귀족이라는 것을 말해 주는 고상한 풍채를 갖고 있습니다." 프리니는 언급하기를 주저하고 있으나 그 청년의 아버지는 "매우 부자이다"라고 말했다. 교수가 그의 학생을 외국 대학교에 유학생으로 추천하는 것과 같이 이 편지는 일종의 추천장이다.

　소녀의 합법적인 결혼 연령은 열 두 살이었고 그녀는 열 아홉 살까지는 계속 성장하고 있었다. 대개 그녀는 열 여섯 살 또는 열 일곱 살에 결혼하였다. 소년은 열 여섯 살에 결혼할 수 있었다. 열 여섯 살에 소년은 소년의 토가(toga, 옛 로마 시민의 겉옷-역주)를 벗고 성인 남자의 토가를 입는다. 그러나 그는 실지로는 이십 오 세쯤에 결혼하는 것이 보통이다.

　약혼은 자체의 예식을 갖고 있었다. 아버지의 승낙을 받고 지참금이 정해졌다. "그대는 맹세하는가?"라고 물으면, "나는 맹세합니다"라고 대답하였다. 한 쌍의 젊은이는 결혼을 맹세한 사람들(sponsus와 sponsa)이라고 불려졌다. 약혼식 날을 가족의 축제일로 지켰다. 약혼의 보장으로서 값진 예물을 교환한다. 만일 약혼이 파혼되면 그 예물은 돌려주어야 했다. 약혼식은 법적으로 구속력이나 강제력을 갖고 있지는 않았다. 그러나 약혼한 처녀가 부정을 범했을 때에는 간음죄를 범한 것으로 간주하였고 또 벌을 주었다. 초기 로마법(후기 로마법에서는 그렇게 할 수 없었다)에서는 남자 쪽에서 약혼을 파혼할 것을 제의해 올 때에 처녀는 손해 배상을 청구할 수 있었다.

　약혼식의 가장 중요한 부분은 반지를 주는 일이었다. 때때로 반지는 금으로 만들어진 것이지만 쇠로 만든 반지가 더 많았다. 반지는 왼손 셋째 손가락에 끼웠는데 그 관습은 오늘날도 마찬가지이다. 아우루스 겔리우스(Aulus Gellius)는 다음과 같이 그 이유를 말하고 있다(The Attic Nights 10. 10). "이러한 관습의 이유는 사람의 몸을 해부해 보았을 때에 섬세한 신경이 이 손가락으로부터 인간의 심장에 직결되어 있는 것을 발견할 수 있기 때문이다." 왼손 셋째 손가락이 심장과 직접 연결되어 있으므로 그 손가락은 약혼 반지를 낄 수 있는 명예를 갖고 있는 것으로 생각하는 것이 자연스럽다. 쥬베날(Juvenal)은 남자 구혼자에 관하여 다음과 같이 말한다. "당신은 그녀의 손가락에 맹세하였다"(Satires 6. 25). 터툴리안(Tertullian)은 "반지의 거룩한 서약"에 관하여 언급하면서 그 반지는 크리스천 아내가 소유할 수 있는 유일한 금이라고 말한다(Apology 6).

실지로 로마인의 결혼에는 두 가지 형식이 있었다. 한 경우에 있어서는, 여자는 남편의 손(manum) 즉 권한에 넘겨졌다. 다른 경우에 있어서 여자는 남편의 손에 넘겨지지 않았다. 로마인의 그의 자녀에 대한 아버지의 권한(patria potestas)은 절대적인 것이었다. 자녀의 나이가 아무리 많을지라도, 또 자녀가 아무리 유명한 사람일지라도 아버지가 생존하시는 한 아버지의 절대권은 존속했다. 아버지의 절대권 속에는 이론적으로는 그의 자녀를 노예로 만들거나 죽이는 권한이 내포되어 있었다. 한 여자가 그의 남편의 손에 넘어가면, 그 남편은 아버지가 그의 딸에게 행사할 수 있는 것과 대등한 권리를 그의 아내에게 행사할 수 있었다. 그녀는 그녀의 아버지의 권한 대신에 남편의 권한 속에 들어가게 되었다(Tacitus, *Annals* 4. 16). 그녀는 리비(*Livy* 34. 7)가 여자의 노예 신분이라고 부르고 있는 것 속에 들어갔다. 이러한 결혼 제도 하에서는 남편은 가족회의에서 의논한 후 본래의 법대로는 간음을 범한 그의 아내를 죽일 수 있었다. 분명히 여기에 원시적인 것이 있다. 사실 이것은 모든 로마인의 결혼의 본래의 방식이었다. 그러나 신약 성서 시대, 그리고 이보다 훨씬 전에 이러한 결혼의 형식은 없어졌다. 그리고 여자는 대개 그의 남편의 권한에 넘겨지지 않았다. 그녀가 남편의 권한에 넘겨져 있지 않았을 때에는 그녀는 그녀의 아버지 또는 그녀의 남자 웃 어른의 보호 아래 남아 있었다. 사실 그녀는 자기 자신의 일을 처리할 수 있는 능력이 있었다. 그녀는 자기 자신의 일을 관리하고 처리할 수 있었고 또 그녀의 재산은 절대적으로 그녀 자신의 것으로 남아 있었다. 사실 그녀는 현대 아내보다 더 독립되어 있었다.

  결혼에 관한 한 가지 제한이 있었다. 만일 그 결혼이 절대적으로 완전한 것이 되려면, 한 사람은 같은 계급간에 통혼할 수 있는 결혼의 권리(connubium)를 갖고 있는 다른 사람하고만 결혼할 수 있었다. 주전 445년까지는 귀족은 귀족하고만 결혼할 수 있었고, 평민은 평민하고만 결혼할 수 있었다. 이것은 두 사람이 모두 시민인 경우 결혼을 허용하는 것이 확대되었다. 이러한 결혼은 저스터스(justus)라고 불려졌고, 그밖에 다른 결혼은 논 저스터스(non justus)라고 불려졌다. 다른 종류의 결혼, 즉 논 저스터스(non justus) 결혼에는 아버지의 권한(patria potestas)이 존재하지 않았다. 아버지는 보통 아버지의 권한을 갖고 있지 않았다. 좀더 진지하게 말하면, 자녀는 아버지보다 좀 낮은 신분을 갖고 있었다. 그리고 이들은 시민들이 아니었다. 이러한 결혼은 도덕적으로 그리고 법적으로 구속력을 갖고 있지 않았다. 노예는 합법적으로 결혼할 수 없었다. 노예들은 동거할 수 있었다. 그리고 양의 어린 새끼가 그 주인에게 속하듯이, 그들의 자녀들은 자동적으로 그들의 주인에게 속하게 되었다. 촌수 사이의 결혼은 금지되었다. 기묘한 원리에 의하여 한 남자는 이미 '키스할 권리(the right to kiss)'를 갖고 있는 여자와는 그가 결혼할 수 없었다.

결혼 달로 5월은 피했다. 플르타그(Roman Questions, 86)는 이 이유를 추측하기를 4월은 비너스(venus)에게 바쳐졌고 6월은 쥬노(Juno)에게 바쳤기 때문에(비너스와 쥬노는 모두 결혼의 여신들이다) 아마 5월이 오기 전에 결혼하거나 또는 5월이 지날 때까지 기다렸다가 결혼하는 것이 보다 좋을 것이다. 또는 5월은 로마인들이 죽은 자를 위하여 제사를 지내는 달이기 때문에 5월에 결혼하는 것을 피했을 것이다. 아마 5월이라는 말(May)이 보다 늙었다(older)를 의미하는 마이올(maior)에서 유래하였고 또 6월이라는 말(June)은 보다 젊다(younger)를 의미하는 주니어(junior)에서 유래했기 때문에 5월에는 결혼을 기피하고 젊은이의 달인 6월에 결혼하는 것이 보다 좋을 것이다. 한 달의 첫날(the calends), 다섯째 날(the ides), 후 8일간(nones)은 결혼일로는 기피되었다. 칼렌드스(calends)는 한 달의 첫날이요, 이데스(ides)는 3월, 5월, 7월, 그리고 10월에는 그 달의 일곱 번째 날이 되는 것 이외에 다른 달의 다섯째 날이요, 노네스(nones)는 이데스 후 8일간이다.

로마인의 결혼식을 올리는 주요한 세 가지 방법이 있었다.

그러나 정식 결혼식을 올리기 전에 신부를 그녀의 집(deductio)으로부터 신랑 집으로 데려온다.

저녁때에 행진은 시작한다. 신부는 헤루쿠레스(Hercules)의 이중의 매듭이 있는 모실로 짠 허리띠로 허리를 두른 가두리가 없는 흰색의 튜니카(tunic, 옛 그리스, 로마 사람의 소매가 짧고 무릎까지 내려오는 속옷-역주)를 입었다. 그 튜니카 위에 그녀는 사프란(saffron) 색 겉옷을 입었다. 그녀의 신발의 빛깔도 역시 사프란 색이었다. 그녀의 머리털은 여섯 갈래로 나뉘어졌고 그리고 머리칼은 빗으로 빗지 않고 창날로 빗었다. 그녀의 머리 위에는 진한 오렌지 색 베일이 씌워졌다. 그리고 베일 꼭대기 위에는 화관이 놓여졌다. 본래 화관은 버베나(verbena)와 향기로운 마요람(marjoram)으로 만들어졌으나 후에는 도금양(myrtle)과 오렌지 꽃으로 만들어졌다.

횃불을 켜들고 쥬노(Juno, 가정을 인도하는 신)의 보호 아래 행진을 시작한다. 친척들과 친구들은 행진하는 동안 노래, 특별히 타라시오(talassio)로 알려져 있던 유명한 노래를 부른다. 이 노래는 너무나 오래된 노래이기 때문에 아무도 그 가사의 의미를 알지 못한다. 신부와 함께 명예의 부인(Pronubae)이 같이 행진한다. 그리고 한 번 이상 결혼한 여자는 아무도 이 명예의 부인이 될 수 없다. 이 행진에는 세 명의 소년이 참가한다. 한 소년은 횃불을 들고 간다. 한 다른 소년은 신부의 손을 잡고 간다. 한 소년은 그녀의 물레가락과 실톳대를 그녀의 새 집으로 갖고 간다. 신부가 그녀의 신랑집에 도착하면, 그녀는 문설주를 양털로 장식하고 그것에 기름을 바른다. 그녀는 항상 문지방을 밟지 않고 집에 들어가도록 사람들에 의하여 문지방 너머로 운반된다.

신부를 문지방 위로 운반해 들이는 관습의 기원은 고대에 망각되었다. 그러나 플루타크(*Roman Questions* 29)는 이 관습의 기원을 추측한다. 어떤 사람들은 이 관습의 기원과 새바인(Sabine, 옛 이탈리아 중부에 살던 사람들-역주) 여인들의 강탈에 관한 유명한 이야기와 연관시킨다. 전설에 의하면, 로무루스(Romulus) 시대에는 젊은 남자들이 결혼하기에 충분히 많은 로마 처녀들이 없었다. 그래서 로무르스는 새바인 처녀들을 게임에 초청하여 로마 청년들로 하여금 새바인 처녀들을 지켜보고 있다가 결혼할 만한 나이가 된 모든 처녀들을 각각 한 사람씩 집으로 납치해서 데리고 가게 하였다. 납치된 처녀들을 청년들의 집에 운반해 갔던 것과 같이 신부도 그렇게 신랑의 집에 운반되어 갔다. 처녀가 그녀의 동정을 잃는 것을 원치 않기 때문에 신부를 그와 같이 집안으로 운반했다고 말하는 사람들도 있다. 헬라의 보에오티아(Boeotia) 지방에서 신부를 신랑집으로 운반해 온 수레의 축을 빼서 불살라 버렸던 것과 꼭 같이, 그녀가 신랑집을 결코 떠날 수 없다는 것을 보여주기 위하여 신부를 집안으로 운반해들였다고 말하는 사람들도 있다. 만일 신부가 문지방을 넘다가 걸려 넘어지면 그것은 불길한 징조이기 때문에, 신부가 문지방에서 실족하는 일이 없도록 하기 위하여 신부를 문지방 너머로 운반해들이는 관습이 생겼다는 말이 더 그럴듯하게 들린다.

저녁 늦게 예식은 시작되었다. 새 점(占)을 쳤다. 복점관(卜占官)은 희생물로 대개 새를 죽여 새의 내장을 보고 신(神)들이 그 결혼에 대하여 호의를 갖고 있느냐 않느냐의 징조를 판단한다. 그 다음에 신부는 다음과 같은 아름다운 선언을 했다. "당신이 가이우스인 곳에서 나는 가이아입니다"(Ubiter Caius ego Caia). 즉 "당신이 바깥 주인이라면 나는 안주인입니다." 이것은 그날서부터 그들은 모든 것을 함께 소유하고 나눈다는 것을 알리는 징표이다. 가고피노(Carcopino)가 말한 바와 같이, 그들의 삶과 뜻은 하나였다.

그 다음에 신랑은 신부에게 불과 물을 주었다. 이것은 그때로부터 그들은 삶의 모든 중요한 것을 함께 나누지 않으면 안 된다는 것을 보여주는 것이었다. 불은 정화의 상징이었고 물은 씻음의 상징이었다.

지금까지는 두 결혼 예식이 적어도 같은 것이었다는 것을 살펴보았다. 그러나 이제부터는 다른 점을 살펴보자.

1) 가장 거룩한 결혼식의 형식은 콘팔레아티오(confarreatio)라고 알려져 있는 것이었다.

이 말은 빵을 의미하는 팔(far)에서 파생한 것이다. 이것은 완전히 종교 의식이었다. 이 예식은 모든 종교 의식과 공중 예식을 통할하는 최고신관(the Pontifex Maximus)과 모든 사제들 중의 최고 사제이며 또한 쥬피터(Jupiter)의 사제였던 풀라멘 디아리스(Flamen Dialis)에 의하여 행하여졌다. 점은 이미 쳤고 신들의 선한 의지도 확인되었다. 신랑과 신부는 이 예식의 이름을 따서 만든 거룩한 빵을 함께 나누어 먹었다. 그들은 그들을 축복해 준 사제에 의하여 그들이 서로 손을 마주 잡게 되었다. 그리고 마지막으로 그들은 쌍둥이 의자에 나란히 앉았다. 이 의자는 희생의 제물로 바쳐진 양의 털가죽으로 덮여

있었다. 이것은 콘쥬기움(conjugium)이었다. 이것의 문자 그
대로의 뜻은 결합이다. 즉 멍에를 같이 멘다는 것(jugum은 멍
에이다)을 의미한다.

  결혼의 이 형식은 영원한 결합을 위한 것이었다. 이러한 결
합은 또 다른 종교 의식에 의하지 않고는 결코 해소될 수 없었
다. 신들이 결합시켜 놓은 것을 사람이 떼어놓을 수 없었다.
이것은 로마인의 결혼식 중에서 가장 위대하고 가장 아름다운
것이었다. 한 때 이러한 예식은 흔히 행해지는 것이었다. 그러
나 일반적으로 결혼 관계가 해이해짐에 따라 이 예식은 사제
들의 결혼 이외에는 사용되지 않게 되었다.

  2) 둘째 유형의 예식은 코엠피토(coempito)로 알려져 있었
    던 것이다.

  이 말은 매입(purchase)을 의미한다. 이것은 완전히 시민적
예식(civil ceremony)이었다. 이것은 종교적 의미가 없는 시민
계약(civil contract)이었다. 이것은 다섯 명의 로마 성인의 증
인들 앞에서 행해졌던 상징적 매매의 형식(the form of a
symbolic sale)이었다. 이 예식에서 신부는 상징적으로 자기의
친정집으로부터 그녀의 남편 집으로 팔려가는 것이었다. 여기
서 신랑은 신부에게 다음과 같이 물었다. "그대는 내 자녀들
의 어머니가 되기를 원하는가?"

  우리는 이미 약혼은 부모와 친구들에 의하여 미리 주선되어
행하여 진다고 언급한 바 있다. 약혼은 이렇게 주선되었을지
라도, 결혼 당사자들의 확고한 뜻과 승낙이 없으면 그 결혼은
효력이 없었다.

일단 결혼식이 끝나면 잔치가 시작되었다. 다섯 개의 횃불에 점화가 됨과 동시에 잔치가 시작되었다. 이 예식 중의 하나는 신랑이 연회에 참석한 사람들에게 호도를 나누어 주는 일이었다. 저녁 잔치가 끝나면 신부는 명예의 부인(pronubae)의 호위를 받아 신방으로 인도된다. 하객들은 마지막으로 혼인 노래를 부르기 위하여 한데 모였다. 혼인 노래 중의 어떤 것은 아름다웠고 또 어떤 것은 전통적으로 상스러운 것이었다. 그 다음에 어두움 속에서 신랑은 신부에게로 가서 신랑 신부 단 둘이만 남게 되었다.

아침에, 신부는 신랑집 가정 운영을 위임받기 전에 남편 집의 가족신들에게 희생의 제사를 드림으로써 그녀의 결혼 생활을 시작했다.

3) 결혼에는 세 가지 과정이 있다고 우리는 이미 언급한 바 있다.

콘팔레아티오(confarreatio)와 코엠프티오(coemptio)가 결혼의 두 가지 의식상의 방법이었다. 그러나 세 번째 방법이 있었는데 그것은 옛날 스코틀랜드의 법과 매우 흡사하였다. 결혼식의 세 번째 방법은 유스유스(usus)라고 불려졌었다. 이것은 관례나 관습을 의미하는 것이었다. 만일 신랑 신부 두 사람이 1년 동안 같이 살면서, 만일 아내가 계속해서 만 3일 동안 집을 비우고 외박하지 않으면, 그들의 결혼은 합법적인 것이 될 수 있었다. 이것은 동거 또는 명성에 의한 옛 스코틀랜드의 결혼법과 비슷하다. 이것은 분명히 결혼의 당사자들에게 있어서 기억되거나 별로 인상적이지 못한 방법이다. 그러나 결국에는 이것은 가장 영속적인 것이었다. 왜냐하면 두 당상자는 결혼의 최종 상태에 들어가기 전에 서로 1년 동안 알아보고 또 경험해 볼 수 있기 때문이었다.

우리가 결혼의 세 과정을 성례전, 시민적 계약, 관례 등으로 구별해 본 바와 같이, 콘팔레아티오(confarreatio), 코엠프티오(coemptio) 그리고 유스유스(usus)처럼 정상적이고 정식 결혼의 세 과정이 있었다.

4) 같이 사는 방법 한 가지를 더 언급하지 않으면 안 되겠다.

왜냐하면 이것은 매우 흔한 것이었기 때문이다. 이것은 콘큐빈나투스(concubinatus)라고 불려졌는데 이것은 내연의 관계(concubinage)의 상태였다. 그러나 이 말은 영어에서 사용되는 것과 같이 그렇게 나쁜 의미를 갖고 있지 않았다.

내연의 관계가 발생할 수 있는 두 가지 방법이 있었다. 한 남자가 결혼의 권리(connubium)를 갖고 있지 않는 여자와 같이 살고 싶으나 그녀를 그의 정식 아내로 맞아들이고 싶지는 않을 때에 이러한 내연의 관계가 발생할 수 있었다. 그녀가 외국인이거나, 자유로운 여자이거나 심지어 노예일 수도 있었다. 그래서 그는 그녀와 함께 살았다. 이러한 사람들은 종종 정식 결혼을 한 사람들 사이에 갖는 관계 보다 더 충실한 관계를 맺고 살 수 있었다. 이러한 동거의 상태는 대개 정죄되지 않았다. 이것은 법의 시각에서는 합법적이었다. 이것은 부동의 연합(conjugium inaequale) 또는 허용된 관습(licita consuetudo)이라고 불려졌다.

둘째로, 이 말은 넓은 의미로 사용되었다. 이 말은 아내 이외에 다른 여자와 살고 있는 결혼한 남자의 상황, 또는 결혼하지 않은 남자가 한 여자와 살지 않고 두 여자와 사는 상황을 가리키는데 사용되었다. 이것은 비합법적이었고 또 사회적으로도 정죄를 받았다.

그러면 로마인에게는 네 가지 결혼의 길이 열려 있었다고 볼 수 있다. 그는 완전히 종교적으로 결혼할 수 있었다. 그러나 이러한 결혼 방법은 신약 성서 시대에는 사제들에게만 통용되었다. 그는 시민적 계약에 의하여 결혼할 수 있었다. 많은 사람들이 이 방법으로 결혼했다. 그는 동거의 형식으로 결혼할 수 있었다. 그리고 비록 정식 결혼은 하지 않았으나 서로 정절을 충실히 지키면서 함께 사는 내연의 관계도 있을 수 있었다.

헬라인의 결혼에서는 찾아볼 수 없었던 진지성을 로마인의 결혼에서는 찾아볼 수 있었다. 그러나 시간이 지남에 따라 부도덕과 해이함이 로마인의 결혼 속에 비극적으로 침투해 들어왔다.

지금까지 우리는 로마인의 결혼의 높은 이상을 살펴보았다. 그러나 그 높은 이상이 사라져 버릴 때에 그것은 더욱 비극적인 것이 되고 말았다.

로마 공화국 첫 500년 동안에는 단 한 건의 이혼도 기록되어 있지 않다고 흔히 말한다. 이 말은 수정을 필요로 한다. 초기 시대에는 이혼의 합법적인 근거가 있었다. 독의 사용, 자녀의 교환, 애인을 받아들일 목적으로 열쇠를 위조로 만드는 것, 그리고 간음은 이혼의 근거들이었다. 그러나 그때에는 종작없는 이혼은 없었던 것이 확실하다.

  이혼을 하기 전에, 가족 회의에서 이 문제를 진지하게 엄중하게 검토해야만 했다. 자기의 아내를 단순하게 내보낸 첫 사람은 스푸리우스 칼빌이우스 루가(Spurius Carvilius Ruga)였다. 그는 주전 234년에 그의 아내와 이혼하였다. 그는 그의 아내가 자녀를 생산하지 못한다는 이유에서 그와 같이 하였다 (Plutarch, *Romulus* 22; Aulus Gellius 17. 2; Valerius Maximum 2. 1. 4). 500년 동안 로마법, 로마의 도덕은 그러한 것이었으므로 종작없는 무책임한 이혼을 불가능했고 또 결혼의 맹약은 주의 깊게 지켜질 수가 있었다.

  로마의 도덕이 수치의 악몽이 되었을 때에도, 옛 로마인의 정신이 완전히 사라진 것은 아니었다는 것이 여전히 사실이었다. 탁티우스(Tacitus, *Annals*, 15. 62-64)는 위대한 스토익주의 철학자이며 네로의 총리 대신이었던 나이 많은 세네카 (Seneca)의 아내였던 젊은 파우리나(Paulina)에 관하여 말하고 있다. 세네카는 자살하라는 명령을 네로로부터 받았다. 그는 피를 흘리고 죽도록 정맥을 자를 준비를 하고 있었다. 이것은 로마인들이 흔히 사용하는 자살 방법이었다. 그는 파우리나에게 너무 슬퍼하지 말고, 아직 젊으니까 다시 인생을 살도록 권유하였다. 그러나 그녀는 그와 함께 죽는 것을 선택했다. 그녀는 그녀의 남편이 그의 정맥을 끊는데 사용한 같은 단도를 사용하여 그녀의 정맥을 끊었다. 네로는 지급(至急)으로 파우리나에게 죽지 말라고 명령을 내렸다. 사람들은 강제로 그녀의 자살을 말렸다. 그들은 강제로 그녀가 자신에게 입힌 상처를 치료해 주었다. 그들은 그녀가 죽는 것을 허락지 않았다. 탁티우스는 그녀가 그의 여생을 슬픔 가운데 보냈고 그녀의 얼굴은 죽은 자의 얼굴같이 창백했다고 말해 주고 있다.

프리니(Pliny, Letters 3. 16)는 아리아(Arria)의 유명한 이야기를 말하고 있다. 그녀의 남편 패투스(Paetus)는 반란에 참가한 것에 대하여 로마에 보고하라는 명령을 받았다. 그는 죄수였다. 그녀는 그의 아내로서가 아니라 그의 노예로서 그에게 가는 것을 허락해 줄 것을 요청했다. 그들은 그것을 허락하지 않았다. 그녀는 새조개의 조가비 채취선을 빌려서 그의 배의 뒤를 따라갔다. 그는 사형 선고를 받았다. 그리고 그는 자살하라는 명령을 받았다. 아리아는 그의 감방에 있었다. 그녀는 단도를 집어서 그녀의 가슴을 찌른 다음 그것을 빼내서 그것을 그의 남편에게 건네주었다. "패투스여, 고통이 없습니다"라고 그녀는 남편에게 말했다.

로마에는 그때까지 살았을 때에나 죽음에 이를 때까지 서로 신의를 지키는 남편들과 아내들이 있었다. 이러한 신의와 충절의 장면을 본 로마인들은 여전히 마음에 큰 감동을 받았다. 그들은 이상을 잃었을 때에도 여전히 이상을 사랑했다.

그러나 다른 면도 있다. 기독교가 맨 처음에 세상에 들어오게 되었을 때에 그렇게 많은 부도덕한 일이 있었으리라는 것은 참으로 의심스러울 정도이다. 이렇게 많은 부도덕한 일이 있었다는 증거는 기독교 도덕가들에게서 온 것이 아니라 로마인 자신들에게서 온 것이었다. 로마는 세계의 정복자가 되었다. 로마 안에는 세계로부터 무진장의 부(富)가 쏟아져 들어왔다. "어느 원수가 우리에게 준 타격보다도 더 치명적인 타격을 사치가 우리에게 주었다"라고 쥬베날(Juvenal)은 말했다

(Juvenal, *Satires*, 6. 233, 234).

로마는 헬라를 정복했다. 그러나 헬라의 도덕이 로마를 정복했다. 로마인의 인격을 파괴한 것은 바로 로마인의 승리였다. 그러면 로마의 저술가들이 그 시대를 기술(記述)하고 있는 대로 그 시대를 검토해 보자. 이 시대는 바로 최초의 크리스천 설교가들이 인간들에게 호소하던 때였다.

1) 이때에 사람들은 결혼에 대하여 일종의 혐오감을 갖고 있었다.

사람이 목을 맬 밧줄을 갖고 있거나 또는 뛰어내릴 창문이나 또는 뛰어내릴 난간이 있는 다리를 갖고 있는 동안에 결혼을 한다는 것에 대하여 쥬베날(Juvenal)은 놀라움을 금치 못했다(Juvenal, *Satires* 6. 28-32). 풍자가는 결혼하는 것보다는 자살하는 편이 훨씬 좋다고 생각했다. 아우루스 겔리우스(Aulus Gellius 1. 6)는 메텔루스 누미디쿠스(Metellus Numidicus)라는 사람의 연설을 다음과 같이 기록하고 있다. "만일, 우리 로마인들이 아내 없이 살 수 있다면, 우리는 온갖 어려운 문제의 원천에서 벗어날 수 있을 것이다. 그러나 자연은 남자들이 그들의 아내와 충분히 사이 좋게 살 수 있도록 정해 놓지도 않고 또 아내 없이 살 수 있도록 정해 놓지도 않았기 때문에 우리 남자라는 족속은 잠시 동안의 즐거움보다 영원히 참아가면서 살아야 한다고 생각하자." 만일 인류가 결혼 없이 생존을 계속할 수 있다면, 결혼은 기꺼이 포기되었을 것이다. 그때는 바로 결혼을 이와 같이 빈정대면서 증오하던 시대였다.

2) 이때는 보편적 매음(universal prostitution)의 시대 또는 적어도 혼외의 성적 관계에 탐닉하는 보편적 방종의 시대였다.

시세로(Cicero)는 도덕적으로 방종한 생활을 하는 그의 소송 의뢰인의 변호하는 연설에서(*On behalf of Caelius* 20), 그러한 방종한 삶은 당시에 보편적인 현상이라고 말하면서 그의 소송 의뢰인을 정당화하고 있다. "젊은 사람들이 창녀의 사랑을 전적으로 억제해야 한다고 생각하는 사람이 있다면 그는 참으로 매우 엄격하다. 나는 그의 입장을 이론적으로 부인할 용의는 없다. 그러나 그는 우리 시대의 방종으로부터 다를 뿐만 아니라 선조의 관용으로부터도 다르다. 이러한 일이 행해지지 않은 때가 언제 있었는가? 언제 이러한 일이 비난을 받은 적이 있었는가? 언제 이러한 일이 허용되지 않은 때가 있었는가? 지금은 합법적인 것이 합법적이 아닌 때가 언제 있었는가" 그는 그의 소송 의뢰인의 방종은 보편적인 선례와 보편적인 허용을 갖고 있다고 주장한다.

알렉산더 세베루스(Alexander Severus)는 악에 대하여 단호하게 반대하는 황제들 중의 하나였다. 그러나 그가 지방 총독을 임명할 때에는 그에게 말과 종들과, 만일 그가 결혼을 하지 않았으면, 정부(情婦)를 주는 것이 그의 관례였다. "왜냐하면 그는 여자 없이 살 수 없었기 때문이었다"(Lampridius, *Alexander Severus*). 매음은 뿌리 깊고 전적으로 삶의 정상적 양상으로 여겨지고 있었다. 상당히 합리적인 생각을 갖고 있는 사람도 창녀의 이용에서 잘못을 발견하지 못했다.

3) 도덕적 행위가 완전히 파렴치한 시대였다.

이러한 파렴치한 행위는 높은 지위에 있는 사람들에게서 시작되었다. 시세로(Cicero)는 퍼브리리아(Publilia)와 결혼하기 위하여 30년간 동고동락하면서 살아온 그의 아내 테렌티아나(Terentiana)를 버렸다. 시세로는 퍼브리리아의 피신탁인이었다. 그는 그의 빚을 갚는데 퍼브리리아의 재산을 사용할 수 있다는 이유만으로 그의 아내를 버리고 퍼브리리아와 결혼하였다. 후에 그의 전처 소생의 딸이 죽었을 때에 퍼브리리아가 진정으로 슬퍼하는 듯이 보이지 않았기 때문에 시세로는 그녀와 이혼했다. 테렌티아나는 아주 완전히 상심할 수 없었다. 왜냐하면 그녀는 처음에는 살루스트(Sallust)와 결혼했고 다음에는 메사라 콜비누스(Messala Corvinus)와 결혼했기 때문이었다.

설라(Sulla)는 다섯 번 결혼했고, 폼페이(Pompey)는 네 번 결혼했다. 아우그스투스(Augustus)는 리비아(Livia)를 자기 것으로 만들기 위하여 그녀가 이미 임신하고 있음에도 불구하고 그녀의 남편에게 이혼할 것을 강요하였다. 카토(Cato)는 그의 아내를 그의 친구 홀텐시우스(Hortensius)에게 주었다. 그리고 홀텐시우스가 많은 유산을 남기고 죽자 그는 그녀와 다시 결혼했다. 모든 경우 중에서 가장 악명높은 것은 크라우디우스(Claudius)의 아내이며 황후였던 메사리나(Messalina)의 경우였다. 비록 그녀는 황후였지만 밤에는 로마의 창녀집에 가서 창녀 노릇을 했다. 그녀는 너무나 창녀짓을 하는 데 깊이 빠져 있었기 때문에 그녀는 창녀짓에서 떠날 수 없었다. "그녀는 매춘굴의 냄새를 피우면서 왕궁으로 돌아갔다"(Juvenal, *Satires* 6. 114-132). 이 시대의 로마 사회에는 믿을 수 없을 만큼 지독하게 파렴치한 일들이 있었다.

4) 이 모든 것의 결과는 터무니없이 이혼률이 높았고 결혼은 거의 완전히 붕괴되었다.

세네카(Seneca, *Concerning Providence*, 3. 16)는 그 당시의 여자들에 관하여 다음과 같이 기술(記述)한다. "이혼시에 이름나 있고 고상한 숙녀들이 햇수를 집정관의 수에 의하여 계산하지 않고 그들의 남편의 수에 의하여 계산하는데 대하여 얼굴을 붉히는 여자가 있을까? 그들은 결혼하기 위해서 집을 떠난다. 그리고 이혼하기 위해서 결혼한다."

말티알(Martial. 6, 7)은 테레실라(Telesilla)에 관하여 짧은 풍자시를 지었다. "테레실라는 지금 열 번째 남편과 결혼한다. 그렇게 자주 결혼하는 그녀는 결혼하는 것이 아니다. 그녀는 공인된 간부(姦婦)이다. 나는 차라리 정직한 창녀를 갖겠다." 쥬베날은 히베리나(Hiberina)에 관하여 다음과 같이 말한다. "히베리나는 한 남자로 만족할 수 있을까? 차라리 그녀로 하여금 한 눈으로 만족케 하는 것이 더 나을 것이다!"(*Satires* 6. 53, 54). 제롬(Jerome, *Letter* 2)은 스물 세 번째 남편과 결혼하는 한 여자, 그리고 그 여자는 그 남편의 스물 한 번째의 아내가 되는 경우를 기록하고 있다.

이렇게 성적으로 타락한 시대에도 행복한 가정과 정절을 굳게 지키는 부부들이 있었던 것은 의심할 여지가 없다. 왜냐하면 참다운 사랑은 어느 시대에나 있기 때문이다. 그러나 로마 사회의 일반적인 풍조는 성적으로 문란하고 파렴치한 것이었다.

오늘날 우리 세대가 직면하고 있는 도덕의 문제는 결코 새로운 것은 아니다. 도덕적인 문제가 새로운 것이 아니라는 사실이 그것들을 덜 심각한 것으로 만드는 것은 아니다. 오히려 이 사실은 기독교는 전에 직면하지 않았던 어떤 새로운 문제에 직면하고 있는 것이 아니라는 것을 우리에게 상기시켜 준다.

우리가 당면하고 있는 도덕적 문제는 새로운 것도 아니요 독특한 것도 아니다. 그것들은 인간의 죄악이 만들어 낸 인간의 상황의 일부분이다. 교회는 항상 이러한 인간 상황에 직면한다. 교회는 항상 하나님의 은혜를 이러한 인간 상황에 전달하지 않으면 안 된다.

우리는 지금 이러한 성 도덕의 상황(the situation of sexual morality) 속에 기독교가 들어오게 되었다는 것을 살펴보았다. 기독교는 순결을 위하여 타협할 줄 모르는 요구를 갖고 이러한 상황을 직면했다. 크리스천들 사이에서는 부도덕과 불결이라는 말조차 사용치 않았다. 상스러움이란 있을 수 없었다. 부도덕하거나 불결한 사람은 그리스도와 하나님의 나라에 참여할 수 없다(엡 5:3-20). 부도덕, 불결, 정욕, 악한 욕망을 내적으로 죽이지 않으면 안된다(골 3:5, 6). 마음이 깨끗한 사람, 따라서 삶이 깨끗한 사람만이 하나님을 볼 수 있다(마 5:8).

우리는 크리스천이 몸을 존중한다는 단순한 사실 그러나 매우 크게 영향을 주는 사실에서 시작하지 않으면 안 된다. 헬라 사람들에게는 몸은 영혼이 갇혀 있는 감옥에 지나지 않았다. 그리고 이것으로부터 삶의 온갖 병이 생겨난다고 그들은 생각했다. 그 당시의 세계는 노스틱주의(Gnosticism) 사상에 깊이 영향을 받았다. 노스틱주의는 영만이 선하고 모든 물질은 고칠 수 없는 불치의 악이라고 믿었다.

이 사상의 불가피한 결론은 몸은 악이라는 것이다. 만일 몸이 악이라면, 두 가지 행동의 길이 가능하다. 첫째로, 인간은 완전한 금욕주의를 채택한다. 그는 완전한 금욕주의 안에서 몸의 모든 욕망과 행위를 부인한다. 둘째로, 그는 몸은 악하기 때문에, 그것이 어떤 일을 하든지 상관이 없다고 말할 수 있다. 그러므로 우리는 몸의 욕망을 마음껏 만족시킬 수 있다. 왜냐하면 어차피 몸은 악한 것이기 때문이다.

그러나 크리스천은 몸에 관하여 새로운 개념을 갖게 되었다. 크리스천에게 있어서 몸은 성령의 성전으로 설계되어 있다(고전 3:16). "너희가 하나님의 성전인 것과 하나님의 성령이 너희 안에 거하시는 것을 알지 못하느뇨?" 그러므로 크리스천은 그의 몸으로 하나님께 영광을 돌려야 한다(고전 6:19, 20). 몸을 하나님께 희생과 제물로 드리는 것은 가능할 뿐만 아니라 하나의 의무이다(롬 12:1). 기독교는 몸에 관한 견해를 갖고 헬레니즘(Hellenism) 세계의 성 윤리를 변혁시켰다.

만일 몸이 선하고, 만일 몸이 성령의 전으로 설계되었고, 그리고 만일 몸과 그것의 모든 기능과 활동을 하나님께 바칠 수 있다면, 곧 결혼은 성스럽고 거룩한 신분이 된다. "모든 사람은 혼인을 귀히 여기고 침소를 더럽히지 않게 하라 음행하는 자들과 간음하는 자들을 하나님이 심판하시리라"(히 13:4). 혼인을 금하는 사람들은 허세를 부리는 거짓말쟁이들에 불과하다(딤전 4:3). 젊은 과부들은 재혼하여 자녀들을 낳아 기르는 것이 훨씬 좋다(딤전 5:14). 신약 성서와 일반적인 가르침은 결혼을 높인다. 사람이 결혼하지 않는 데는 좋은 이유가 있을 수 있다. 그러나 특별한 거룩함을 성취하기 위하여 결혼하지 않는 것은 그 이유들 중의 하나가 될 수 없다. 전체로서의 신약 성서는 순결과 동정을 동일시하는 것으로 이해하지 않고 있다. 참다운 순결은 결혼한 상태 속에서 찾아볼 수 있다.

다른 것을 가르치고 있는 듯이 보이는 성경 구절은 신약 성서 안에 한 곳밖에 없는데 그것은 고린도전서 7장이다. 이 7장 전체를 통하여 바울은 결혼한 상태를 과소 평가하고 있는 듯이 보인다. "남자가 여자를 가까이 아니함이 좋으나"(1절). 보다 나쁜 결과를 피하기 위하여 사람은 결혼할 수 있다. "정욕이 불같이 타는 것보다 혼인하는 것이 나으리라"(9절). 처녀는 결혼하지 않고 동정녀로 남아 있는 것이 더 좋다. "그러므로 처녀 딸을 시집 보내는 자도 잘하거니와 시집 보내지 아니하는 자가 더 잘하는 것이니라"(38절).

만일 바울이 출판하기 위하여 그의 편지들을 편집했더라면, 이 장(章)을 현재의 형식 속에 내포시키지 않았을 것은 거의 확실하다. 이 장을 이해하는데 필요한 열쇠는 바울이 이 장을 쓸 때에 그는 주님의 재림이 어느 순간에라도 곧 있을 것으로 기대하고 있었다는 사실이다. "이 세상의 형적은 지나감이니라"(31절). 그러므로 그는 그리스도를 기다리며 정신을 집중시키는데 방해가 될만한 것은 무엇이든지 갖지 않기를 사람들에게 바랬다. "너희가 염려 없기를 원하노라. 장가 가지 않은 자는 주의 일을 염려하여 어찌하여야 주를 기쁘시게 할꼬 하되 장가 간 자는 세상 일을 염려하여 어찌하여야 아내를 기쁘게 할꼬 하여 마음이 나누이며 시집가지 않은 자와 처녀는 주의 일을 염려하여 몸과 영을 다 거룩하게 하려 하되 시집 간 자는 세상 일을 염려하여 어찌하여야 남편을 기쁘게 할꼬 하느니라. 내가 이것을 말함은 너희의 유익을 위함이요 너희에게 올무를 놓으려 함이 아니니 오직 너희로 하여금 이치에 합하게 하여 불요함이 없이 주를 섬기게 하려 함이라"(32-35절).

바울이 주님의 재림이 임박하므로 주님의 재림을 기다리는 사람의 마음은 다른 일로 산란하게 되어서는 안 된다고 생각하던 때에 이 모든 것을 기록했다는 것을 우리는 기억하지 않으면 안 된다. 시간이 흐름에 따라 그는 그리스도의 재림이 그렇게 임박한 것은 아니라는 것을 깨닫기 시작했다. 그리고 바울의 참다운 결혼관은 에베소서에서 찾아볼 수 있다. 바울은 약 9년 후에 이 에베소서를 기록했다. 그는 여기서 부부의 관계에서 그리스도와 교회 사이의 관계의 본보기를 찾고 있다. 그는 지상의 최고와 최선의 관계는 결혼한 상태라는 것을 알게 되었다(엡 5:21-33).

만일 바울이 자신의 편지들을 영구히 보존하기 위하여 뽑았다면 그는 분명히 고린도전서 7장을 고쳐 쓰거나 또는 삭제했을 것이다. 그의 온전한 결혼관은 후에 기록된 에베소서 속에 있다.

신약 성서 안에 결혼에 관한 명백하고 충분한 가르침이 있다. 우리는 이 가르침의 패턴(pattern)을 살펴볼 것이다. 모든 말씀 중의 가장 기본적인 것은 예수의 다음과 같은 말씀이다. "이러므로 사람이 그 부모를 떠나서 아내에게 합하여 그 둘이 한 몸이 될찌니라"(마 19:5, 막 10:7, 창 1:27, 2:24). 이 말씀은 결혼에 관한 두 가지 기본적인 것을 우리에게 보여준다.

1) 한편에 있어서 결혼은 헤어짐(separation)이다.

남자는 그의 부모를 떠나게 된다. 사람은 새로운 삶을 시작할 때에 옛 삶을 계속할 수 없다. 이 헤어짐을 바로 깨닫지 못하기 때문에 망쳐진 결혼이 많다. 아들 또는 딸이 삶의 중심과 초점을 새로운 가정에 두어야 한다는 것을 깨닫지 못한다. 부모, 특별히 어머니가 아들 또는 딸이 다 성장했다는 것을 깨닫지 못하고 또 아들 또는 딸에게는 새로운 충성과 새로운 우선사항들이 있다는 것을 깨닫지 못하는 수가 있다.

결코 이것은 사람들이 결혼하게 되면 그들의 옛 집은 등져야 한다는 것을 의미하는 것은 아니다. 다만 새 가정이 그들의 가정이요 그들의 삶의 중심이 그것에 있다는 것을 의미하는 것이다. 결혼에는 본질적으로 헤어짐이 있다는 것은 의심할 여지가 없다. 이러한 것을 깨닫지 못할 때에 어려운 문제가 뒤따르게 된다.

2) 그러나 결혼에는 또한 연합(union)이 있다.

결혼하는 두 사람은 하나가 된다. 하나가 되는 데는 여러 가지 방법이 있다. 지배(domination)와 양위(abdication)의 방법이 있다. 이 방법은 결혼생활에 있어서 한 편이 절대적인 지배자가 되고 다른 한 편은 다소간 완전히 독립된 인격이 말살되고 만다. 이 방법은 분명히 성서적이 아니다. 부부의 관계를 다루고 있는 성경 구절들은 에베소서 5장 21-33절, 골로새서 3장 18, 19절, 베드로전서 3장 1-7절, 디모데전서 2장 9-15절,

고린도전서 11장 3절 등이다. 이 모든 성경 구절들을 통하여 변함없는 하나의 원리가 있다. 즉 결혼의 원리는 상호성이다 (The principle of marriage is reciprocity)라는 것이다. 한 편에만 의무와 특권과 책임이 있는 것이 아니다. 모든 의무와 모든 특권은 상호적인 것이다.

아내들은 그들의 남편들에게 복종해야 한다. 가정에도 지도자가 필요하다. 가정에서는 남편이 지도자이다(엡 5:22, 골 3:18, 벧전 3:1, 5, 고전 11:3). 지도자의 책임을 회피하는 남편은 비난을 받게 마련이다. 비록 남편이 지도자일지라도 그리스도께서 교회를 사랑하시는 것처럼 그는 그의 아내를 사랑하지 않으면 안 된다(엡 5:23). 그는 자기의 몸을 사랑하는 것처럼 그의 아내를 사랑해야 한다(엡 5:28). 아내는 남편을 존경해야 한다. 그러나 남편은 자기 자신을 사랑하는 것처럼 아내를 사랑하지 않으면 안 된다(엡 5:33). 아내는 남편에게 순종해야 한다. 그러나 남편은 아내를 사랑해야 하며 결코 학대해서는 안 된다(골 3:18, 19). 아내들은 남편들에게 복종해야 한다. 그러나 남편들은 아내들이 연약한 그릇이므로 잘 돌봐줘야 한다(벧전 3:7). 의무는 결코 한 편에만 있지 않다. 또 책임도 한 편에만 있지 않다. 크리스천 결혼에 있어서는 모든 특권이 상호적인 것과 꼭 같이 모든 의무도 상호적인 것이다. 결코 한 편이 지배적인 것은 아니다. 크리스천 결혼에 있어서 부부는 동반자(partnership)이다. 크리스천 결혼에서는 독립된 개성이 말살되지 않는다. 결혼생활을 통하여 부부는 함께 개성을 성취시킨다. 결혼생활은 권리의 긴장이 아니라 권리의 제휴이다. 한편만이 의무를 지고 있는 것이 아니다. 의무를 함께 나누는 것이다. 결혼생활은 두 사람이 서로 상대방의 부족한 점을 보완하여 온전케 만들어 가는 것이다. 한 편이 다른 편에 완전히 흡수되어 자기의 정체를 잃어버리는 것도 아니요 그렇다고 한 편이 다른 편을 완전히 지배하는 폭군이 되는 것도 아니다. 두 사람이 함께 생활하므로 다 같이 풍요롭고, 성취되고, 완전해진다. 크리스천에게 있어서 결혼은 사랑하는 두 사람이 완전히 동반자로서 협력하는 것이다.

지금 우리는 기독교 윤리의 참 문제인 한 물음에 직면하게 되었다. 이 문제가 신학적인 문제일 뿐만 아니라 인간의 문제가 된다는 사실에 의하여 이 문제를 이중적으로 어렵게 만들고 있다. 이혼에 대한 크리스천의 태도는 어떤 것인가?

우리는 기독교의 배경을 이미 공부했다. 분명히 유대인의 결혼의 이상은 매우 높은 것이었다. 비록 그들의 실천은 이상에 미치지 못했을지라도 그들의 이상은 높은 것이었다. 헬라와 로마의 헬라니즘의 세계 속에는 성의 윤리가 유례 없을 정도로 해이한 것이었으므로, 이혼은 예외적인 것이 아니라 통상적인 것이었다는 것도 의심할 여지가 없는 사실이다. 다른 것은 별도로 하고도, 이 두 가지 요소가 기독교 윤리에 있어서 타협을 용납하지 않는 요구를 만들어 냈다는 것이 분명하다. 타협을 용납하지 않는 요구가 유대교의 높은 이상과 같은 노선을 취하고 있다. 그리고 이것이 이방 세계의 수치스러운 부도덕에 대하여 불가피하게 반대하게 만들었다.

이 문제에 있어서 신약 성서의 가르침은 우리를 위하여 규정하고 있다. 바리새인들은 이혼의 합법성에 대하여 예수께 물었다. 그는 그들에게 그것에 대하여 모세가 무어라고 말했느냐고 반문하셨다. 그들은 모세가 이혼을 허락했다고 대답했다. 예수께서는 모세가 유대인의 마음이 완악하기 때문에 마지못해 이혼을 허락했다고 대답하셨다. 그는 그 다음 모세 뒤에 있는 창세기의 이야기로 소급하여 말씀하셨다(창 2:24; 1:27). 그리고 그는 결혼하기 위하여 남자는 그의 아버지와 어머니를 떠나 그의 아내와 연합한다. 그리고 그 연합은 아주 완전한 것이므로 한 몸이 된다고 말씀하셨다. 그러므로 하나님이 결합시켜 놓은 것을 사람이 갈라 놓을 수 없다고 예수께서 말씀하셨다.

사적으로 제자들은 그에게 이것에 대하여 좀더 물었다. 그리고 그는 다음과 같은 원리를 규정하셨다. "누구든지 그의 아내와 이혼하고 다른 사람과 결혼하는 사람은 그녀에 대하여 간음죄를 범하는 것이다. 그리고 만일 그녀가 그녀의 남편과 이혼하고 다른 남자와 결혼하면, 그녀는 간음죄를 범하는 것이다"(막 10:2-12). 누가는 이 말씀을 다음과 같이 전하고 있다. "무릇 그 아내를 버리고 다른 데 장가드는 자도 간음함이요 무릇 버리운 이에게 장가드는 자도 간음함이니라"(눅 16:18). 마태도 바리새인의 질문과 제자들이 물은 질문에 관한 같은 이야기를 마가와 꼭 같이 말하고 다음과 같이 전해 주고 있다. "누구든지 음행한 연고 외에 아내를 내어 버리고 다른 데 장가드는 자는 간음함이니라"(마 19:3-9). 마태는 마태복음서 5장 32절에서 다음과 같은 말씀을 역시 전해 주고 있다. "누구든지 음행한 연고 없이 아내를 버리면 이는 저로 간음하게 함이요 또 누구든지 버린 여자에게 장가드는 자도 간음함이니라."

예수의 이 말씀이 두 가지 형태로 존재하고 있다는 것을 우리는 볼 수 있다. 이 말씀이 마가복음서와 누가복음서 안에서는 예외 없이 이론은 절대적으로 금하고 있다는 형태로 존재한다. 마태복음서 안에서는 이 말씀이 이혼은 일반적으로 금하고 있으나 하나의 예외 규정이 있는 형태로 존재한다. 그 하나의 예외 규정은 음행의 경우에는 이혼이 가능하다는 것이다.

마가복음서는 맨 처음 기록된 복음서이다. 그러므로 마가복음서는 예수께서 실지로 하신 말씀과 가장 가까운 것이다. 본래의 형태는 어떤 예외 규정도 허용치 않는 절대적으로 이혼을 금하는 것이었다는 것이 의심할 여지가 거의 없다. 일반적인 근거에서도, 보다 엄격한 말씀이 본래의 말씀과 보다 가까운 것이다. 왜냐하면 항상 요구를 덜 강조하고 또 완화시키는 것이 일반적 경향이기 때문이다. 그러면 이것은 크리스천의 이혼은 예외 없이 절대적으로 완전히 금지된다는 것을 의미하는가? 우리가 이 말씀을 평가하기 전에, 기억해야할 몇 가지가 있다.

1) 마태는 이 말씀에 어떤 것을 첨가한다.

마태에 의하면, 제자들이 예수의 이 말씀을 들었을 때에, 예수께서 이혼은 절대로 할 수 없다고 믿고 계시다는 것을 제자들이 일있을 때에, 만일 이것이 사실이라면, 결혼하지 않는 것이 확실히 좋다고 그들은 말했다. 예수의 대답은 다음과 같은 것이었다. "사람마다 이 말을 받지 못하고 오직 타고난 자라야 할찌니라"(마 19:10, 11). 즉 이 말씀은 이혼을 절대적으로 금하는 규정을 아무나 다 받을 수는 없다고 말하고 있다. 이 말씀을 완전히 단순하게 그리고 직설적으로 표현하면 크리스천 결혼은 크리스천에게만 가능하다(Christian marriage is only possible for a Christian)는 것을 의미한다. 크리스천만이 크리스천 결혼의 표준을 이해하고 받아들이고, 그리고 성취시킬 수 있다.

  우리는 다른 두 표준에 의하여 결혼을 생각하지 않으면 안 된다. 우리는 한 편에서는 결혼을 두 사람이 체결하는 하나의 계약으로 생각해야만 한다. 계약이 기한부인 것과 같이 결혼도 기한부이다. 다른 한편에서 결혼은 두 사람이 자기들이 하고 있는 것을 충분히 알고 맺는 해소될 수 없는 맹약이다. 이와 비슷한 것을 스코틀랜드 교회가 실행하고 있는 세례 서약에서 볼 수 있다. 교회의 회원, 즉 서약한 크리스천 부모만이 자기 자녀의 유아 세례시에 서약할 수 있다. 왜냐하면 서약한 크리스천만이 자기의 자녀들을 하나님을 아는 지식과 사랑과 경외심을 갖고 양육할 수 있다고 우리는 믿기 때문이다. 서약한 크리스천만이 죽음이 갈라놓을 때까지 변함없이 정절을 지킬 것을 요구하는 결혼 서약을 지킬 수 있다. 교회는 교회의 결혼관을 그대로 갖고 있는 사람에게만 결혼을 허용할 수 있다. 그리고 이러한 크리스천만이 예수 그리스도의 도움을 받아 크리스천 결혼생활을 끝까지 계속할 수 있다. 이러한 사람들에게는 결혼이란 시민결혼에 의한 협약 이상의 것이다. 크리스천 신앙에 맹서한 사람들은 교회의 축복이 그들을 기다리고 있다는 것을 알고 있다. 오직 참다운 크리스천만이 그리스도의 도움을 받아 지킬 수 있는 서약을 누구나 모두 하게 하는 것은 이상한 절차가 아닌가라는 생각을 하지 않을 수 없다.

그러나 이것은 사람이 자기가 하고 있는 것이 무엇인지 알고, 크리스천 결혼을 할 때에 이혼과 같은 것은 있을 수 없다는 것을 의미하는가?

이혼이야 허락되든 안 되든 간에 별거(separation)는 허용되는 경우가 있다는 것은 완전히 명백하다. 부부 중의 어느 한 사람이 극악하고 명백하게 정조를 지키지 않을 경우에는 두 사람이 같이 살 수 없다. 부부 중의 한 사람이 다른 사람에게 정신적 건강 또는 육체적 건강에 해를 주는 잔인한 일을 할 경우에는 두 사람이 같이 살 수 없다. 자녀의 생명에 위험을 줄 수 있는 잔인한 일을 할 경우에 두 사람이 같이 살 수 없다. 이러한 두 사람이 같이 살면서 결혼생활을 계속한다면, 어떠한 일이 발생할지 아무도 예측할 수 없다. 이렇게 부부 사이의 성격이 맞지 않는 생활을 계속하게 되면 그 생활은 부부에게 지옥이 될 수 있고 또 자녀들을 위험에 처하게 만들 수 있다. 이러한 경우에 별거가 불가능하다고 논할 수는 없다. 이러한 경우에 별거를 허용할 것을 거부하는 것은 인간성에 말할 수 없는 무정함을 주는 죄를 범하는 것이다.

그러나 크리스천에게 있어서 별거 이외에 다른 가능성은 없는가? 몇 가지를 생각해 보자. 예수께서 법을 규정하신 것이 아니라 원리를 말씀하셨다는 것을 기억하자. 그의 원리들을 법으로 만드는 것은 사실은 그 원리들을 비기독교화하는 것이다. 결혼 서약은 하나님 앞에서 한 것이라고 종종 언급된다. 모든 약속이 하나님 앞에서 한 것이라는 것을 기억하자. 어떤 서약이 다른 서약보다 덜 중요하거나 또는 더 중요하다고 말할 수 없다.

 우리가 문자 그대로 실지로 요구하고 있지 않는 그리스도의 명령이 많다는 것을 기억하자. 형제를 바보라고 말하는 사람은 지옥에 갈 것이라는 예수님의 말씀을 우리는 문자 그대로 해석하지 않는다(마 5:22). 우리는 실지로 죄를 범한 눈을 빼버리지 않는다(마 5:29). 우리는 모든 맹세를 무효로 하지는 않는다(마 5:33-37). 우리는 우리에게 구하는 사람에게 항상 주는 것은 아니고 또 우리는 우리에게서 주고자 하는 사람들에게 항상 빌려주지도 않는다(마 5:42). 우리는 우리의 원수를 사랑치 않는다(마 5:44). 우리는 삶에 필요한 것에 관하여 근심한다(마 6:25). 예수께서 다른 사람을 판단하지 말라고 말씀하셨음에도 불구하고 우리는 다른 사람들을 판단한다(마 7:1).
 우리가 예수의 다른 계명들은 문자 그대로 해석하지 않으면서 결혼에 관한 예수의 계명만을 문자 그대로 해석하는 것은 매우 이상한 일이다. 무엇보다 판단의 최고 가치와 최고 원리는 사랑이라는 것을 기억하자. 죄가 있는 편과 죄가 없는 편에 대하여 말하는 것은 서글프게도 오도될 수 있다는 것을 기억하자. 탕자의 비유 속에서 형은 무죄하고 동생은 죄를 범했다. 그러나 동생을 집으로부터 내쫓은 것은 형이었다. 전문 용어로 말하면 파괴된 결혼에 있어서 무죄한 편이 그 파괴된 결혼에 대하여 책임이 있을 수도 있다.
 우리는 결혼 서약의 확고 불변성을 크리스천 원리로 규정할 수밖에 없다고 생각한다. 그러나 우리는 역시 사랑의 원리를 기억하지 않으면 안 된다. 만일 두 사람이 같이 살 수 없다면, 만일 사제 또는 목사의 도움, 의사의 도움, 정신병 의사의 도움으로도 그 상황을 치료할 수 없다면, 이 두 사람과 가족에게 해밖에 아무것도 주지 못하는 정죄를 이 두 사람에게 하고 또 자녀들의 삶을 비참하게 만드는 것이 크리스천 사랑의 행위일 수는 없다. 만일 우리가 크리스천 법에 의하여 생각지 않고 크리스천 사랑으로 생각한다면, 이혼이 정당화될 수 있는 경우가 있다. 한 번 결혼에 실패한 사람에게서 행복의 가능성을 영원히 빼앗는 것도 옳은 일이 아니다. 이러한 결혼에서 출생한 자녀들이 영원히 아버지와 파트너(partner) 없이 혼자 지내야 한다고 주장하는 것도 옳은 일이 아니다. 재혼이 옳고 또 정당화될 수 있는 때가 있을 수 있다.

물론 여기에 위험이 있다. 사랑을 실천하기보다는 법을 시행하는 것이 언제나 쉽다. 물론, 이러한 경우가 많아서는 안 된다. 물론, 아무도 무책임하고 이기적인 이혼을 정당화할 수 없다. 그러나 만일 우리가 참다운 크리스천이라면, 우리는 사랑의 이해와 동정으로 법의 불변성을 완화시켜야 할 것이다.

우리는 이 문제에서 떠나기 전에 몇 가지를 살펴보아야 할 것이다. 첫 문제는 결혼 전에 갖는 성교의 문제이다.

이 문제를 살펴보지 않는 것은 사실에 대하여 우리의 눈을 감아 버리는 것이다. 최근의 통계에 의하면 17세 소년 네 명 중의 하나는 성경험을 갖고 있다. 그리고 같은 나이의 소녀 여덟 명 중의 하나가 성경험을 갖고 있다. 19세의 소년은 세 명 중의 하나가 성경험이 있다. 같은 나이의 소녀는 네 명 중의 하나가 성경험을 갖고 있다. 이 나라에서 출생하는 모든 신생아 열 두 명 중의 하나는 사생아 즉 미혼모에게서 출생한 아이라는 것이 통계적 사실로 밝혀졌다. 이십 세 미만의 소녀의 경우에 있어서, 비록 대부분은 결혼 후에 아이를 낳지만, 태어난 아이 세 명 중 두 명은 결혼 전에 임신되었다는 것이 통계 숫자로 밝혀졌다. 이 나라의 어떤 지방에서는 아직 결혼하지 않은 25세의 여자 세 명 중의 두 명은 이미 처녀가 아니라는 통계 숫자가 나와 있다. 임신중절이 맨 처음으로 합법화된 해에 있었던 임신중절 수술의 수보다 지금 세배로 증가했다. 이 나라에서 매년 약 18만 건의 임신중절 수술이 있다. 결혼 전에 성교를 갖는 것이 비정상인 것이 아니라 오히려 정상적인 것으로 자꾸 증가하고 있으므로 기독교 윤리는 이 문제를 주의 깊게 살펴보지 않으면 안 된다.

어떤 지역에서는 과거에 받아들여졌던 성도덕의 표준에 고의로 도전해 오고 있다고 말해도 결코 지나치지는 않는다. 1959년의 영국 의학협회(British Medical Association)는 유스타세 췌서(Eustace Chesser)와 위니프레드 드 콕(Winifred de Kok)이 쓴 「결혼하기(Getting Married)」라는 제목이 붙은 책을 출판하였다. 이 책 속에 다음과 같은 말이 나온다. "순결은 시대에 뒤떨어진 낡은 것이다. 그러므로 더 이상 이것을 젊은 이들에게 가르쳐서는 안 된다." 참으로, 대중의 여론이 크게 반발했기 때문에 이 책을 회수할 수밖에 없었다. 그러나 중요한 사실은 영국 의학협회의 승인을 받아 이 책이 출판되었다는 것이다. 악명 높은 쇼, '오! 칼큐타! (Oh! Calcutta!)'의 안무가 노엘 토베이(Noel Tovey)는 이 연극을 연출하는데 지쳤다고 말했다. 왜냐하면 "우리가 그것과 함께 자라온 모든 표준에 대하여 매일 밤 끊임없이 싸워야 했기 때문이다." 이것은 과거에 받아들여진 성도덕의 표준에 대하여 그는 일부러 도전했다는 것을 의미한다.

문교부 장관인 대처(Thatcher) 부인은 「자라남(*Growing Up*)」이라는 제목이 붙은 성교육 영화를 어린이들에게 보여주지 말라고 학교 당국자들에게 요청했다. 이 영화 속에서 나체의 교사들이 두 명씩 짝을 지어 수음을 포함한 성행위를 보여주고 있다. 게다가 시민자유국민협회(National Council for Civil Liberties)는 '어린이들이 원하는 만큼 빨리 성경험을 갖게 할 권리를 요구하는 어린이 성헌장(Children's Sex Charter)'을 만들었다.

이 근원으로부터 나온 일반에게 인정된 성도덕의 표준에 대한 공격을 보고 우리는 전적으로 놀라지 않을 수도 있다. 그러나 미국 신학교에서 기독교 윤리를 가르치는 죠셉 플레쳐(Joseph Fletcher)가 다음과 같은 말을 하는 것을 들을 때에 문제는 매우 심각하게 된다. "처녀성의 예찬이 오늘날 현대 의학이 가능하게 만든 성의 자유를 막는 최후의 저항처럼 내게는 보인다." 이러한 공격이 기독교 외부에서 오지 않고 내부에서 올 때에 우리는 이 문제에 대하여 주의력을 쏟지 않을 수 없다. 맬콤 머저리즈(Malcom Muggeridge)는 다음과 같이 말했다. "우리의 예술가는 안전하게 예술을 파괴하도록 남아 있을 수 있고, 우리의 작가는 문학을 파괴하고, 우리의 학자는 학문을 파괴하고 우리의 성직자들은 종교를 파괴하도록 남아 있을 수 있다. 우리는 우리 자신의 야만인들을 만들어 내고 있다."

점점 증가하고 있는 이 혁명에 관한 이상한 일은 이 혁명이 우리가 거의 의식하지 못하는 중에 우리를 엄습해 오고 있다는 것이다. 이 책 머리말에서 이미 필자가 언급한 바와 같이, 이 책은 1964년부터 1965년까지 브리티쉬 위크리지(*The British Weekly*)에 연재했던 글들로 시작되었다. 내가 일곱째 계명에 관한 자료들을 1972년 6월에 교정하기 시작했을 때에, 나는 상황이 완전히 바뀌었다는 것을 발견했다. 비교적 짧은 시일내에 피임약이 생산되었다. 어떤 경우에는 임신중절이 법적으로 허용되었다. 서로 동의한 성인들 사이에서 갖는 동성 연애는 합법화되었다.

남 오스트레일리아에서 그 뮤지컬이 어떻게 상연 금지되었는가를 말해 주고 있는 '노노 칼큐타(No No Calcutta)'에서 심리학자인 죤 코트(John Court)박사는 의의 깊은 예화를 사용하고 있다. 그는 그가 고전적 심리학의 실험이라고 부르고 있는 것에 관하여 말한다. 개구리를 찬 물 속에 집어넣는다. 그 다음에 서서히 알아차릴 수 없을만큼 조금씩 물에 열을 가한다. 마침내 온도는 비등점(boiling point)에 달한다. 그러나 개구리는 도망치려고 하지 않는다. 변화가 천천히 일어나기 때문에 개구리는 위험을 알아차리지 못하고 죽게 된다. 개구리는 자기-보존책을 강구하지 못한다. 흡연의 결과도 마찬가지일 수 있다. 만일 흡연의 나쁜 영향을 즉각적으로 볼 수 있다면, 흡연자는 곧 흡연을 중단할 것이다. 그러나 흡연의 악 영향이 치명적인 결과에 도달하는 데는 이십 년의 세월이 걸린다고 한다. 흡연은 흡연자에게 천천히 영향을 주기 때문에 흡연자는 그 해로움을 감지하지 못한다. 비유해서 말하면, 도덕적 감각의 상실도 천천히 점진적으로 발생하기 때문에 어느 날 갑자기 도덕의 표준이 파괴되고 큰 해를 받게 되었다는 것을 깨닫게 될 것이다. 이러한 이유에서 우리는 이 문제를 아주 주의 깊게 살펴보아야 한다.

  옛 표준을 버리고 새 표준을 받아들일 것을 지지하는 사람들은, 적어도 어느 경우에 있어서는 자유로운 사랑을 믿고 그리고 실천한다고 말한다. 그리고 이들은, 적어도 어느 경우에 있어서는, 플라토(Plato)의 이상 국가의 그림인「공화국(*Republic*, 469-471)」에서 그가 자유로운 사랑을 주장했다고 논한다. 그러나 아무도 플라토보다 자유로운 사랑을 주장하는 것으로부터 더 먼 사람은 없는 것이 사실이다. 플라토는 원리로부터 시작했다. 만일 가장 아름다운 짐승을 만들어 내기 위하여 짐승을 기르는 일에 가장 큰 정성을 쏟아야 하는 것이 옳다면, 인간을 기르기 위해서는 최대의 정성과 돌봄이 더욱 필요하다는 것이 확실하다. 국가의 통치자들을 얻기 위해서는 최선의 남자들과 최선의 여자들을 선발하여 결합시켜 자녀들을 낳게 해야 한다. 여자의 나이는 20세에서부터 40세까지가 적합하고, 남자의 나이는 25세부터 55세 까지가 적합하다. 아이들 중에서 육체적으로 온전한 아이만을 기르도록 되어 있었다. 그밖에 육체적으로 불완전한 아이는 죽여야만 했다. 어린 아이가 출생하면 국가가 지정한 보모에게 넘겨지기로 되어 있었다. 어머니들은 젖을 먹이기 위하여 올 수는 있었다. 그러나 어머니는 누가 자기의 자녀인지 알지 못하도록 엄격히 비밀이 보장되도록 규정되어 있었고 또 자녀도 누가 자기의 부모인지 모르도록 엄격히 비밀 보장이 되어있었다. 물론 이것은 후에 세심한 주의력을 기울이지 않으면 혼인을 금하는 촌수간에 성교를 할 수 있다는 것을 의미하는 것이다. 왜냐하면 남자는 자기의 딸인 처녀와 관계를 맺을 수도 있고 또는 자기의 누이를 배우자로 선택할 수도 있었기 때문이다. 플라토는 결혼식은 1년 중 특정한 계절에만 올리도록 규정함으로서 이 문제를 해결했다. 남자는 자기 자신이 결혼한 때로부터 칠개월 내지 십개월 이내에 출생한 모든 아이들을 자기의 딸들과 아들들로 여겨야 하며 그리고 그러한 모든 어린이들은 그를 아버지라고 부르도록 정해져 있었다. 결혼은 국가에 의하여 조정되었다. 그리고 모든 아이들은 국가에 속해 있었다. 이 모든 것보다 더 자유로운 사랑에서 먼 것은 없다. 국가가 정해준 한계 밖에서 결혼한 사람은 누구나 '어두움과 이상한 정욕에서' 행동한 사람으로 낙인이 찍혔다. 결혼은 단순히 국가를 위하여 가장 훌륭한 자녀들을 생산하는 방법으로 간주되었다. 성행위는 정욕이나 사랑의 행위와 쾌락의 행위로 결코 생각되어지지 않았다. 성행위는 하나의 의무의 행위였다. 그러므로 그것은 자유로운 사랑으로부터는 아주 먼 것이었다. 그것은 완전히 훈련된 사랑이었다.

플르타크(Plutarch)가 「리쿠르구스(Lycurgus)의 생애」(제 15장)라는 그의 저서에서 말하고 있는 바와 같이, 스파르타(Sparta)에서도 형편은 비슷했다. 귀족과 선한 사람과 용감한 사람들은 국가를 위하여 자녀들을 생산하라는 격려를 받았다. 선하고 아름답고 고상한 아내를 갖고 있는 남자는, 만일 그와 동등하게 고상한 남자가 그의 아내로부터 자녀를 얻고자 하면, 그는 그 일을 조금도 개의치 않고 그 일을 환영했다. 지혜롭고 용감한 남편을 갖고 있는 아내가, 만일 그의 남편이 동등하게 훌륭한 어머니로부터 자녀들을 생산하기를 원한다면, 그녀는 이 일을 조금도 개의치 않았다. 스파르타 사람들은 그들의 땅에는 저속하고 정욕스러운 의미에서 간음과 같은 것이 없다는 것을 자랑하였다.

플라토의 「공화국(Republic)」과 스파르타의 형편은 종종 자유로운 사랑이라고 불려지는 것의 본보기로 인용된다. 그러나 두 경우 모두에 있어서 어떤 다른 제도보다도 자제(self-control)가 더욱 요구되었다. 그리고 모든 것은 국가의 이익을 위한 것이었고 결코 개인의 욕망을 만족시키기 위한 것이 아니었다. 결혼 전에 갖는 성교는 바른 것이나, 자연스러운 것이나, 정당한 것으로 결코 여겨지지 않았다는 것은 실제에 있어서 사실이었다. 물론, 인간의 본성이 약하기 때문에 결혼 전에 갖는 성교가 있었던 것은 사실이다. 그러나 그것은 바른 것으로 시인되지도 않았고 인정되지도 않았다. 오늘날 우리는 새로운 상황에 직면하고 있다.

여기에 좀더 복잡한 문제가 있다. 매음 행위를 찬성할 사람은 별로 없다. 창녀와 성교를 갖는 것은 사람을 인격으로 대하는 것이 아니라 사물로 취급하는 것이다. 보통 창녀를 찾는 고객은 그녀의 이름조차 알지 못한다. 보통, 그는 그녀를 전에 본적도 없고 또 그녀를 다시 보지 못할 것이다. 창녀와 갖는 성교는 사랑이 없는 성(sex without love)이다. 그리고 그것은 인격에 대한 존경심도 없는 것이다. 잠시동안 남자는 그의 동물적 욕망을 만족시키기 위하여 여자를 이용하고 버리는 것이다. 물론 한 남자가 늘 같은 창녀와 성교를 갖게 되면 그 남자와 창녀 사이에 일종의 어떤 관계가 생길 수 있는 것이 사실이다. 그러나 자기 만족을 위하여 사람을 이용하는 비인간화의 요소가 완전히 배제되는 것은 아니다.

　사랑이 없는 성에서는 복잡한 문제가 일어나지 않는다. 사랑을 받을 것을 요구하는 데서 복잡한 문제가 발생한다. 문제가 발생할 수 있는 네 가지 상황이 있다.

　① 우리가 예기(anticipation)라고 부를 수 있는 것에 의한 성교가 있다. 이것은 두 사람이 서로 몹시 사랑하고 있다고 주장하고 또 결혼할 것이 확실하기 때문에, 실지로 결혼하기 전이라도 성교를 갖게 됨으로서 결혼할 것을 예기할 수 있는 상황이다. 우리가 고의적인 부도덕이라고 부를 수 있는 난잡성의 문제는 없다. 그들이 확실히 믿고 있는 바와 같이, 언젠가는 당연한 권리가 될 수 있는 것의 예기가 있다.

　여기서 언급해야 할 두 가지가 있다. 첫째로 언급해야 될 것은 그들은 서로 너무나 사랑하기 때문에 취소할 수 없도록 완전히 서로의 몸과 마음을 맡길 수 있을 때까지는 성교를 갖지 않을 수 있다고 말할 수 있다. 남자가 처녀를 자기의 아내로 맞이할리 만큼 사랑할 때까지 처녀가 또 자기 자신을 완전히 내맡길 수 있을 만큼 사랑하기 전까지는 자제심을 갖도록 사랑은 가르치고 있다. 자기 훈련과 자기를 내주는 것은 매우 밀접한 관계를 맺고 있다. 두 번째로 언급해야 할 것은 이 인생에 있어서 확실한 것은 아무 것도 없다는 것이다. 그들이 결혼하게 될 것이라는 것도 결코 확실한 것은 아니다. 확실히 결혼할 것처럼 보이던 두 사람이 종당에는 결혼하지 않는 것을 우린 자주 보아 왔다. 인간의 마음은 그렇게 완전히 예측할 수는 없기 때문에 인간의 마음의 미래의 움직임은 아무도 보장할 수 없다. 우리가 예기할 권리도 능력도 갖고 있지 않는 것을 예기하는 것은 현명치 않다.

② 실험의 이유를 위한 성교가 있다. 두 사람이 성적으로 잘 적응할 수 있는가 없는가를 실험해 보기 위하여 결혼 전에 성교를 해봐야 한다고 주장하는 사람이 때때로 있다. 결혼의 조건을 그러한 방법으로 실험해 볼 수는 없기 때문에 그러한 태도는 확실히 잘못된 것이다. 비유를 들어 설명해 보자. 사람이 빈민굴 속에서 사는 생활이 어떤 것인지 알아보고 싶은 마음을 가질 수 있다. 그는 빈민굴의 생활을 알아보기 위하여 당분간 빈민굴에 들어가 살아볼 수 있다. 그러나 그는 빈민굴의 조건을 참으로 실험해 보거나 경험해 볼 수는 없다. 왜냐하면 그와 빈민굴에 사는 사람들 사이에는 차이점이 있다. 그는 언제든지 빈민굴에서 빠져 나올 수 있다. 그러나 빈민굴에 살고 있는 사람은 그가 원할 때 언제나 빈민굴에서 빠져 나올 수 없다. 만일 어떤 사람이 언제든지 상황에서 도피할 수 있다면, 분명히 그는 참으로 상황의 심층을 경험할 수는 없다. 상황의 참다운 요소는 그것으로부터 도피할 수 없다는 것이다. 결혼하지 않고 두 사람이 같이 사는 실험 결혼(trial marriage)에 관하여 말하는 두 사람은 참으로 결혼의 조건을 참으로 재현하고 있지 않다. 왜냐하면 그들은 구속력 있는 상황 속에 있지 않기 때문이다. 구속력 있는 상황이야말로 바로 결혼의 요소이다. 그들은 언제나 걸어 나올 수 있는 일시적 상황(impermanent situation)속에 있다. 그들은 그들의 문제를 그 속에서 해결하거나 그렇지 않으면 상황을 망쳐 버릴 그러한 상황 속에 살고 있는 것이 아니라 어느 순간이라도 그들의 문제들을 회피하여 나올 수 있는 상황 속에 있다. 결혼의 가장 중요한

핵심적 요점은 결혼은 결코 실험할 수 있는 것이 아니라는 것이다. 결혼은 헌신적인 위임이다. 아무도 위임을 갖고 실험할 수 없다. 위임이란 받아들이지 않으면 거부해야 하는 것이다.

③ 같이 살기로 선택했으나 일반 시민적 결혼식이나 종교적 결혼식이거나 간에 예식을 올릴 필요를 느끼지 않는 사람들의 경우가 있다. 그들은 그러한 서약이나 예식이 그들의 관계에 어떤 것을 더해 주는지 알 수 없다고 말한다. 그들은 어떤 형식의 약속을 받아들인 사람들과 꼭 같이 결혼식을 올리지 않고도 참으로 결혼했다고 주장한다.

인생의 모든 영역에는 구속력을 갖고 있는 의무를 표시하는 어떤 방법이 있다고 말하는 것은 적절하고 합리적이다. 산업, 사업, 고용과 그밖에 모든 곳에서 계약을 맺는 일은 있게 마련이다. 구속력을 갖는 계약을 맺을 것을 거부하는 사람은 별로 많지 않다. 이렇게 생각해 볼 때에 가장 낮은 결혼도 일종의 계약이다. 그리고 가장 높은 결혼은 하나님 앞에서 한 약속이다. 어떤 사람은 어떤 예식이나 계약의 약속 없이도 협약을 지킬 수 있는 것이 완전히 사실이다. 그러나 인간의 본성은 약한 것이므로, 협약을 지키기 어렵게 될 때가 올 수 있다. 그리고 그러한 협약을 깨고 싶은 유혹을 받을 때가 올 수 있다. 이러한 때에 약속을 깨지 않겠다고 서약한 순간을 되돌아 볼 수 있다는 것은 매우 가치 있는 것이다.

결혼식을 단지 하나의 원리로만 생각하는 사람들을 깔보거나 그들을 비웃을 생각을 나는 전혀 갖고 있지 않다. 예식을 올리지 않거나 결혼서약 없이 함께 살 수 있다고 말하는 사람들은 서로 완전히 돌이킬 수 없도록 상대방에게 자신을 내맡기는 것을 주저하거나 싫어하고 있는 것을 합리화하거나 또는 무의식중에 "도피할 수 있는" 문을 열어 놔두기를 바라고 있는 것을 합리화하고 있는 것이 아니냐 라고 나는 의아하게 생각한다. 결혼이란 사람 보기에는 하나의 계약이요 하나님 보시기에는 하나의 연합처럼 보인다. 그러나 실은 결혼은 이 두 가지를 다 내포하고 있다. 만일 그렇다면 서약하는 순간과 행위는 필요한 것이다.

④ 중대한 것이 될 수 있는 이것의 마지막 형식이 하나 있다. 때때로 소녀, 특별히 그녀에게 가족이 없어 외로울 때에 다음과 같이 말할 것이다. "내가 무엇보다 원하는 것은 내 뼈 중의 뼈요 내 살 중의 살인 내 가족이다. 그러므로 내가 원하는 것은 내 자신의 아이이다. 나는 남편을 원하는 것이 아니다. 나는 내가 존경할 수 있고 내 아이의 아버지가 되어 줄 수 있는 남자를 원하고 있을 뿐이다." 이것을 이해하는 것은 어렵지 않다. 이 말 뒤에 숨겨져 있는 깊은 고독을 이해하는 것은 별로 어렵지 않다. 그러나 이와 같이 생각하는 사람은 두 가지를 기억해야만 한다. 첫째로 그녀와 자녀의 실제적인 생활 문제를 생각해야 한다. 물론 그녀는 그녀의 자녀를 부양하기 위하여 직업을 가질 수 있다. 그러나 직장 여성이 아버지 없는 어린아이를 양육하는 것은 많은 어려움이 따른다. 둘째로, 우리가 이미 언급한 바와 같이, 이러한 일 속에는 더욱 어려운 문제가 내포되어 있다는 것을 생각해야만 한다. 그렇게 세상에서 자라난 아이는 아버지를 갖는 것이 무엇인지를 알지 못한다. 이것은 어떤 다른 것으로 대치할 수 없는 큰 손실이다. 이같이 생각하는 소녀는 자기 자신만을 너무 많이 생각하

고 자녀에 대해서는 생각하지 않은 것이 아니냐고 자기 자신에게 물어보는 것이 좋다.

현대의 발견이 성행위의 전체 의미를 변화시켰기 때문에 성행위를 결혼 안에 국한시킬 필요가 없다고 논의되어지고 있다. 우리는 전체 문제를 근본적으로 재고할 것을 요구하는 새로운 상황에 직면하고 있다고 언급되어지고 있다. 옛날에 전체 상황은 세 가지 공포, 즉 임신의 공포, 전염의 공포, 발각의 공포의 지배를 받았다고 언급되어지고 있다. 그러나 이 세 가지 공포는 제거되었으므로, 어린아이를 생산하기 위해서만 아니라 연애의 목적을 위해서도 결혼 안에서나 결혼 전에서도 성교는 사용될 수 있다고 논하고 있다. 피임약은 임신의 공포를 제거해 주었다. 만일 임신이 되면, 임신 중절 수술에 의하여 어린애를 제거해 버릴 수 있게 되었다. 성병의 전염은 현대 의학에 의하여 치료받을 수 있게 되었다. 성교에 대한 전체 태도가 바뀌어졌기 때문에 발각의 공포는 이미 문제가 되지 않는다. 왜냐하면 결혼 전에 갖는 성교의 권리가 널리 일반적으로 승인되고 있기 때문이다.

그러면 우리는 이 모든 것을 받아들여야 하는가? 우리는 결혼 전에 갖는 성교가 크리스천에게도 바르고 정상적이라는 입장을 받아들여야 하는가?

임신의 위험은 대부분 제거되었고, 또 피임약은 그것을 사용하는 사람에게 별로 큰 부작용을 주지 않으면서 매우 효력이 있다는 사실을 우리는 받아들여도 좋을 것이다. 그러나 성병의 전염의 위험성이 제거되었다고 우리는 말할 수 없다. 내가 알고 있는 의사는 결혼하지 않은 처녀에게 피임약을 주었다.

만일 그 처녀가 성교를 갖기를 원한다면, 그녀가 어린애를 갖는 것보다는 피임약을 사용하는 것이 보다 좋다고 그는 생각했기 때문이었다. 그는 그녀에게 피임약을 주고 싶지 않았다. 그리고 그는 그녀를 설득하여 그녀로 하여금 그러한 일을 하지 않도록 하기 위하여 최선을 다했다. 그리고 그는 그녀에게 다음과 같이 말했다. "나는 당신이 어린아이를 갖는 문은 최선을 다해 막을 수 있습니다. 그러나 나는 당신이 성병에 걸릴 수 있는 길을 넓게 열어 놓게 되었습니다." 영국과 웨일즈(Wales)에서만도 1년에 거의 6만 명의 성병 환자가 발생한다. 영국의 어떤 큰 도시에 있는 보건소 직원은 열 두 살난 소녀의 성병을 치료했다고 보고하고 있다. 위험은 여전히 상존한다. 성병을 치료하기 위하여 보통 사용하던 약에 대하여 면역성이 생긴 성병이 증가하고 있다는 사실에 의하여 성병 전염의 위험도는 한층 더 높아졌다. 비록 로마 가톨릭 교회는 임신 중절을 반대하는 입장을 취하고 있으나, 임신 중절 수술은 결코 사용해서는 안된다고 공언하는 사람은 많지 않다. 대부분의 프로테스탄트 사람들은 어머니와 미출생아를 위해서 임신 중절 수술을 해야 할 경우가 있다는 데 동의할 것이다. 그러나 임신 중절 수술을 무책임하게 임신한 원치 않는 아이를 제거하는 편리한 수단으로 사용하는 것은 결코 올바르지 않다. 미출생 태아가 언제 사람이 되느냐에 대하여는 끊임없이 논의되고 있다. 왜냐하면 태아가 사람이 되는 단계에서 무책임한 임신 중절 수술을 하는 것은 살인이기 때문이다. 그러나 임신 중절 수술은 적어도 인간이 될 수 있는 잠재력을 갖고 있는 생명의 종식을 항상 가져오는 것이다. 임신 중절 수술을 요구해 온다고 함부로 할 수 있는 것이 아니라 매우 신중히 검토한 후에야만 할 수 있는 것이 확실하다. 어떤 경우에도 어머니에게 미칠 심리적 영향은 예측할 수 없다. 위험도 결코 없는 것은 아니다. 발각의 공포에 대해서는, 결혼 전에 갖는 성교를 널리 일반적으로 승인된 것으로 여겨지는 때가 아직 오지 않았다. 그러므로 결혼 전의 성교는 숨어서 비밀리에 행해지고 있다. 이러한 성교에는 의식하거나 의식하지 못하거나간에 불안이 따르게 마련이다. 이러한 환경에서는 당연히 아름다운 것이 되어야 할 것이 저속하고 값싼 것이 되어 버린다.

그러나 우리는 논의를 잘못된 방향에서 할 위험이 있다. 만일 우리가 현재 생각하고 있는 방향에서 논의를 계속한다면, 만일 결혼 전에 갖는 성교에서 모든 위험을 제거할 수만 있다면, 크리스천에게 있어서도 결혼 전의 성교는 아주 합법적인 것으로 받아들여져야 할 것이라는 결론에 도달할 수 있다. 그러나, 비록 결혼 전의 성교가 위험하다는 것은 이차적인 논의로 사용되고 있으나, 그러한 성교가 위험하다는 것이 크리스천의 기본적이고 궁극적인 논의가 될 수는 없고 결혼 전의 성교는 잘못된 것이라는 것이 크리스천의 기본적이고 궁극적인 결론이다. 비록 결혼 전의 성교가 완전히 안전할지라도, 그것은 여전히 잘못된 것이다. 그러면 결혼 전의 성교에 반대하는 기본적이고 근본적인 논의는 무엇인가?

1) 만일 결혼 전의 성교와 결혼 밖에서 갖는 성교를 정상적인 것으로 받아들인다면, 가족 제도 전체가 근본적으로 변하게 될 것이다.

가족의 본질적 요소는 부부 두 사람이 일생 동안 서로를 소유하고 같이 사는 것이다. 결혼의 안전성을 보장해 주는 것은 이와 같이 두 사람만이 갖는 배타적인 관계(exclusive relationship)이다. 가족은 동요하는 세계 속에서 하나의 안정된 집단이다. 가족은 덧없는 세상에서 변하지 않는 집단이다. 어린이의 삶 속에서 가족은 변하지 않는 것이다. 가족을 제거해 버리면, 사회의 기초는 무너지게 된다. 기본적 불안은 불안으로 바뀌게 된다. 그리고 삶과 사람에게 그 불안이 미치는 궁극적인 영향은 참으로 무서운 것이다. 사람의 정상적인 정신과 건강을 유지하게 하는 것은 안정감이다. 사람을 불안하게 만들고 정신병자로 만드는 것은 불안감이다. 가정의 중심적인 안정을 제거하라, 그러면 국민의 전체 생활이 큰 타격을 받게 된다. 파괴된 가정에서 대개 문제의 비행 청소년이 나온다. 가정의 안정성은 가정의 중심이 되는 두 사람(부부)만이 갖는 배타적 관계에 의존한다.

2) 결혼 전의 성교를 요구하는 것은 책임 없는 특권(privilege without responsibility)을 요구하는 것이다.

결혼 전의 성교를 요구하는 것은 선물을 주는 사람의 복리에 대한 상응하는 책임을 받아들이지 않고 결코 대치될 수 없는 것을 선물로 어떤 사람으로부터 강요하는 것이다. 여인에게 있어서 자기의 처녀성을 내주는 것은 결코 다른 것으로 대치할 수 없는 것을 내주는 것이다. 처녀성을 내준 다음에 그녀는 문자 그대로 변화된 사람이다. 그러한 선물을 마치 아무 것도 아닌 것처럼 받아들이는 것은 무책임한 일이다. 아무 것도 주지 않고 모든 것을 요구하는 것은 명예를 존중하고 책임을 중요시하는 사람의 행위가 아니다.

3) 결혼 전의 성교를 요구하는 것은 위임 없는 권리(rights without commitment)를 요구하는 것이다.

성교는 관계의 시작이 아니라 관계의 완성이다. 성교의 자연스러운 목적은 자녀이다. 자녀를 낳기 위하여 이 본능이 인간의 본성 속에 주어졌다. 그러므로 성교의 결과로 자녀가 생산되는 것을 불행한 일로 생각하면서 갖는 성교는 잘못된 것이라고 단순히 판단할 수 있다. 서로 완전히 자기 자신을 상대방에게 위임한 두 사람만이 자녀를 이 세상에 태어나게 할 권리를 갖고 있다. 왜냐하면 자녀의 복리는 그들의 위임에 의존하고 있기 때문이다. 권리에 상응하는 위임 없이 권리만을 요구하는 것은 확실히 잘못된 것이다.

우리는 또한 이 문제를 보다 넓은 맥락(context)에서 살펴보지 않으면 안 된다. 프로이트(Freud)는 다음과 같이 기록했다. "우리는 원시적 충동을 만족시킬 것을 희생하는 것에 의하여 문명이 수립되었다고 믿는다. 각 개인이 공동의 이익을 위하여 그의 본능적 쾌락의 희생을 반복하는 정도에 따라 문명은 재창조된다고 우리는 믿는다." 이것은 충동과 본능에 대한 훈련된 억제가 인간을 인간답게 만들고 동물로 만들지 않는다는 것을 말해 주고 있다. 이 훈련된 억제가 문명 사회를 건설하였다. 그리고 문명 사회는 이 훈련된 억제에 의존하고 있다. 만일 이러한 훈련을 계속할 것을 일반적으로 거부하면, 만일 원시적 본능을 만족시키는 일을 권리로 간주하게 되면, 사회의 붕괴가 예기된다. 죤 코트(John H. Court)는 역사가 언윈(J. D. Unwin)이 88개의 다른 문명들을 연구하고 그 연구로부터 다음과 같은 패턴(pattern)을 발견했다고 말했다. "모든 문명은 엄격한 도덕법(moral code)을 지킴으로써 수립되고 또 공고하게 되었고 또 엄격한 도덕법이 지켜지는 동안 문명은 유지되었다. 성적 방종이 허용될 때에 문명은 부패하게 되었다. … 어느 인간 사회이든지 자유롭게 위대한 힘을 발휘할 것을 선택하거나 또는 성적 자유를 즐길 것을 선택할 수 있다." 성적 표준이 해이해지면 그것이 개인뿐만 아니라 민족 전체의 복리를 위협한다는 것을 보여주는 것이 역사의 교훈이라고 말할 수 있다.

우리가 검토해 봐야 할 두 번째로 큰 문제는 동성애(homosexuality)의 문제이다. 남자중 약 6퍼센트가 동성애를 하고 있고 여자중 약 6퍼센트도 역시 동성애를 하고 있는 것으로 추산되고 있다. 사회내의 이러한 상황의 문제는 결코 무시될 수 없는 것이다.

우리는 성의 이 방법에 대하여 성서적 태도로 시작한다. 우리는 성서에서 세 가지를 살펴보아야 한다.

1) 창세기 19장 1-11절에는 동성애의 다른 명칭인 소도미(Sodomy)의 근원을 밝혀 주는 옛 이야기가 나온다.

롯에게 두 천사가 방문객으로 찾아왔다. 그러나 롯이 그들을 자기 집에 모셔들였을 때에 소도미 사람들은 그들의 정욕을 만족시키기 위하여 그들을 자기들에게 넘겨 줄 것을 요구하면서 그의 집을 포위하고 그를 위협하고 폭력까지 사용하였다. 이 이야기는 옛날에도 동성애가 있었다는 것을 말해 준다. 구약 성서의 종교는 동성애를 증오했다.

2) 영어 성서 흠정역(A.V.)은 오히려 남색자들(sodomites)에 관하여 오해하기 쉽도록 언급하고 있다.

바알의 신전에는 성창들이 있었는데 그들과 성교를 갖는 것은 예배 행위였다는 것을 우리는 이미 앞에서 언급하였다. 이것은 많은 고대 종교의 배후에 있었던 생명력의 예배(the worship of the life force)의 일부분이었다. 그러나 이러한 고대 사원들 안에는 여창(female prostitutes)만이 있었던 것이 아니라 남창(male prostitutes)도 역시 있었다. 사원들은 동성애의 실천 장소였다. 우리에게는 알기 어려운 내용이 신명기 23장 17-18절에 있다.

"이스라엘 여자 중에 창기가 있지 못할 것이요 이스라엘 남자 중에 미동이 있지 못할찌니 창기의 번 돈과 개 같은 자의 소득은 아무 서원하는 일로든지 네 하나님 여호와의 전에 가져오지 말라 이 둘은 다 네 하나님 여호와께 가증한 것임이니라."

이러한 성창들에게 지불되는 돈은 하나님께 바치는 연보로 간주되었다. 남창은 대개 '개'라고 불려졌다. 이 구절은 고대 사원에서 찾아볼 수 있었던 남창과 여창에 관하여 언급하고 있다.

이 남창에 관하여는 상당히 자주 언급되고 있다. 르호보암이 통치하던 때의 악중에 남색이 있었다. "그 땅에 또 남색하는 자가 있었고"(왕상 14:24). 선한 왕의 전형적인 행동으로서 아사에 관하여 다음과 같이 언급되어 있다. "남색하는 자를 그 땅에서 쫓아내고"(왕상 15:12). 여호사밧에 관하여 다음과 같이 언급되어 있다. "저가 그 부친 아사의 시대에 남아 있던 남색하는 자를 그 땅에서 쫓아내었더라"(왕상 22:46). 요시야에 관하여 다음과 같이 언급되어 있다. "또 여호와의 전 가운데 미동의 집을 헐었으니"(왕하 23:7). 우리는 이러한 관습이 유대인 종교에 얼마나 뿌리깊게 박혀 있었는가를 볼 수 있다.

3) 구약 성서에서는 동성애는 용서 없이 정죄되고 있다.

레위기는 다음과 같이 말한다. "너는 여자와 교합함 같이 남자와 교합하지 말라 이는 가증한 일이니라"(레 18:22). 그리고 조금 뒤에 있는 구절은 동성애를 하는 자를 죽음의 벌로 처벌할 것을 규정하고 있다(레 20:13). 신약 성서에서 바울은 동성애의 관습을 이방 세계의 도덕적 부패의 일부분이라고 말하고 있다(롬 1:26, 27). 그리고 바울은 고린도인에게 보낸 편지에서 동성애는 크리스천들이 그것으로부터 정화되어 구원받은 죄들 중의 하나로 열거하고 있다(고전 6:9).

기독교가 전파된 헬라와 로마 세계 안에 있었던 동성애의 관습을 한 번 살펴보자.

동성애는 헬라 사회의 상류층으로부터 하류층에 이르기까지 구석구석에 침투되어 있었다. 동성애는 헬라인 삶의 일부분으로 되어 있었다. 어떤 사람이 기술한 바와 같이, 고대 헬라를 "성욕 도착자의 낙원(pervert's paradise)"이라고 말하는 것은 비록 공평하지 못할지 모르나 그와 같이 말하는 것도 어렵지는 않다. 어떤 작가는 "헬라인의 품성 속에 동성애가 뿌리 깊이 박혀 있었다"고 말했다. "국민 전체가 그들이 마시는 공기와 함께 해독을 빨아들였다"고 또 다른 사람은 말했다. 퇴폐는 "개인적인 것이 아니라 사회적인 것이었고 스스로 안에서 자란 토착적인 것이었다"라고 또 다른 사람은 말했다.

사실들을 아주 단순하게 살펴보자. 헬라에서는 이 관습이 동성애라는 이름으로 불려지지 않고 남색(pederasty)이라는 이름으로 불려졌다. 이 말은 헬라어로 문자 그대로 소년들의 사랑이다. 헬라인들이 이 말을 선택한 이유는 동성애라는 말은 한결 같이 나쁜 의미를 함축하고 있었기 때문이었다. 남색이란 말도 나쁘게 되었으나 이 말은 타락한 면과 동시에 고상한 면도 갖고 있다. 헬라에서는 이 말은 추악하지 않고 아름다운 어떤 것을 기술(記述)하는 데 사용될 수 있었다. 이 말은 노인과 열 다섯 살 때부터 열 아홉 살 때까지의 젊은이들 사이에 관계를 기술하는데 사용될 수 있었다. 이 관계는 정신적인 면에서 아버지와 아들 사이의 관계보다 더 친밀한 것이었다. 헬라에서는 이것의 두 면이 있었다는 것을 기억하는 것이 공정하다. 그리고 이것의 두 면을 기술하는데 오직 하나의 낱말이 있다는 것도 역시 기억하는 것이 좋다. 우리는 이것의 좋은 면과 나쁜 면을 살펴볼 것이다.

남색 또는 동성애가 헬라인의 품성 속에 뿌리 깊게 박혀 있었다는 것을 우리는 이미 언급했다. 그러나 호머(Homer)에게는 아직 그것이 존재치 않았다는 것을 살펴볼 가치가 있다. 이것은 비교적 늦게 발전했다. 헬라인들은 헬라인들의 전형적인 교육이 된 체육에까지 그것의 기원을 소급시키고 있다. 체육은 연무장에서 행해졌다. 체육을 할 때에는 옷을 벗고 나체로 했다. 헬라인들이 보고 있는 바와 같이 여기서 남색의 관습이 시작되었다. 옛 로마의 작가였던 엔니우스(Ennius)는 다음과 같이 말했다. "시민들 사이에서 옷을 벗고 알몸을 노출시키는 것이 악의 시작이다"(Cicero, *Tusculans* 4. 34). 플라토도 그의 작품 속에 등장하는 인물로 하여금 다음과 같이 말하게 하였다. "남색은 알몸으로 하는 운동에 대하여 치른 대가이다"(*Symposium*, 634). 몸과 몸의 아름다움을 예찬하는 데는 위험이 따랐다.

헬라에서 남색이 상류층에 침투했던 것과 같은 정도로 보통 서민에게 침투했다는 징조는 보이지는 않는다. 사실 이 남색은 지성인과 귀족의 죄였다고 말할 수 있다. 이 관습을 증오했던 루시안(Lucian)은 다음과 같이 신랄하게 말하고 있다(*Am* 51). "결혼 계약은 모든 다른 남자들을 위해 있는 것이었다. 철학자들은 소년들에 대한 그들의 애정에 탐닉할 수 있었다." 사실 철학 학교의 교장은 사랑하는 사람으로부터 사랑을 받는 사람이 될 수 있는 길을 갖고 있었다. 아카데미(Academy)에서 폴레몬(Polemon)은 크제노크라테스(Xenocrates)의 뒤를 이어 교장이 되었고, 또 크라테스(Crates)는 폴레몬의 뒤를 이어 교장이 되었고, 알세실아우스(Arcesilaus)는 크란톨(Crantor)의 뒤를 이어 교장이 되었고, 헤르미아스(Hermias)는 아리스토틀의 뒤를 이어 교장이 되었다. 모든 경우에 있어서 선생과 그의 계승자 사이에는 동성애의 관계가 있었다. 동성애의 지지자는 모두 교양 있는 지성인 계층 출신이라고 단정하는 것은 전적으로 공정치 못할 것이다.

헬라인의 삶의 영역에서 동성애의 관계가 현저한 영향을 준 곳이 있었다. 무인(武人)들 사이에서 동성애가 시작되었다고 종종 주장된다. 아마 동성애는 독일 사람들이 무사의 전우애 (Kriegskameradschaft)라고 부르는 것의 결과였을 것이다. 소크라테스는 다음과 같이 말했다. "영웅심과 희생 정신을 발휘하도록 서로 격려하는 애인들의 쌍들로 조직된 군대는 가장 강하다"(Plato, Symposium 178 E : Xenophon, Symposium 8. 32). 역사상에 가장 투지력이 강한 유명한 군대는 테반 (Theban) 군대였다. 테반 군대는 사실 동성애의 전우들로 구성되어 있었다(Plutarch, Pel. 18). 용맹과 용기와 남성대 남성의 사랑이 서로 협조했다.

가장 이상한 일 중의 하나는 동성애의 관계가 헬라 정치에 굉장히 큰 영향을 주었다는 것이다. 비록 할모디우스(Harmodius)와 아리스토게이톤(Aristogeiton)이 합세하여 피시스트라투스(Pisistratus)에게 반항하는 반란을 일으킨 것이 그들에게는 비극적으로 끝났지만, 그들이 그에게 대항해서 반란을 일으켰을 때에 자유가 역사상 가장 큰 타격을 받았다. 이 모든 비극적 일의 발단은 아리스토게이톤이 젊은 할모디우스를 사랑하고 있었는데 피시스트라투스가 할모디우스를 빼앗으려고 한 데서 비롯되었다. 이러한 원인에서 반란이 일어나게 되었다. 동성애를 역시 중오했던 푸르타크는 비록 자유로운 사랑이 조용한 상태에 머물 수 있으나 "그러나 폭군이 그들이 사랑하던 소년을 꾀기 시작하자마자, 애인들은 비록 불가침의 성역을 방어하는 것이 의문시될 때에도 그들의 생명을 걸고 반항했다" 고 설명했다(Plutarch, Erot. 929). 동성애의 사랑의 힘은 그와 같이 강한 것이었기 때문에 그들이 독재자의 지배를 받고 있을 때에도 독재자에게 반항할 수가 있었다.

그러나 헬라에서 동성애의 중심은 교육에 있었다. 우리는 그 상황을 이해하지 않으면 안 된다. 교육적으로 가정이 소용없었다. 왜냐하면 어머니는 교육을 받지 못하여 무식하였고 또 아버지는 도시와 국가의 일에 너무나 분주했기 때문에 그의 아들을 돌볼 수 없었기 때문이었다. 학교는 무시되었다. 왜냐하면 헬라인들은 보수를 받고 가르치는 사람들에 대한 뿌리 깊은 반감을 갖고 있었기 때문이었다. 소년이 열 다섯 살부터 스무 살까지 5년 동안 어떤 훌륭한 사람을 따라 어디든지 다니면서 어른이 되는 것을 배우는 일이 흔히 있었다. 여기서 정반대의 가능성이 생겨나게 되었다. 이런 종류의 남색의 요소, 즉 젊은이에 대한 사랑은 성적인 것과는 전혀 관계가 없는 것이었다고 말할 수 있다. 여기서 젊은이는 성인 남성을 사모하게 되었고 그 남성은 사모의 대상이 될 만큼 되기 위해서 무척 애를 쓰는 상황이 생기게 되었던 것이다. 그러나, 마로우(Marrou)가 말하고 있는 바와 같이, 헬라에서는 그러한 관계가 항상 음울하고 육적인 것으로 타락할 위험이 있었다. 물론, 고상한 관계도 있었다. 그러나 헬라인의 교육 상태가 이러한 상태에 있었기 때문에 헬라의 법은(이 법을 지키는 것보다는 어기는 것을 더 명예스럽게 생각했다) 성인들을 학교와 체육관으로부터 정식으로 추방하였고 어떤 교사도 날이 저물어 어두운 다음에는 학생을 가르치는 것을 허용치 않았다(Aeschines, *Against Timarchus* 9. II). 헬라의 교육이 철저하게 동성애적인 것이었다는 것은 불행한 일이었다.

그 결과 헬라의 문학 속에는 동성애의 주제가 뻔뻔스럽게 흐르고 있다. 플라토의 「심포지움(Symposium)」은 모든 문학 가운데서 사랑에 대한 가장 위대한 작품 중의 하나로 항상 언급되고 있다. 그러나 이 사랑은 동성애의 사랑이라는 것을 기억하지 않으면 안 된다. 바로 이 작품의 서두는 이렇게 시작하고 있다. "인생을 시작하는 젊은이에게는 유덕한 애인보다 더 큰 축복은 없으며, 사랑하는 애인에게는 사랑스러운 젊은이보다 더 큰 축복이 없다는 것을 나는 알고 있다." 아에스키네스(Aeschines)는 아주 명백하고 솔직하게 다음과 같이 말했다. "잘생기고 예의 바른 소년을 좋아하는 것은 모든 민감하고 자유로운 정신을 갖고 있는 사람들에게는 자연스러운 경향이다." 루시안(Lucian)은 「라피드스의 잔치(Feast of the Lapiths)」에서 다음과 같이 기록하였는데 이것은 그 자신의 의견이 아니라 일반 여론을 요약한 것이다. "결혼을 필요로 하지 않고 플라토와 소크라테스의 뒤를 이어 동성애의 사랑으로 만족하는 것이 보다 좋다." 루시안의 허모티무스(Hermotimus)에서 소크라테스는 "아름다운 소년들에 대한 당신의 태도는 어떤 것입니까?"라는 질문을 받고 다음과 같이 대답했다. "그들이 어떤 무모한 멋진 일을 한 다음에 그들의 키스는 용감한 자에게 주는 보상이 될 것이다!"

소포클레스(Sophocles)와 같이 경건한 인물도 동성애 스캔들(scandal)에 관련되어 있었다. 그는 젊은이를 만났다. 젊은이는 그들이 누울 수 있는 낡은 헤진 겉옷을 땅에 깔아 놓았다. 소포크레스는 그 낡은 겉옷 위에 그의 비싼 새 겉옷을 덮어놓았다. 그들이 일어났을 때에 젊은이는 소포크레스의 비싼 겉옷을 갖고 도망쳤다. 그러므로 그에게는 다 헤진 낡은 겉옷만이 남게 되었다(Athenaeus 605). 이러한 일이 있은 다음에도 소포크레스는 경건의 모델로 여전히 여겨졌다.

플라토는 동성연애자들의 행동을 다음과 같이 기술한다. "그들은 그들이 사랑하고 아끼는 소년들을 위하여 해줄 수 있는 모든 것을 한다. 그들은 그들의 구애를 뒷받침하기 위하여 간곡히 간청하고 또 애원한다. 그들은 맹세를 한다. 그들은 그들이 사랑하는 사람 집 문간에서 밤을 새운다. 그들은 그들이 사랑하는 사람을 위하여 참는 노예가 되었다. 아마 진짜 노예도 이렇게 참을성이 강하지는 못할 것이다." "그들의 애인이 계속 사용하던 수금(竪琴), 옷 그리고 그밖에 다른 것을 보면 그들은 흥분하고, 또 이 물건들의 어느 한 가지라도 보게 되면, 비록 그들의 애인이 그 자리에 없을지라도 그들이 사랑하는 애인의 이미지(image)를 불러일으키기에 충분하다"고 그는 기술하고 있다(Symposium 183 A. 73 D).

플로타크는 동성애의 전반적인 일을 보고 놀란다. "동성애는 부모가 노년에 늦게 얻은 막내아들, 또는 합법적인 사랑인 형을 몰아내고, 그 자리에 자기가 대신 들어앉으려고 시도하는 어두움의 사생아와 같다. 어제 동성애를 하는 사람인 젊은이들이 그 속에서 운동을 하기 위하여 옷을 벗는 우리 체육관에 몰래 들어왔다. 맨 처음에 그는 아주 조용히 소년들을 만지며 포옹했다. 그러나 이 경기장에서 그의 날개는 점점 자라게 되어 아무도 그를 억제할 수 없게 되었다. 지금 그는 정상적인 부부간의 사랑을 멸시하고 그것을 진흙탕에 내던졌다"(Erotikos 751F). 남창 집이 있었다. 비록 매음 행위를 하는 젊은이는 멸시를 받고는 있었으나 매음 행위를 하는 소년들이 거리에서 활보하고 있었다.

이것은 징그럽고 몹시 불쾌한 장면이다. 이러한 세계 속에 기독교 윤리가 들어오게 되었다. 그러나 한 가지 기억해야 할 일이 있다. 그리고 이것은 모든 사실 중에서 가장 놀라운 사실이다. 모든 것에도 불구하고 헬라에 있어서 말년에는 동성애가 보편적인 것이었다. 그러나 그것은 비정상적인 것으로 간주되었고 결코 합법적인 것이 아니었다. 우리는 플라톤이 무엇이라고 말했고 또 어떻게 행동했는가를 이미 살펴보았다. 그가 최후로 저술한 저서는 「법률론(Laws)」이다. 그는 이 저서에서 그의 이상 국가에서 동성애를 추방했다.

그는 이 저서에서 여러 번 동성애를 공박했다. "남성 대 남성의 성교와 여성 대 여성의 성교는 자연스러운 순리에 역행하는 것이요 본래 억제되지 못한 정욕에서 기인한 철면피한 시도이다"(636). "개인과 도시들에게 수없이 많은 악을 끼치는 동성애의 부자연스러운 사랑에 대하여 우리는 어떻게 경계할 수 있는가? 우리는 그렇게 큰 위험을 어떻게 피할 수 있는가"(836). "우리는 남성 대 남성의 성관계를 완전히 없애버리지 않으면 안 된다"(841). 플라톤 자신이 동성연애자인데도 다음과 같이 기록하였다는 것은 매우 중요한 의미가 있다. "어느 누가 그러한 관습을 법으로 정할 것을 생각할 것인가? 확실히 법의 참다운 이미지를 마음 속으로 생각하는 사람은 그러한 일을 시도하지 않을 것이다"(836). 역사상에 가장 동성애가 성행하던 사회에서 동성애를 합법화하려는 것은 미친 사람의 행동으로 간주했다는 것은 매우 의미 깊은 사실들 중의 하나이다. 헬라 사람들은 동성애의 노예들이었다. 그러나 그들은 자기 자신들이 노예라는 것을 알고 있었다.

자 그러면 지금부터 로마 세계의 형편을 살펴보자. 바울은 로마서(롬 1:18-32)에서 로마인의 세계를 호되게 고발하였다. 동성애의 관습을 굉장히 혐오스러운 죄로 여겨지던 때가 있었다. 동성애를 하던 사람들 중의 하나였던 백부장 라에토리우스 메르구스(Laetorius Mergus)는 자살했다. 많은 면에서 로마인은 헬라인을 정복하였다. 그러나 도덕적인 면에서는 정복자인 로마인이 피정복자인 헬라인에게 정복당한 때가 왔다.

헬라에서 보다 로마에서 동성애는 더 나쁘게 타락한 모습으로 나타났다. 로마에서는 동성애의 나쁜 면을 보상할 만한 좋은 면이 전혀 없었다. 어떤 사람이 로마인의 동성애에 관하여 언급한 바와 같이, 그들의 동성애는 노골적이고, 저속하고, 조잡하고, 그리고 더러운 것이었다. 재판에서 이기기 위하여 그리고 영향력 있는 사람의 표를 얻기 위하여 아름다운 소년들을 소유하고 있는 사람들이 아름다운 소년들을 뇌물로 바치는 일까지 있었다(Cicero, *To Atticus* 1. 16).

로마의 동성애의 희생자들은 헬라의 동성애의 희생자 보다 더 나쁜 대우를 받았다. 그들은 거세되어 고자들로 만들어졌다. 동성애의 희생자들은 항상 젊음의 부드러움을 유지하도록 육체적 성장이 억제되었다. 그러나 노예들은 수염의 뿌리조차 뽑아 항상 매끄럽게 수염 없는 얼굴을 갖게 만들어졌다고 세네카는 우리에게 말해 준다.

어떤 가정에서는 노예들을 인종과 피부색에 의하여 분류해 놓았다. 이와 같이 주의 깊게 분류해 놓는 것은 다른 계급의 사람이 서로 뒤섞이지 않게 하기 위해서였다. 예를 들면, 뻣뻣한 머리털을 가진 사람과 곱슬머리를 갖고 있는 사람이 서로 섞이지 않도록 분류되어 있었다. 당신은 어떤 귀족들의 여행 일행 중에서 햇빛과 바람과 비에 그들의 꽃다운 젊음이 파괴되지 않도록 얼굴이 가리워지거나 피부를 보호하기 위한 화장을 한 젊은이들을 만나 볼 수 있을 것이다(Seneca, Moral Letters 47. 95. 123). 때때로 이 남자들은 신부와 같이 베일과 옷자락과 주름진 옷으로 장식될 만큼 여성화되었다(Juvenal, Satires 2. 124).

기본(Gibbon)이 언급하고 있는 바와 같이, 맨 처음 열 다섯 명의 로마 황제 중에서 정상적이었던 크라우디우스(Claudius) 한 사람의 본보기를 제외하고 열 네 명은 모두 동성연애자들이었다는 것을 기억하는 것보다 로마인의 사회가 동성애의 노예가 되어 있었다는 것을 더 잘 살펴볼 방도가 없다. 왜곡된 성생활을 한 황제들의 명단을 살펴보는 것이 무엇보다 로마인의 사회의 도덕적 상태를 잘 볼 수 있는 길이다.

쥴리우스 시저(Julius Caesar)는 비디니아(Bithynia)의 왕 니코메데스(Nicomedes)의 유명한 애인이었다. 도라벨라(Dolabella)는 그를 "여왕의 경쟁자이며 또 황실의 침상의 은밀한 파트너이다"라고 불렀다. 장군이 전쟁에서 승리하면, 병사들은 조잡하고 모욕적인 노래를 부르도록 허용되었다. 병사들에게 이러한 노래를 부르도록 허용하는 목적은 분명히 정복자를 겸손하게 하기 위한 것이었을 것이다. 그래서 시저가 전쟁에서 승리하였을 때에 병사들은 다음과 같이 노래했다. "시저는 고올족(Gauls) 전부를 정복했다. 그러나 니코메데스가 그를 정복했다"(Suetonius, *Caesar* 49).

　아우구스투스(Augustus)가 시저의 뒤를 이어 황제가 되었다. 아마 그의 이름은 로마 제국 역사상 가장 유명하다. 그는 스캔들(scandal)을 만들어 내는 사람들에 의해서도 가장 유명한 사람이라고 말해진다. 아우구스투스는 시저가 그의 애인이 되는 것을 허락함으로서 그를 시저의 후계자로 임명해 줄 것을 시저에게 설득했다. 그는 또한 아우루스 히르티우스(Aulus Hirtius)에게 그의 몸을 소유할 것을 허용함으로서 3십 만 세스터스(sesterces, 옛 로마의 화폐 단위-역주)의 재산을 얻게 되었다고 전해지고 있다(Suetonius, *Augustus* 48). 티베리우스(Tiberius)는 그의 소년들을 너무 가혹하게 동성애의 행위에서 변태적으로 다루었기 때문에 그 소년들은 동성애의 행위를 치룬 다음에는 몸을 움직일 수 없을 정도로 되었다고 한다(Suetonius, *Tiberius* 43).

　네로(Nero)에게서 이 일이 최고 절정에 달했다. 오히려 이 일에 깊이 빠지게 되었다고 표현하는 것이 보다 좋을 것이다. 그는 스포루스(Sporus)라는 소년을 취하여 거세해 버렸다. 그는 제왕의 결혼의 모든 예식을 갖추어 공개적으로 그와 '결혼했다.' 그리고 그와 거리를 누비며 행진한 후에 집으로 데려왔다. 그는 도리포루스(Doryphorus)라고 불려지고 있던 해방된 노예와 결혼했다. 이때에도 그는 실지로 결혼 예식을 갖추어 맞이했다. 후에 그는 도리포루스로 하여금 "처녀성을 빼앗길 때에 처녀가 소리내어 탄식하며 우는 소리를 모방하게 만들기조차 했다"(Suetonius, *Nero* 28, 29).

　타이터스(Titus)와 같이 선한 황제도 "그가 거느리고 있던 미동(美童, 남색의 대상-역주)과 환관들의 무리"로 악명이 높았다. 하드리안(Hadrian)은 안티누스(Antinous)를 총애하여 가는 곳마다 데리고 다녔다. 안티누스가 물에 빠져 죽었을 때에 하드리안은 '여인처럼 슬피 울었다.' 그리고 그는 안티누스의 이름을 신들의 명단 속에 포함시킬 것을 헬라인들에게 설득했다(Life of Hadrian 14).

이것은 로마 황제들의 성도착의 불쾌한 목록이다. 로마 사회는 가장 높은 데서 가장 낮은 데 이르기까지 동성애에 물들어 있었다. 이러한 도덕적 분위기와 풍토 속에 기독교가 전래되었다.

그러나 헬라의 경우에서와 같이 로마인들도 역시 동성애를 결코 합법적인 것으로 만들려고 시도하지 않았다는 것을 우리는 다시 한 번 주목해 보지 않으면 안 된다. 동성애를 금하는 법은 결코 폐지되지 않았고 1세기 말에 도미티안(Domitian)에 의하여 사용되었다.

동성애는 언제나 골치 아픈 문제였다. 그리고 이것은 현대에는 가장 두드러지게 부각된 문제이다.

우리는 이 문제에 대하여 무엇이라고 말해야 하는가?

우리 크리스천에게는 동성애를 금하는 성서의 증거가 있다는 사실로부터 논의를 시작할 수 있다. 동성애를 정당화하고자 하는 사람들은 구약 성서나 신약 성서의 가르침 속에는 그들이 주장하는 동성애를 정당화하지 않고 있다는 사실로부터 시작하지 않으면 안 될 것이다. 그러나 이 문제가 그렇게 간단하지만은 않다. 우리는 솔직하게 직접적으로 동성애의 부정적인 면만을 단순히 언급하는 이상의 일을 하지 않으면 안 된다.

여기에 어떤 문제들이 있다. 첫째로, 동성애에 관하여 논의하는 것에 난점이 있다. 대부분의 사람에게는 동성애는 '부자연스러운 것'과 도착된 것이다. 음행과 간음은 '자연스러운 것'이다. 누구나 간음이나 음행을 범할 수 있는 가능성이 있다는 것을 인정할 것이다. 그러나 동성애를 언급할 때에는 많은 사람들이 "그것은 한 가지 죄이기는 하지만, 나는 이해할 수 없는 한 가지이다"라고 말한다. 그것의 부자연스러움 때문에 논의가 어렵다.

그러나, 둘째로, 논의를 더욱 어렵게 만드는 것이 있다. 여러 가지 종류의 동성연애자들이 있다. 체질상 동성연애자가 될 수밖에 없는 사람들도 있다. 그는 그가 그렇게 되도록 선택하지 않았어도 그는 그렇게 되어 있다. 그가 동성연애자가 된 것은 자기의 잘못이 아니다. 그는 그렇게 될 수밖에 없었다고 다만 말할 수밖에 없다. 그는 그가 후천적으로 획득하지 않은 비정상성이 그의 속에 있다. 그 비정상성은 그의 존재의 요소의 일부분이다. 그것은 그가 자진해서 선택한 것의 일부분이 아니다. 그에게 있어서 그것은 선천적으로 그에게 주어진 것이다.

그러나 이러한 종류의 동성연애자도 태도에 있어서는 다양하다. 어떤 동성연애자들에게는 그들의 조건이 그들에게 고통이다. 그들은 자기들이 보통 사람들과는 다르다는 것을 잘 알고 있다. 그들은 그들을 움직이고 있는 욕망을 알고 있다. 그들은 몹시 괴로워한다. 그들은 자기들이 동성연애자들인 것을 몹시 불행하게 생각한다. 종종 이러한 경우에 사람은 그의 조건을 잘 알고 있다. 그러나 이러한 조건에도 불구하고 그는 동성애를 실천하지는 않는다. 이러한 종류의 사람에게 그의 조건은 비통한 것이다. 그리고 그의 인생은 외로운 것이다. 그러나 그들의 조건이 그들에게는 완전히 자연스러운 것으로 생각하고 그 조건을 환영하는 다른 동성연애자들도 있다. 그들은 동성애에서 조금도 잘못된 것을 느끼지 못한다. 그들은 동성애로부터 '치료받기'를 원치 않는다. 그들은 체질적으로 동성연애자들이다. 그들은 그 사실을 조금도 숨기려하지 않는다. 그들은 자신들이 비정상적이라고 생각지 않으며 동성애를 아주 자연스러운 것으로 실천한다. 어떤 경우에는 그들이 다른 사람들에게 자기들과 같이 동성연애자가 될 것을 설득하기도 한다. 첫째 종류의 동성연애자의 경우에는 우리가 남자 또는 여자를 만나도 그의 조건을 우리가 알 수도 없고 짐작할 수도 없다. 둘째 종류의 동성연애자의 경우에 있어서는 결코 자기들이 동성연애자라는 것을 숨기려하지 않는다. 어떤 경우에는 비정상의 깊은 고뇌가 있다. 그러나 다른 경우에는 비정상의 의식이 전혀 없다. 비록 다른 보통 사람과 다른 점이 있다는 것을 의식할지라도, 비정상적인 것이 있다는 것을 받아들이려 하지 않는다.

그러나 두 번째 종류의 동성연애자들이 있다. 문제가 되는 것은 바로 이런 종류의 사람들이다. 이 종류의 동성연애자들은 선천적으로 태어난 것이 아니라 자기들 스스로가 선택하여 동성연애자들이 된다. 말하자면, 이러한 종류의 사람들은 정상적인 성경험에서는 만족하지 못한다. 이들은 일부러 새로운 경험을 찾아 나서는데 이들에게 있어서 새로운 경험은 도착된 성경험이다. 그는 '유쾌한 흥분'을 얻기 위하여 동성연애자가 된다. 그러한 사람은 다른 사람을 자기 자신이 즐기고 있는 성도착 속으로 유인하여 부패하게 만드는 데서 쾌감을 얻는 경우도 있다. 이러한 사람의 행위를 정당화하기도 어렵고 또 이러한 사람을 동정할 수도 없다. 동성연애자가 될 수밖에 없기 때문에 할 수 없이 동성연애자가 된 사람을 동정할 수밖에 없고 또 그들을 이해하도록 노력해야 한다. 비정상적이고 도착된 성에서 새로운 쾌감을 얻기 위하여 동성 연애를 하는 사람에게는 오직 정죄만이 있을 뿐이다.

'볼펜덴 보고(the Wolfenden Report)'의 결과로 사실상 서로 동의한 성인들 사이에서 행해지는 사적인 동성애의 행위는 합법화되었다. 적어도 이러한 합법화의 이유의 일부분은 전에 악명 높은 죄로 지탄을 받던 동성애가 좀 완화된 것이다. 대개 사람은 파렴치한 사람의 꾀임에 빠져 동성 연애를 함으로써 동성연애자가 된다. 파렴치한 사람은 인간 관계를 악명 높은 동성애의 수단으로 사용한다. 이렇게 악명 높은 동성연애자는 거기에서 헤어나올 수 없는 위치에 떨어지고 만다. 왜냐하면 그는 자기 자신이 법을 어긴 범법자라는 것을 시인하지 않고는 법의 보호를 받을 수 없기 때문이다. 또 자기 자신이 법을 어긴 범법자라는 것을 시인한다는 것은 그들의 처지가 세상에 비참스럽게도 널리 알려지는 계기를 만든다. 성인들 사이의 동성애를 합법화함으로서 이것을 악명 높은 죄로 규정하던 것이 끝나게 된다. 그러나 이 보고서는 동성애의 실천을 일반적으로 합법화하려고는 하지 않았다. 어린 소년과의 동성애는 여전히 불법이다.

법률의 관점에서 보다는 기독교 윤리의 관점에서 우리는 이것에 관하여 무엇을 말해야 하는가? 우리는 여기서 본질적으로 선천성 동성연애자와 일부러 자기 자신을 왜곡시키고 또 다른 사람들을 부패시키기 위하여 동성연애를 하는 사람 사이에 차이가 있다는 것을 기억하지 않으면 안된다.

만일 성서의 권위를 받아들인다면, 동성애의 행위는 나쁜 것으로 금지되어 있다는 사실에서부터 논의를 시작하는 것을 피할 수 없다. 성서적 관점에서 볼 때에 비록 어떤 사람이 동성연애자임(being)을 비난할 수 없을지라도, 그가 동성애를 실천하고 있는 데(practising) 대하여는 비난할 필요가 여전히 있다는 것을 이것은 의미하고 있는 듯이 보인다.

두 가지는 분명하다. 일부러 왜곡한 동성애는 불법적인 것으로 정죄된 상태로 남아 있어야 한다. 그리고 두 번째로, 동성애의 실천을 일부러 선전하는 것, 다른 사람들에게 동성연애자가 되도록 설득하는 것, 동성애를 널리 광고하는 것은 금지된 상태로 남아 있지 않으면 안된다. 지금까지 논한 내용에서 볼 때에 크리스천이 동성애에 대하여 취할 태도가 어떤 것인지는 명백하다. 그러나 본질적으로 동성연애자로 타고난 사람의 행동에 대하여 기독교 윤리가 무엇을 말해야 하느냐의 물음에 대해서는 답하기가 좀 어렵다. 오늘날 법은 이러한 사람을 위하여 어떤 규정을 정해 놓았다. 그러나 합법적인 것이 반드시 기독교적인 것은 아니다. 어떤 사람이 정부와 함께 사는 것을 법적으로 금한 법은 없다. 그러나 기독교 윤리는 이러한 상황을 바른 것으로 받아들이지 않는다.

우리는 세 가지를 언급하면서 우리의 논의를 시작할 수 있다. 첫째 것은 우리가 이미 언급했다. 만일 우리가 성서의 권위를 받아들인다면, 동성애는 금지된 것이다. 성서의 권위를 받아들이는 사람은 동성애가 우리 나라의 법에 있어서는 합법적이라는 사실에 호소하면서 그의 논의를 시작할 수는 없을 것이다. 만일 그가 크리스천이라면, 그는 그가 신앙과 생활의 최고의 규율로서 받아들이는 성서의 윤리의 바른 입장에서 그의 논의를 시작하지 않으면 안 될 것이다. 둘째로, 불가피하게 동성연애자가 된 사람을 정리하는 것은 잘못이요 또 불합리한 것처럼 보인다. 그러나 동성애의 실천을 정리하는 것은 불가피하게 동성연애자가 된 사람을 정죄하는 것이 아니라 동성연애자가 되지 않을 수도 있는 데도 자진하여 그렇게 되는 사람을 정죄하는 것이라고 말할 수 있다. 그들로 하여금 비정상적인 욕망을 만족시키는 것을 허용치 않음으로써만 정상적인 생활은 보장될 수 있다. 이러한 관점에서 볼 때에 동성 연애라는 삶의 기초가 되는 친교와 교제로부터 차단되고 있다. 비록 그가 자기와 같은 사람들과 같이 살고 있을지라도 그는 정상적인 인간의 사귐으로부터 차단되고 있다. 셋째로, 만일 어떤 사람이 아직 법으로 금하고 있는 동성애를 한 죄가 발각되면, 그를 감옥에 보내서 벌을 주는 것은 전적으로 적절한 조치는 아닌 것처럼 보인다. 어떤 사람이 말한 바와 같이, 동성연애자를 감옥에 보내는 것은 알콜 중독자를 양조장에 가두는 것과 같은 일이기 때문이다. 이러한 경우에 치료가 목적이지 벌을 주는 것이 목적이 되어서는 안 된다. 그러면 우리는 이것에 대하여 무엇이라고 말해야 하는가? 우리가 무엇을 말하든지간에, 우리는 하나의 해결책이 아니라 해결책으로 가는 길의 약도를 실험적으로 말해야만 한다.

1) 우리는 동성애가 비정상적 조건이라는 것을 인정하는 것으로 논의를 시작해야만 한다. 먼저 이것을 받아들이지 않으면 안 된다.

2) 만일 동성애가 비정상적 조건이라면, 동성애의 행위는 엄격히 규제되어야 한다. 동성애는 자유롭게 선전하고 행해지도록 허용될 수 없는 것이다. 비정상적인 것은 항상 억제되어야 한다. 삶 속에서 동성애는 증가되도록 허용해서는 안 된다.

3) 동성애를 일부러 왜곡시키고 그리고 고의로 부패케 하였을 경우에는 그것을 합법화할 수 없다. 이런 경우에 동성애는 다른 반사회적 범죄와 꼭 같이 취급되어야 한다.

4) 이런 경우에 동성연애자의 존재에 대하여 다음과 같은 세 가지를 말할 수 있다. ① 동성연애자로 하여금 그의 비정상적 상태를 볼 수 있도록 도와 주어야 한다. ② 아무도 그가 동성연애자라고 정죄하지 않는다는 것을 납득시켜야 한다. 그러나 그에게 육체적으로나 정신적으로 치료를 받을 것을 동시에 권고해야 한다. ③ 이미 치료 방법이 있다. 그리고 좀더 효과적인 치료 방법을 발견하기 위하여 계속 연구해야 한다.

5) 치료가 불가능할 경우에는 우리는 인간 관계만을 위하여 교제를 갖고 있는 동성연애자를 동정하고 이해해야만 한다. 우리 중에 이 문제를 알지 못하는 사람은 이해할 수도 없고 또 자기의 경험밖에 있는 일을 정죄하는 것을 주저하지 않으면 안 된다.

산아 제한과 가족 계획에 대하여 언급하지 않고 남녀간의 성생활과 결혼에 관한 논의를 끝낼 수는 없다. 특별히 산아 제한과 가족 계획에 대해서는 프로테스탄트와 가톨릭이 다른 입장과 견해를 갖고 있다.

프로테스탄트 교회와 일반인들이 실천하고 있는 것에 관한 한 우리는 기정 사실(fait accompli)을 다루고 있으며, 그것의 정당성이 의문시되지 않는 것과 그것이 어느 형태로든지 보편적으로 실시되고 있는 것을 취급하고 있다고 주장할 수 있다.

출생한 자녀 수	1860년 말에 한 결혼 (%)	1925년에 한 결혼 (%)
0	9	17
1	5	25
2	6	25
3	8	14
4	9	8
5	10	5
6	10	3
7	10	2
8	9	1
9	8	0.6
10	6	0.4
10명 이상	10	0.3

1921년에 개인이 자원하여 경영하는 진료소가 런던에서 문을 열었다. 어린애를 열 세 번이나 유산한 환자가 있었다. 37세의 한 여인은 일곱 명의 자녀를 갖고 있었고 네 번 유산한 경험이 있었다. 그러나 1881년에 함프스테드(Hampstead)에서는 천명 출생하여 30명만이 생존할 수 있는 비율이었다. 1911년에는 그 비율은 17.5명이었다. 1949년 의회에 제출된 왕립 인구 위원회의 보고서는 매우 흥미있는 통계표를 갖고 있다.

1878년 매 천 명당 35명의 출산률이 1933년에는 매 천 명당 14.9명의 출산률로 떨어졌다. 1841년에는 매 가족의 평균 자녀수는 5.71명이었는데 1929년에는 2.19명의 자녀 수로 줄었다. 이 보고서는 1860년 말에 결혼한 가족의 자녀 수와 1925년에 결혼한 가족의 자녀 수를 비교해 놓은 도표를 갖고 있는데 그 내용은 앞과 같다.

가족 수가 감소되었다는 것은 아주 명백하다. 어떤 종류의 산하 제한의 방법이 점점 더 많이 사용되었다는 것은 명백하다. 그럼에도 불구하고 의학 학술지에 1878년에야 산하 제한이 처음으로 언급되었다는 사실은 참을 수 없는 것으로 여겨진다. 그러나 이 나라에서 이 문제에 주의력을 쏟게 만든 상황의 요소들이 있었다. 상황과 사태의 추이에 관한 좋은 설명이 우드(C. Wood)와 스위터스(B. Suitters)의 공저인 「승인받기 위한 투쟁, 피임의 역사(*The Fight for Acceptance, a History of Contraception*)」 속에 잘 나타나 있다. 나는 내가 인용한 많은 사실을 이 저서에 빚지고 있다. 그러나 결론은 나 자신의 것이다.

① "생계 수단의 증가보다는 인구의 증가가 더 빠른 결과에서 오는 비참에 의하여 행복한 사회의 실현은 항상 방해를 받고 있다"는 맬더스(Malthus)의 주장이 있다. 맬더스는 너무 급속하게 증가하고 있는 인구의 위협을 강조하고 있다.

② 여성의 해방이 증가하고 있다. 중년이 될 때까지 여성은 자녀를 낳아서 기르는 일에 전적으로 매달려 있었던 것이 여성이 처해 있던 상황이었다. 여성의 반항 운동은 일어날 수밖에 없었다. 여성들은 계속되는 자녀 생산으로 40세가 되면 늙

어 버리게 되었다. 이때쯤 되면 여성의 힘은 쇠잔해지고 아름다움은 사라져 버린다.

③ 자녀를 많이 갖고 있던 사람들은 가난하게 살 수밖에 없던 사회적 조건이 있었다. 우드와 스위터스는 런던의 첫 보건소 직원의 보고를 인용하고 있다. 그는 여기서 런던의 주택 사정을 다음과 같이 기술(記述)하고 있다.

"낮고 어둡고 더러운 집들이 있는 막다른 골목과 뒷골목은 사방이 고층 건물로 에워싸여 통풍이 잘 될 수 없다. 더욱 사정을 악화시킨 것은 집들은 서로 등을 대고 바싹 지어져서 창문을 낼 수 없었고 또 뒷문을 낼 수 없다. 집은 막다른 골목에 위치해 있었고 또 뒷골목은 옆 큰 행길에서 떨어져 있었다."

이 보고서는 다음과 같이 계속하고 있다.

"12피트 평방 미만의 공간 속에 3, 4세대와 같이 산다는 것은 보통 일이 아니었다(이렇게 밀집해 살았기 때문에 아마 전염병이 자주 발생했을 것이다). 이러한 좁은 공간에서 남자들과 여자들 그리고 아이들이 밤낮 함께 지내는 것은 마치 가축떼가 한데 있는 것과 같은 것이었다. 도덕적으로 볼 때의 이러한 장면은 참으로 야만적이고 소름끼치는 것이었다. 이것과는 대조적으로 대도시의 표면적인 장대함이 어떤 것이든지, 이것은 어떤 방탕함을 의미하고 또 계속되든지 간에, 이것에서 어떤 무모함이나 추잡한 야만적인 것이 발생하던지간에, 인간의 마음 속에 있는 하나님의 형상의 어떤 변조 또는 폐지가 있든지 간에, 이것들은 나의 공직에 속한 일들은 아니다. 오직 육체적 고통 때문에 오직 전염병이 끝날 날이 없이 계속되기 때문에, 오직 죽음만이 이 문명의 불쌍한 고아들을 크게 위로 할 수 있기 때문에, 나는 말하지 않을 수 없다."

그는 보다 더 비참하게 사는 사람들에 대하여 계속 기술하고 있다. "이들은 햇빛도 잘 들지 않는 쓰레기 버리는 곳에 쌓아둔 짚 무더기를 빌려서 그 속에서 웅크리고 지낸다. 이들은 시궁창과 하수구 냄새를 맡으면서 산다." 이러한 세상에 자녀들을 끌어들이는 것이 옳으냐 옳지 않느냐를 묻지 않을 수 없다.

④ 어린이를 멸시하는 일이 명백히 있었다. 예를 들면, 1875년에야 비로소 의회는 미성년을 굴뚝 소제를 위해 살아 있는 솔로 사용하는 것을 불법화하였다. 믿을 수 없을 정도로, 1839년에 의회는 국민 교육을 위해서는 3만 파운드의 예산을 책정한데 반하여 왕실 마구간과 개 훈련장을 윈드솔(Windsor)에 짓기 위해서는 7만 파운드의 예산을 책정했다. 이러한 종류의 사회 속에서 어린이들을 살게 하였다.

초기 개척자 중의 하나는 프란시스 플레이스(Francis Place)였다. 그는 빚쟁이의 감옥에서 출생하였다. 그의 아버지는 이 감옥을 지키는 간수였다. 그는 실업과 준기아 상태가 무엇인지 잘 알고 있었다. 그러나 그는 독학하여 성공하였다. 맬더스는 결혼의 연령을 뒤로 미루는 것과 도덕의 억제력을 실천하는 것 이외에 인구 억제책을 알지 못했다. 플레이스는 질의 탐폰(vaginal tampon)을 사용할 것을 주장하는 전단을 인쇄하여 돌렸다. 그러나 당시의 의학계와 사회 단체에서는 그가 만든 전단을 "악마의 선전 삐라"라고 낙인을 찍었다. 그의 중요한 공헌은 1822년에 출판한 그의 저서 「인구 원리의 예시와 입증 (Illustrations and Proofs of the Principle of Population)」이었다. 스튜와트 밀(John Stuart Mill)은 17세에 시장에서 산하 제한에 관한 전단을 나누어주었다는 죄목으로 체포된 적이 있었다.

1877년에 정말 큰 충돌이 발생했다. 그 해에 찰스 브라드라우(Charles Bradlagh)와 애니 베산트(Annie Besant)는 미국에서 나온 놀톤(Knowlton)의 「철학의 열매(Fruits of Philosophy)」의 영국판을 출판하였다. 이 책은 40년 동안 잘 읽혀졌다. 우드와 스위터스가 말한 바와 같이 이 책은 이미 구식이고 진부한 것이 되어 버렸다. 그러나 이 책은 계속 고발을 당하고 있다. 그 고발 내용은 다음과 같다.

"우리 여왕을 위한 배심원들은 찰스 브라드라우와 애니 베산트는 불법적으로, 악하게 고의적으로 여왕의 여러 신하들의 도덕뿐만 아니라 젊은이들의 도덕까지 부패시키고 있다. 이들은 신하들을 외설적이고, 추잡하고, 부자연스럽고, 비도덕적인 일을 하도록 선동하고 장려하고 있다. 그리고 이들은 신하들을 악과 음란과 방탕의 상태에 이르게 만든다. 이러한 사실이 1877년 3월 24일 런던 시에서 알려지게 되었다. 그리고 이 일은 중앙 법원의 재판권 아래 있다. 이들은 「철학의 열매」라는 외설적이고 더럽고 추잡한 책을 불법적으로 출판하여 판매하고 있다. 이렇게 함으로써 이들은 우리 여왕의 신하들의 도덕뿐만 아니라 젊은이들의 도덕을 오염시키고 부패시키고 그리고 파괴하고 있다. 이들은 우리 신하들을 악하고, 음란하고 방탕한 상태에 이르도록 자극하고 있다. 이들이 이와 같은 일을 하는 것은 우리 여왕과 그녀의 법을 무시하는 행위요 또 우리 여왕의 평화와 그 권위를 무시하는 악하고, 파괴적이고, 그리고 유해한 본보기이다."

산아 제한에 대한 사회 조직의 여론의 목소리는 이렇게 무서운 것이었다. 찰스 브라드라우와 애니 베산트는 고발을 받았다. 그러나 고발의 기술상의 오류 때문에 판결은 번복되었고 또 형선고는 집행되지 않았다.

산아 제한의 반대는 다음과 같은 두 가지에 기초를 두고 있었다. 첫째로, 산아 제한의 수단과 방법을 가르치고 또 제공하는 것은 부정(不貞)으로 길을 여는 것이요 또 그 부정을 끌어들이는 것이라는 비난이 있었다. 로우드(Routh) 박사는 다음과 같이 말했다. "이것은 여자들의 풍기를 문란하게 만들 것이 틀림없다. 만일 당신이 억제하지 않고 악한 습관과 죄의 길을 여자들에게 가르치면, 그들이 매력 있는 유혹자의 공격을 받을 때에 그들이 순결을 지키리라는 것을 당신은 어떻게 보장할 수 있겠는가? 결혼하지 않은 사람들이 금지된 쾌락을 맛보는 일에 유혹을 받지 않으리라는 것을 당신은 어떻게 보장할 수 있겠는가? 그러므로 장차 당신의 아내가 될 사람이 당신이 그녀를 알기 전에 더러워지지 않으리라는 것을 당신은 어떻게 보장할 수 있는가?" 남자들에 대해서는 이것이 그들에게 "일반적 신경 쇠약, 정신의 쇠약, 기억력의 감퇴, 심한 심장의 동계(動悸), 조병(躁病)과 자살로 이끄는 조건을 준다." 그러므로 산아 제한의 방법은 먼저 순결을 파괴하는 것으로 간주되었고 둘째는 건강을 파괴하는 것으로 여겨졌다.

그러나 인습은 지는 싸움을 싸우고 있었다. 1913년에 이르러서는 맬더스 협회(Malthusian League)의 회원들은 거리에서 산아 제한을 찬성하는 연설을 하면서 전단을 나누어 줄 수 있게 되었다. 1921년에 이르러서는 맬더스 협회와 건설적 산아 제한과 인종 발전 협회(the Society for Constructive Birth Control and Racial Progress)가 사립 진료소를 개설하게 되었다. 이 협회는 마리 스토페스(Marie Stopes)에 의하여 인도되었고, 그녀의 남편이며 항공계에서 유명했던 로(H. V. Roe)의 재정적 후원을 받았다. 1925년에는 이 운동이 처음으로 울버함프톤(Wolverhampton) 지방에 퍼지게 되었다. 1921년에는 산아 제한의 지지자들은 강력한 후원을 받았다. 왕의 시의(侍醫)였으며 유명한 의사였던 펜의 도우손 경(Lord Dawson of Penn)은 버밍햄(Birmingham)에서 개최되었던 교회 의회(the Church Congress)에서 연설하도록 초청을 받았다. 그는 사회적, 의학적 그리고 개인적 근거에서 인공적 산아 제한은 바람직한 것이라고 솔직히 말했다. 그는 거기에 모인 사람들에게 현대 지식과 조건의 빛에 비추어 전통적 견해를 버릴 것을 촉구했다. "산아 제한은 바로 여기에 와 있다"고 그는 말했다.

사립 진료소를 맨 처음에 설립한 사람들은 사립 진료소 운동을 확장할 것을 꾀하지 않았다. 그들은 다만 그 운동을 국가가 담당할 때까지 그 운동을 소개하고자 하였다. 산아 제한을 찬성하는 사람들이 승리하자마자 그것을 반대하던 사람들은 패배하게 되었다. 1930년에 보건성은 필요한 경우에는 시술도 하고 정보를 제공해 주는 진료소를 열기 시작했다. 산아 제한을 반대하는 측과 찬성하는 측 사이의 싸움은 오랫동안 계속되었다는 것과 산아 제한이 공식적으로 받아들이게 된 것은 최근이라는 것을 우리는 알 수 있다.

산아 제한의 방법은 많고 또 다양하다. 순전히 마술적이고 미신적인 방법들도 있다. 프리니(Pliny)는 털이 많은 거미의 몸에서 취한 벌레를 부적으로 지니고 다니는 것이 최선의 방법이라고 말한다. 6세기의 작가인 아미다의 애티오스(Aetios of Amida)는 고양이의 간을 통속에 넣어서 왼쪽 발에 달고 다니거나 고양이의 불알을 통 속에 넣어서 배꼽 주위에 달고 다니거나 또는 암사자의 자궁의 일부분을 상아 통속에 넣어서 부적으로 지니고 다니는 방법에 대하여 말하고 있다. 거의 마술에 가까운 원시적인 의학의 방법들도 있었다. 아스파라거스(asparagus)를 먹거나 부적으로 지니고 다니는 것이 임신 예방책이듯이 물에서 취한 버드나무 잎을 잘게 다져서 먹는 것도 역시 임신 예방책으로 생각되었다. 아리스토틀은 경부(頸部)에 바르거나 질(vagin)내부에 바르는 기름의 사용을 추천하였다. 디오스코리데스(Dioscorides)는 풀잎, 후추, 맥아즙, 박하즙으로 만든 페서리(pessary, 피임용 질내 십입약-역자주)를 추천했다. 아스파시아(Aspasia)는 나뭇잎, 솔나무 껍질, 오배자(nut galls), 몰약(myrrh), 그리고 포도주에 담가 두었던 지혈용 솜뭉치(wool tampon)를 추천하였다.

자연적 방법들이라고 불려질 수 있는 것들이 있었다. 단순한 성욕의 금욕과 자제가 있었다. 사정 직전에 성교를 중단하는 방법이 있었다. 성서 시대에는 오난(Onan)이 이 방법을 사용하였다(창 38:7-10). 그러므로 이 방법은 때때로 오난이즘(onanism)이라고 불려진다. 1844년에 존 험프리 노예스(John

Humphrey Noyes)에 의하여 세워진 오네이다(Oneida) 공동체의 방법이 있었다. 오네이다 공동체는 집단혼(group marriage)의 한 실험이었다. 이 집단혼 속에서 성교의 방법은 남녀가 한 시간 이상 결합된 상태로 남아 있다. 이 결합 속에서 여자는 오르가즘(orgasm)에 도달한다. 그러나 남자는 결코 그의 오르가즘을 갖지 않도록 자제의 훈련이 되어 있다. 발기되었던 남자의 성기는 여자의 질내에서 가라앉았다. 이러한 방법을 사용한 성교는 이 공동체의 어느 멤버들 사이에서도 허용되었다. 한 쌍의 남녀가 신체적 그리고 정신적 특징의 탁월한 솜씨가 입증되었을 때에 이들은 정상적인 방법을 사용하여 어린 아이를 출산하는 것이 허용되었다. 이와 같이 자녀 출산과 자녀를 기르는 일은 아주 치밀하게 통제되었다. 로마 가톨릭 교회는 부부간에 이러한 방법을 사용한 산아 제한을 허용한다.

산아 제한을 위하여 격렬하고 부자연스러운 방법이 사용되어 왔다. 러시아의 스코프치스(Skoptzies) 종파는 하늘 나라를 위하여 스스로 고자가 된 사람들에 대하여 말하는 마태복음 19장 12절과 수태 못하는 이와 해산하지 못한 배가 복이 있다고 말하는 누가복음 23장 29절의 본문을 채택했다. 이들은 남성의 생식기를 "지옥의 열쇠(the keys of hell)"라고 부르고 여성의 생식기를 "나락의 열쇠(the keys of the abyss)"라고 부르면서, 이러한 본문에 기조하여 스스로 거세하였다.

시간이 흐름에 따라 탐폰(tampon), 패서리(pessary), 정부의 캪(the cervical cap), 질의 막(the vaginal diaphragm), 콘돔(condom) 등이 발달하게 되었다. 오늘날 현대에는 여성인 경

우에는 나팔관 수술, 남성인 경우에는 정관 수술에 의하여 자진하여 불임케 하는 수단이 증가되고 있다. 그러나 현대의 가장 중요한 것은 내복 피임약의 출현이다. 이 내복 피임약은 별로 부작용이 없고 또 그 효과가 아주 완벽에 가깝다. 어떤 경우에는 심리적으로 불안한 영향을 줄 수 있다. 그러나 넓게 말하면 피임약은 모든 사람에게 피임의 길을 열어 주었다. 이러한 전체 문제에 대하여 크리스천은 어떤 태도를 취해야 하느냐 묻기 전에 우리는 먹는 피임약이 어떻게 생기게 되었으며 그것이 어떤 작용을 하느냐를 알아보는 것이 현명할 것이다.

피임약을 만들어 낼 생각은 1950년에 처음으로 구상되었다. 마가렛 생거(Margaret Sanger)는 미국에서 산아 제한을 위한 투쟁에 있어서 열성적 힘을 갖고 있는 사람들 중의 하나였다. 그 해에 그녀는 워체스터 실험 생물학 협회(Worcester Foundation for Experimental Biology) 회장인 그레고리 핀쿠스(Gregory Pincus)를 만났다. 그녀는 그에게 안전하고도 널리 사용될 수 있는 산아 제한의 방법을 연구해 줄 것을 요구했다. 그레고리 핀쿠스는 이 문제의 참다운 해답은 임신을 막는 것이 아니라 수정을 효과적으로 제한하는 것이라는 것을 알고 있었다. 어떻게 그러한 일을 할 수 있을까? 이 일은 입으로 먹는 어떤 물질에 의하여 여자 속에 있는 배란을 예방함으로서 가능했다. 만일 난자가 난도를 떠나는 것을 막을 수 있다면, 수정을 막을 수 있다.

그는 임신한 여자는 배란치 않는다는 사실에서 그의 연구를 시작했다. 임신한 여자의 피 속에는 다량의 황체 호르몬(progesterone)이 들어있다. 그러므로 이 문제의 해답은 황체 호르몬 속에 있는 듯이 보였다. 어려움은 작은 분량의 황체 호르몬 밖에 얻을 수 없다는 것이다. 황체 호르몬 백분의 일 온스(ounce)를 생산하기 위하여 도살장에서 도살된 암퇘지의 알집이 몇 톤(ton)이 필요하다. 이렇게 생산된 작은 분량의 황체 호르몬은 동물들, 즉 토끼와 쥐에만 효력을 발생했다.

동물의 조직뿐만 아니라 식물의 조직에도 스테로이드(steroid, 스테린 담즙산, 성호르몬 따위 지방 용해성 화합물의 총칭:역주)가 발생한다. 그러므로 식물로부터 황체 호르몬을 빼낼 수 있다고 믿게 되었다. 러셀 마커(Russell Marker) 교수의 비범한 이야기가 있다. 그는 어떤 식물로부터 황체 호르몬을 빼내는 방법을 발견했다. 그러나 그 식물은 매우 희귀하다. 그래서 그는 그 식물을 찾기 위하여 세계 도처를 탐색했다. 멕시코에 있는 베라쿠르즈(Veracruz) 정글 속에서 그는 멕시코 사람들이 "까만 머리를 가진 것(the black-headed one)"이라고 부르는 식물을 발견했다. 이 식물은 그의 자료의 근원이 될 수 있었다. 어떤 제약회사도 이 연구에 흥미를 갖고 있지 않았다. 그래서 그는 자기 자신의 공장을 멕시코 시에 세웠다. 그는 매우 열심히 노력한 끝에 황체 호르몬을 빼내는 데 성공했다. 3년 안에 그는 4파운드의 황체 호르몬을 생산해 냈다. 이것은 백분지 일 온스보다 훨씬 많은 분량이었다. 이렇게 황체 호르몬 생산의 실험은 성공하게 되었다. 입으로 복용하는 황체 호르몬이 수정율을 효과적으로 제한한다는 것은 아직 입증되어야할 과제로 남아 있었다. 그래서 하버드 대학교의 존 로크(John Rock) 박사는 수백 명의 여자들에게 또 다른 여성 호르몬인 에스트로겐(oestrogen 여성 호르몬 특성을 갖는 발정 물질의 총칭-역주)을 주사하는 실험을 했다. 에스트로겐은 어떤 식물에서 나왔다. 그리고 황체 호르몬의 효과는 연구되었다. 그것은 많이 발전되었으나 일반적으로 효과가 있었던 것은 아니다.

　1950년대에 화학자들은 황체 호르몬 생산에 열을 올렸을 뿐만 아니라 화학적으로 황체 호르몬과 아주 가까운 관계를 갖고 있는 많은 물질(200종 이상의 물질)을 생산하는데 열중했다. 이 중에 세 가지를 입으로 복용해 보았을 때에 그것들이 수정률을 제한하는데 매우 강력한 효과가 있다는 것이 입증되었다. 이것들 중의 하나는 노레디노드렐(norethynodrel)이라고 불려지고 있는데 이것은 첫 내복용 피임약의 기초가 되었다. 이 피임약의 한 가지 결점은 월경의 주기를 방해하는 것이다. 불규칙적인 월경은 거북한 문제였다. 이 문제는 인조 게스타겐(gestagen)과 인조 에스트로겐의 결합에 의하여 해결되었다. 이 결합은 1956년 프에르토 리칸 실험(the Puerto Rican Experiment)에서 아주 효과적이었다. 정밀한 실험 과정이 있었다. 그러나 이것은 배란의 예방, 따라서 임신의 예방을 가능케 하는 인조 약품을 과학자들이 어떻게 합성시킬 수 있었는가를 설명해 주고 있다.

　그러면 크리스천은 이 모든 것에 대하여 무엇을 말해야 하는가? 잠시 동안 원리는 제쳐놓고 방법에 대해서 말해 보자. 크리스천은 자기의 손으로 생식 능력을 거세하는 방법을 받아들일 수는 없다. 크리스천은 임신 중절을 받아들일 수 있다. 그러나 그는 단순히 원치 않은 아이를 제거하기 위하여 임신 중절의 방법을 받아들일 수는 없다. 단종법(sterilization)이 거의 필요할 때가 종종 있다. 사람들로 하여금 정신적으로나 육체적으로 결함을 갖고 있는 아이를 출산하도록 허용하는 것보다는 불임케 하는 것이 훨씬 좋다. 만일 사람들이 어려운 환경 속에 살고 있거나 또는 너무나 기능이 낮아서 정확하게 피임약을 복용하거나 또는 다른 피임법을 사용할 수 없으면 단종법을 사용하는 것도 정당화될 수 있다. 피임약을 복용하면 여자에게 신체적 장애나 또는 정신적 장애를 일으킬 경우에는 남편 또는 아내가 어떤 다른 형태의 단종법을 사용하는 것이 좋을 것이다. 피임 기구를 사용하는 방법은 때때로 사람들이 그것의 사용을 잊는 불리한 점을 갖고 있다. 순전한 자제 또는 여성의 생리의 주기중에서 '안전한' 기간에 성교를 갖는 것은 모든 사람이 다 실천하기는 어려운 자기-훈련(self-discipline)을 요구한다. 그리고 이 방법은 실패할 때도 있다. 대부분의 사람들에게는 피임약을 복용하는 것이 가장 쉽고, 가장 좋고, 그리고 가장 효과적인 방법이다. 그러나 크리스천에게 바른 방법이 있는가? 그밖에 다른 것과는 별도로, 로마 가톨릭 교회의 태도가 있다. 우리는 이 태도에 대하여 의문을 제기한다.

① 유일한 한 가지에 근거하여 피임은 본질적으로 나쁜 것으로 생각된다. 만일 성교의 유일한 기능이 자녀 생산이라면 그것은 잘못된 것이다. 나는 이러한 견해는 주장될 수 없다고 생각한다. 성 본능의 존재의 궁극적 이유는 인종의 존속을 확실하게 하는 것이라는 것이 사실이다. 그러나 성교가 사랑의 가장 깊고 또 가장 근본적인 표현이라는 것도 역시 사실이다. 성교는 부부간의 사랑의 극치요 또 완성이다. 성교는 자녀를 생산코자 하는 욕망과 함께 사랑의 궁극적 연합(the ultimate union of love)을 확실히 표현한다.

② 우리 시대와 모든 다른 시대에 있어서 피임을 승인하고 또 피임법을 제공하는 것은 부도덕으로 문을 여는 것이라고 할 수 있다. 어느 약이나 방법도 오용될 수 있다고 말해야만 하겠다. 그러나 그렇다고 그것을 전혀 사용해서는 안 된다는 이유가 될 수는 없다. 인생의 모든 일에 있어서 모험을 제거하면, 거의 남는 것이 없을 것이다. 그러나 기독교 윤리는 피임은 반드시 결혼 생활 안에서 실천해야 한다고 규정하지 않으면 안 된다.

③ 인구 폭발의 위험에 직면한 세대에서 가족 수를 제한하는 것은 분명히 하나의 의무이다. 인구를 제한하는 수단이 절실히 필요하다.

④ 부모가 그의 자녀들에게 적절한 기회를 줄 수 있는 능력보다 더 많은 수의 자녀를 생산하는 것은 분명히 중대한 무책임의 행위이다. 부양할 수 있는 가족 수를 갖는 것은 합리적인 행위이다.

⑤ 우리가 경계해야 할 한 가지는 순전히 이기적인 동기에서 가족 수를 제한하는 것이다. 사치와 자유를 증진시키기 위하여 가족 수를 제한하는 것은 이기적인 일이다. 그러므로 그것은 잘못된 것이다.

결국, 가족 계획과 사랑의 표현을 가능케 만들어 준 과학과 의학의 발견에 대하여 우리는 하나님께 감사해야 한다.

제 9 장

제 8 계명

도둑에 대한 정죄

제 8계명은 "도적질하지 말찌니라"(출 20:15)이다. 이것은 기본적 계명이라고 불려질 수 있는 것이다. 이것은 기독교 윤리의 필요한 부분일 뿐만 아니라 공동생활의 협약의 필요한 부분이다. 이것은 어느 사회나 기초의 일부분이기도 하다. 이 계명에 복종치 않고는 어느 사회도 존립이 불가능하다.

이 계명은 성서 안에서 자주 인용되고 또 반복되고 있다. 이 계명은 레위기 19장 11절과 신명기 5장 19절에도 나온다. 예언자들이 이스라엘의 불순종과 죄를 책망할 때에, 그들은 도둑질을 거듭거듭 정죄하였다. 도둑질하는 자는 저주를 받아 끊어질 것이다(슥 5:3). 만일 악인이 살고자하면, 먼저 그가 해야 할 일은 훔친 물건을 돌려주는 일이다(겔 33:15). 강도가 될 아들을 낳는 것은 무서운 일이다(겔 18:10). 이 땅의 백성은 강포하며 늑탈하여 가난하고 궁핍한 자를 압제함으로 정죄받게 되었다(겔 22:29). 아모스는 포학과 겁탈을 쌓는 자들을 정죄하였다(암 3:10). 이사야는 도둑과 짝하는 방백들에 관하여 말했다(사 1:23). 예언자와 입법자는 도둑질과 그것의 공포가 널리 행해지고 있는 것을 보여주었다.

구약 성서의 율법은 도둑질을 단순히 정죄할 뿐만 아니라 그것에 대한 형벌에 관하여 많은 것을 언급하고 있다. 구약 성서의 율법은 훔친 물건을 돌려줄 것을 주장하고 있다. 훔친 물건에 대한 배상이 대개는 형벌이다. 구약 성서 율법의 현저한 특징 중의 하나는 범법자를 벌하는 것 못지 않게 희생자에게 보상하는 일에 관한 관심이다.

만일 도둑이 양이나 소를 훔쳐서 죽여 팔았다면, 그 도둑은 한 마리의 양을 훔친 데 대하여 네 마리의 양으로 갚아야하고 또 한 마리의 소에 대하여 다섯 마리로 갚아야했다. 만일 그가 그렇게 갚을 수 없으면 그는 자기 자신을 팔아 그 빚을 갚아야만 했다. 만일 훔쳐간 사람이 동물을 산 채로 돌려줄 수 있다면 그는 배로 갚지 않으면 안되었다(출 22:1-4). 잠언에 따르면 훔친 물건에 대하여 7배로 갚아야만 했다(잠 6:30-31). 만일 어떤 사람을 속여 그에게서 어떤 물건을 빼앗았다면, 그 빼앗은 사람은 그 빼앗은 물건을 온전히 갚되 5분의 1일 더하여 갚아야 했다(민 5:7).

개인의 재산 손해와 관련된 보상에 관해서도 이와 같은 자세한 규정이 있었다. 만일 어떤 사람이 그의 가축이 다른 사람의 포도원이나 밭에 들어가 과수나 곡식에 손해를 입히는 것을 허용하였을 경우에 그는 그가 갖고 있는 최선의 것으로 갚아야만 했다(출 22:5). 만일 어떤 사람에게 물건을 맡겼는데 그것이 손상을 입거나 없어졌을 때에, 그것이 그의 책임이라면, 그는 그 물건 가치의 두 배를 갚지 않으면 안 되었다(출 22:7). 어느 특정한 경우에는 도둑질에 대한 벌은 죽음이었다. 그 특정한 경우는 사람을 훔쳐갔을 때이다. 사람이 납치되는 경우가 때때로 있었다. 사람을 납치하여 노예로 팔아먹는 경우가 있었던 것이다. 사람을 훔친 죄에 대한 벌은 죽음이었다(출 21:16, 신 24:7).

유대인의 법은 도둑질을 중대한 범죄로 간주하였다. 그리고 어디서든지 범인의 벌과 훔쳐진 물건의 변상에 관심을 꼭 같이 갖고 있었다.

로마와 헬라의 법은 도둑질을 매우 엄하게 다루었다. 도둑질이 매우 흔하게 행하여지던 곳이 세 군데 있었는데 그곳은 실내 체육관과 공중 목욕탕과 계선장(繫船場)이었다. 실내 체육관이나 공중 목욕탕에서 옷이나 소지품을 훔치는 일이 매우 흔했다. 계선장이나 창고로부터 물건을 훔치는 일은 그 때나 지금이나 큰 문제이다. 헬라의 법이나 로마의 법은 그러한 도둑질을 죽음으로 벌을 주었다. 고전적인 법(classical law)이나 로마의 법에서는 밤에 도둑질을 하는 것은 배로 무거운 범죄로 간주하였다. 유대인의 법에서는 집주인이 자기의 재산을 지키기 위하여 밤에 그의 집에 침입한 도둑을 죽이더라도 그 집주인에게 살인죄를 적용치 않았다(출 22:2).

우리의 현재의 상황에 있어서도, 도둑질은 여전히 중대한 반

사회적 범죄(antisocial crime)이다. 밤 도둑질, 강도질, 집을 침입하는 것, 노상이나 철도에서 강탈하는 것 등 어떤 이름으로 불려지든지 간에 그것들이 범죄인 것은 논의할 여지가 없다. 아무도 이런 것들이 범죄라는 것을 의심할 수 없다. 이러한 짓을 범한 사람들은 범죄인들이다. 이러한 범죄인들을 벌하는 것은 필요하다. 사회의 안전을 위하여 이러한 사람들에게는 정당하게 형벌이 가해져야 한다. 그러나 오늘날 우리의 상황 속에는 새로운 요소들이 있다.

1) 오늘날 도둑질하고 싶은 유혹이 많이 증가되었고 또 도둑질 할 수 있는 기회도 매우 많아진 것이 매우 확실하다.

개방된 상점과 시장 때문에 도둑질할 기회가 증가되었다. 상품은 카운터 뒤에 진열되어 있고 손님이 찾는 물건을 점원이 내주는 판매 방식 대신에 개방된 진열장에 상품을 진열해 놓고 손님이 마음대로 골라 카운터로 가서 대금을 지불하고 상점을 떠나게 되어 있다. 이러한 판매 방식은 상당히 많은 사람들에게 물건을 훔치고 싶은 유혹을 주고 있다. 사실 이러한 도둑질은 발각되지 않는 수가 상당히 많다.

이러한 곳에서 상품을 훔치는 일은 도둑질이라기 보다는 병적인 도벽(kleptomania)으로 간주될 수 있다. 병적 절도자는 물건의 사용이나 그것의 가치와는 상관없이 단순히 물건을 수집하고 싶은 강박관념에 사로잡혀 물건을 훔치는 수가 종종 있다. 그러므로 이렇게 물건을 훔치는 버릇이 있는 사람을 범죄인으로 생각하기보다는 심리학적으로는 병을 갖고 있는 비정상적인 사람으로 간주된다. 비록 이러한 도둑질을 위장된 다른 이름으로 불려지고 있을지라도, 상당히 많은 그러한 도둑질을 단순히 평범한 도둑질이라고 말하는 것은 불친절한 것도 아니요 공정치 못한 것도 아니다. 비록 새로운 쇼핑의 조건(shopping conditions) 아래서 발생하였고 또 강박관념에 의하여 물건을 훔쳤을지라도 도둑질은 여전히 도둑질임에 틀림없다.

2) 더욱 심각한 문제는 오늘날 사람들이 사회적 오명(social stigma)을 거의 가져오지 않는 약삭빠른 도둑질로 여겨지고 있는 종류의 도둑질이 있다는 것이다.

이것은 공적 권위자들이 자기들을 교묘하게 선수쳐서 속이는 사람을 위한 공정한 게임(fair game)으로 여기는 종류의 도둑질이다.

예를 들면, 요금을 지불하지 않고 버스나 기차로 여행하는 것을 약은 일로 생각하는 사람들이 있다. 만일 어떤 사람이 그들을 도둑이라고 부르면, 그들은 충격을 받고 화를 낼 것이다. 그러나 그러한 무임승차도 도둑질임에 틀림없다. 소득세를 내는 것이 아주 자연스러운 일임에도 불구하고 탈세하는 것을 약삭빠른 일로 생각하는 사람들이 있다. 그들은 그들의 수입을 허위로 보고하고 그들이 지불한 비용을 거짓 기록하기를 주저하지 않는다. 만일 어떤 사람이 국가를 속일 수만 있다면, 그는 국가를 그가 속여야할 원수로 생각한다. 이와 같은 방법으로 탈세하는 것도 역시 도둑질임에 틀림없다. 아무리 세금이 무거울지라도 그것을 탈세하는 것은 여전히 하나의 속임수이다. 같은 종류의 악은 도둑질 가운데 한 가지는 해외에서 갖고 들어온 물건에 대한 관세를 지불할 것을 회피하는 것이다. 물건을 숨겨가지고 들어오는 일은 흔히 있는 일이다. 그러나 이러한 일도 역시 도둑질이다.

그러나 아마 가장 심각한 도둑질은 고용주의 물건을 훔치는 것일 것이다. 계선장에서 물건을 훔치는 일, 공장이나 조선소에서 물건을 훔치는 일, 공적인 직장에서 물건을 훔치는 일은 매우 흔하다. 사무실에서 고용인은 그의 고용주의 종이, 우표, 전화 등을 자기 개인의 사사로운 목적에 사용하는 수가 많다. 이러한 종류의 일 속에 부정직이 스며들기 쉽다. 이러한 일에 있어서 빈틈없이 양심적으로 정직한 사람은 소수 그리고 더구나 인기 없는 소수에 속한다. 크리스쳔 가정과 교회와 크리스쳔 조직 속에서 자라난 젊은이들이 취직하여 직장에서 진행되고 있는 일들을 보고 큰 충격을 받는 수가 종종 있다. 고용인들이 자기들이 원하는 것을 자기 자신들의 목적을 위하여 마음대로 사용하는 것을 거의 정상적인 일로 보고 있다.

이것의 어려운 점은 고용인이 고용주의 물건을 자기 개인의 사사로운 목적에 사용하는 물건들이 작은 것들이라는 것이다. 이 물건들은 별로 중요치 않고 거의 염려할 가치가 없다는 것이다. 그러나 양심적이고 엄격한 정직이 인기를 잃고 있다는 것은 인간의 마음이 병들어가고 있다는 징후이다. 현대 사회에서 가장 희귀한 것 중의 한 가지는 엄격한 정직이 미덕으로서 거의 사라져버린 사회 속에서 절대적 정직의 크리스쳔 윤리(the Christian Ethics of absolute honesty)를 실천하는 것이다. 많은 사람들은 은행에서 돈을 훔치고, 남의 집에서 물건을 훔치고, 상점에서 물건을 훔치는 사람들의 신분을 확인하고 충격을 받게 될 것이다. 사실 이들은 비록 작고 중요치 않게 보이는 물건이지만 그것을 소유할 권리를 갖고 있지 않는 물건들을 자기 것으로 만들어 사용하는 죄를 날마다 범하고 있다. 크리스천의 본보기를 보여주어야 할 행동의 영역에서 이보다 더 중요한 것도 별로 없고 이보다 더 어려운 것도 별로 없다. 만일 이러한 사소한 부정직의 풍조를 막으려면, 이 행동영역에서 크리스천 증거는 아주 필요하다.

물질을 도둑질하는 것 이외에 다른 도둑질이 있다. 물질을 도둑질하지는 않았으나 다른 것을 종종 도둑질하는 사람들이 많다. 그리고 이러한 것들의 도둑질이 무엇보다도 가장 심각한 것이다.

1) 시간의 도둑질이 있다.

사람이 고용될 때에 그는 문서나 구두로 고용 계약을 맺는다. 그는 그가 받는 보수의 보답으로 그의 일정한 시간을 그의 고용주를 위해서 일할 것을 약속한다. 예를 들면, 그는 하루 여덟 시간을 일한다. 모든 도둑질 중에서 시간의 도둑질이 가장 흔한 것이라고 할 수 있다. 사람이 일을 정해진 시간보다 좀 늦게 시작하는 것이 보통이다. 그리고 사람이 정해진 시간보다 조금 일찍 일을 마치는 것이 거의 보편적인 관습이다. 일하는 도중에 적어도 일부분의 시간을 낭비하는 많은 사람들은 그러한 일을 별로 대수롭지 않게 생각한다. 우리 중의 대부분이 일할 때에 최대의 노력을 일에 경주하지 않는다.

시간을 도둑질하지 않는 사람은 별로 많지 않다. 사람들이 자기들을 고용한 고용주에게 일정한 시간과 노력을 줄 것을 계약을 맺고도 그와 같이 하지 않는 노력의 도둑질을 한다. 할 수 있으면 일은 적게 하고 보수는 많이 받는 것을 목표로 삼고 있는 것이 모든 일꾼은 아닐지라도 다수의 일꾼이 그와 같은 생각을 갖고 있다.

크리스천이 직장에서 직면하는 어려운 문제들 중의 한 가지는, 만일 그가 할 수 있는 한 열심히 일하고, 또 양심적으로 일하고, 또 빨리 일하면, 다른 동료 직원들의 시기와 불평을 일으키는 큰 어려운 문제에 직면하게 된다. 여기에 크리스천이 해결하기 어려운 문제가 있다.

2) 무구(無垢)의 도둑질이 있다.

다른 사람을 죄짓도록 유혹하는 사람들이 있다. 로버트 번즈(Robert Burns)가 젊었을 때다. 천으로 옷 만드는 법을 배우기 위하여 얼바인(Irvine)에 갔을 때에, 그는 그에게 굉장히 많은 무절제한 삶을 가르치는 사람의 꾀임에 빠진 적이 있었다. 번즈는 그 후에 그에 관하여 다음과 같이 말했다. "그의 우정은 나에게 악영향을 주었다." 다른 사람들에게 악영향을 주는 의심스러운 우정을 갖고 있는 사람들이 있다.

사람으로 죄짓도록 유혹하는 단순한 비극적 사실이 있다. 무엇보다 가장 흔한 유혹은 인간적으로 대해주는 친구의 초청에서 온다. 소위 친구라는 사람이 그의 동료를 종국에는 파멸로 이끄는 길로 몰아넣는다. 이 점에 관하여 예수의 가르침은 매우 분명하게 말하고 있다. 자기 자신이 죄를 범하는 것도 심각한 문제이다. 그러나 다른 사람에게 죄를 짓도록 가르치는 것은 더욱 심각한 문제이다. 예수께서는 다음과 같이 말씀하셨다. "누구든지 나를 믿는 이 소자 중 하나를 실족케하면 차라리 연자 맷돌을 그 목에 달리우고 깊은 바다에 빠뜨리우는 것이 나으니라"(마 18:5, 막 9:42, 눅 17:1-2). 예수 그리스도께서 보시기에는 사람에게서 그의 무구함과 순진함을 빼앗는 도둑질이야말로 가장 심각한 죄이다.

3) 사람의 인격 또는 좋은 이름을 빼앗는 도둑질이 있다.
다른 사람에 관한 이야기를 잘 조사해 보지 않고 퍼뜨리는 무분별은 참으로 놀라운 것이다. 인간의 본성 속에는 다른 사람들에게 불명예스러운 이야기를 듣고 말하기를 좋아하는 어떤 것이 있는 듯이 보인다. 차를 마시면서 주고 받는 잡담 속에서 많은 사람의 좋은 이름은 도둑 맞는다. 이러한 방식으로 입은 명예의 상처는 거의 회복될 수 없다. 왜냐하면 이러한 이야기는 시작되기는 쉬우나 그것을 중단시키기는 거의 불가능하다. 잠언서가 말하고 있는 바와 같이, 세 가지는 결코 되돌아올 수 없다. 즉 한 번 쏜 화살, 잃어버린 기회, 입밖에 나온 말은 회복될 수 없다. 사람에게서 그의 좋은 이름을 빼앗는 것보다 더 큰 잘못은 없다는 것이 사실이다. 세익스피어(Shakespeare)는 「오델로(Othello)」라는 작품 속에서 다음과 같이 말하고 있다.

"장군님 명예는 남녀를 불문하고 영혼의 다음 가는 보배입니다.
제 지갑을 훔치는 놈은 쓰레기를 훔치는 거죠.
있고도 없는 거나 마찬가지예요.

제것이던 것이 지금은 그 녀석의 것,
그전에도 수천명이 쓰던 겁니다.
그렇지만, 저한테서 명예를 뺏는 놈은 빼앗었댔자 그 녀석이 그
걸 가질 수도 없으면서
난 나대로 빈털터리가 되거든요."

 악의 있는 이야기를 경청하는 것은 그 이야기를 다른 사람에게 다시 전달하는 것과 꼭 같지는 않지만 그것 역시 비슷하게 나쁜 것이다. 우리가 어떤 사람에게 불명예스러운 이야기를 들었다면 이렇게 말하는 것이 좋을 것 같다. "이 일에 관련되어 있는 사람에게 사실인가 아닌가를 직접 물어봅시다." 이렇게 말하면, 대부분의 경우에 이야기를 꺼낸 사람은 이러한 도전을 받아들이고 싶어하지 않는다.

 4) 한 가지 말해야 할 것이 아직 남아있다.
 모든 사유 재산은 다 도둑질한 것이다 라고 종종 언급된다. "재산은 도둑질이다(property is theft)"라는 말이 피에르 죠셉 푸라운혼(Pierre Joseph Proudhon)의 저서 속에 나온다. 아무도 아무 것을 소유할 권리를 갖고 있지 않고 모든 것은 공동체에 속한다는 사상이다. 크리스천에게 있어서 이 사상은 어떤 의미에서는 참된 것이고 또 다른 의미에서는 참되지 않다. 예수의 많은 비유 속에서는 사람이 그가 소유하고 있는 재산을 사용하는 방법이 심판의 온전한 표준(whole standard of judgment)이다. 이것은 사람이 재산을 소유할 수 있다는 것을 전제한 것이다. 사람은 단순히 재산을 갖고 있다는 이유에서 정

죄되지 않는다. 칭찬이나 정죄는 사람이 그가 소유하고 있는 재산을 어떻게 사용하느냐에 따라 온다.

예수께서는 젊은 부자 관원과 만났을 때에만 그의 모든 재산을 포기할 것을 요구하였다. 이 젊은이는 모든 계명을 다 지켰다고 주장했다. 예수께서는 그에게 아직 한 가지가 필요하다고 말씀하셨다. 그 한 가지는 그가 갖고 있는 모든 소유를 팔아 가난한 사람들에게 주라는 것이었다(막 10:17-22, 마 19:16-30, 눅 18:18-30). 이 비유가 처음으로 알려지게 된 이후로 예수께서 이 문제를 보편적 규율로 정하셨는가 그렇지 않은가에 대한 논의가 되어 왔다.

예수의 명령의 참다운 의미는 잃어버린 히브리 복음서 안에 나타난 이 사건의 기사에서 찾아볼 수 있다. 이 이야기에 관한 히브리 복음서의 기사가 오리겐(Origen)의 「마태복음 주석(*Commentary on Matthew*)」속에 보존되어 있다. 이 이야기는 부자가 계명들을 지켰다고 주장하는 것으로 시작하는데 그 방법은 같다. 예수는 그에게 답한다. "가서 네가 갖고 있는 모든 것을 팔아 가난한 사람들에게 나누어 주라." 예수의 대답이 그의 기분을 상하게 했기 때문에, 그는 당혹하여 머리를 긁었다. 그리고 주님께서는 그에게 다음과 같이 말씀했다. "내가 율법과 예언서의 내용을 다 지켰다고 어떻게 너는 말할 수 있느냐? 왜냐하면 율법에는 다음과 같이 기록되어 있기 때문이다. 너는 너의 이웃을 네 몸과 같이 사랑해야 한다. 그러나 너도 잘 알고 있는 바와 같이, 너와 꼭 같이, 아브라함의 후손들인, 너의 동족 중의 많은 사람들이 누더기 옷을 걸치고 있고 또 굶어 죽어가고 있는 데도 너의 집에는 많은 좋은 물건이 쌓여 있으나 너는 그 중의 하나도 그들에게 나누어주지 않고 있다." 이 사람은 자기보다 덜 행복한 사람을 조금도 생각지 않고 자기의 소유를 절대적으로 완전히 이기적으로 사용했기 때문에, 예수께서는 그에게 그의 소유를 다 팔라고 명령하셨다.

그러나 여기에 핵심적 내용이 있다. 사유 재산의 소유주가 자기의 재산을 자기만을 위해서 사용하도록 소유하고 있는 것이 아니라 다른 사람을 위해서 사용하도록 소유하고 있다는 것을 기억하고 있을 때에 사유 재산은 조금도 잘못된 것이 아니다. 그러나 사유 재산의 소유주가 다른 사람은 전혀 생각지 않고 자기 자신의 쾌락과 자기 자신의 욕망만을 만족시키기 위하여 자기 자신의 재산을 사용할 때에 사유 재산을 갖는 것은 도둑질을 하는 것이다. 도둑질이 성립되게 하는 것은 재산이 아니라 이기심이다.

온갖 도둑질은 금지되어 있다. 비록 우리가 물건을 훔치지 않았을지라도 다른 사람에게 속한 시간을 훔치므로 이 계명을 범하게 된다. 또한 잡담을 늘어놓는 혀로 다른 사람의 명예를 손상시킴으로써 우리는 이 계명을 범한다. 우리는 우리보다 불행한 사람과 마땅히 나누어야할 물건을 이기적으로 나만 위하여 사용함으로써 우리는 이 계명을 범한다.

우리가 일상 생활에 있어서 타인과의 관계에서 원리적인 면에서 다른 사람의 것을 훔치는 죄가 되는 다른 것들이 여전히 있다.

1) 첫째로, 빚이 있다.

"아무에게든지 아무 빚도 지지 말라"(롬 13:8)고 바울은 말한다. 사실 이것이 크리스쳔 원리이다.

　이러한 의미에서 빚은 도둑질이다. 빚을 갚지 않는다는 것은 마땅히 지불해야할 돈을 주지 않고 있는 것이다. 빚을 갚지 않는 일이 그렇게 치명적으로 심각하지 않을 때도 있다. 그러나 오늘날의 환경에서 고객들이 외상값을 잘 갚지 않으므로 파산하여 장사를 그만두는 경우가 거듭 거듭 발생한다. 내가 잘 알고 있는 어떤 기술자는 작은 사업을 하다가 자기 자신의 사업을 포기하고 다른 사람의 사업의 고용인으로 취직한 경우를 알고 있다. 여러 사람들이 그에게 2천 파운드 이상의 빚을 지고 있었으나 갚지 않았기 때문에 그는 파산하게 되었다. 이러한 종류의 빚은 도둑질이다. 왜냐하면 이러한 빚은 다른 사람의 생계를 빼앗는 것이기 때문이다.

　성서는 항상 거의 기아선상에서 허덕이면서 어렵게 살고 있는 가난한 사람의 생존권에 관하여 지대한 관심을 갖고 있다. 성서는 이러한 사람의 권리를 두 번 규정하고 있다. "곤궁하고 빈한한 품군은 너의 형제든지 네 땅 성문 안에 우거하는 객이든지 그를 학대하지 말며 그 품삯을 당일에 주고 해진 후까지 끌지 말라 이는 그가 빈궁하므로 마음에 품삯을 사모함이라 두렵건대 그가 너를 여호와께 호소하면 죄가 네게로 돌아갈까하노라"(신 24:14-15). 또 다른 하나의 계명이 이 계명의 실마리를 열고 있다. "너는 네 이웃을 압제하지 말며 늑탈하지 말며 품군의 삯을 아침까지 밤새도록 네게 누지 말며"(레 19:13). 야고보서에는 부자들이 그의 품군들에게 지불치 않은 품삯이 그들이 심판을 받을 때에 그들에게 불리한 증거가 될 것이라고 말하고 있다(약 5:4). 사람에게 마땅히 지불해야 할 것을 지불치 않는 것은 일종의 도둑질이다. 특별히 가난한 사람에게 지불해야 할 것을 지불치 않는 것은 중대한 문제이다. 왜냐하면 그 지불해야 할 돈이 가난한 사람에게는 매우 중요하기 때문이다.

오늘날보다 빚이 훨씬 더 불명예스러운 때가 있었다. 변화가 있다. 지금 강조되고 있는 것은 위험한 변화이다. 옛날에는 우리가 원하는 것을 획득하는 의무가 강조되었다. 그러나 지금은 우리가 원하는 것을 소유할 권리가 강조되고 있다. 이러한 사회의 상태에서는 빚이 일종의 도둑질이라는 사실이 강조될 필요가 있다.

2) 구약 성서의 율법에서는 이자를 받고 돈을 빌려주는 일, 적어도 동족인 유대인에게 이자를 받고 돈을 빌려주는 일이 세 번이나 반복해서 금지되어 있다.

출애굽기(22:25)에는 다음과 같은 규정이 나와 있다. "네가 만일 너와 함께 한 나의 백성 중 가난한 자에게 돈을 꾸이거든 너는 그에게 채주 같이 하지 말며 변리를 받지 말 것이며." 레위기(25:36-37)에도 같은 내용이 반복되고 있다. "너는 그에게 이식을 취하지 말고 네 하나님을 경외하여 네 형제로 너와 함께 생활하게 할 것인즉 너는 그에게 이식을 위하여 돈을 꾸이지 말고 이익을 위하여 식물을 꾸이지 말라." 신명기(23:19-20)에도 같은 내용이 다시 반복되고 있다. "네가 형제에게 꾸이거든 이식을 취하지 말찌니 곧 돈의 이식, 식물의 이식, 무릇 이식을 낼만한 것의 이식을 취하지 말 것이라 타국인에게 네가 꾸이면 이식을 취하여도 가하거니와 너의 형제에게 꾸이거든 이식을 취하지 말라 그리하면 네 하나님 여호와께서 네가 들어가서 얻을 땅에서 네 손으로 하는 범사에 복을 내리시리라." 이 특정한 법의 신명기판은 이 법의 좀 덜 적절한 발전들 중의 하나이다. 왜냐하면 이 법의 신명기판은 유대인에게는 허용되지 않는 것을 이방인에게는 하도록 허용하고 있기 때문이다. 유대인들이 이러한 성경 구절을 이기적으로 해석할 때에 그것은 불가피하게 그들의 평판을 나쁘게 할 수 있다. 왜냐하면 이 성경 구절은 유대인 상호간에 적용될 법과 이방인에게 적용될 법이 동일한 것이 아니라 별개의 것인 것처럼 보여주고 있기 때문이다. 그러나 순전히 이기적 해석은 유대인의 법의 고상한 정신과 일치하지 않는다.

이 법은 이자를 받고 돈을 빌려주는 것을 전적으로 금하고 있는가? 이 법의 참다운 원리는 이보다 훨씬 깊은 의미를 갖고 있다. 아무도 자기의 형제의 불운을 이용하여 이득을 취해서는 안 된다는 것이 하나님의 계명이다. 현대적인 용어로 표현하면, 아무도 형제의 궁핍을 이용하여 돈을 벌어서는 안 된다는 것이다. 어떤 사람이 어떤 물건을 몹시 필요로 하고 있다는 단순한 이유에서 불리한 계약을 맺도록 강요하거나 물건값을 높이 매길 수 있는 때가 종종 있다. 성서의 법은 아무도 다른 사람의 가난을 이용하여 자기의 이익을 도모하고 또 그것에 의하여 부자가 되는 것을 금하고 있다.

이 점에 있어서 의료행위가 모든 것에 대한 본보기가 될 수 있다. 만일 의사 또는 과학자가 암 또는 백혈병을 치료할 수 있는 약을 발견한다면, 그가 원하기만 한다면, 그는 그 발견으로 큰 돈을 벌어 부자가 될 수 있다. 그러나 만일 그러한 치료 방법이 발견된다면, 그러한 치료 방법을 발견한 사람은 그것을 악용하여 많은 돈을 벌지는 않을 것이다. 그는 곧 그러한 치료 방법을 모든 사람이 이용할 수 있게 만들 것이다. 그리고 그는 그 치료 방법을 모든 사람이 자유롭게 활용케 만들 것이다. 다른 사람의 곤경과 궁핍을 이용하여 이득을 취하는 것은 금지되어 있다.

   3) 구약 성서의 법에 자주 나오는 또 다른 하나의 계명이 있는데 그것은 정확한 도량형을 사용하라는 것이다.

구약 성서가 이 법을 적어도 다섯 번 언급하고 있는 것으로 보아 대단히 중요한 것이다. 우리는 레위기(19:35-36)에서 다음과 같은 말씀을 읽을 수 있다. "너희는 재판에든지 도량형에든지 불의를 행치 말고 공평한 저울과 공평한 추와 공평한 에바와 공평한 힌을 사용하라"(마지막 두 가지는 입방체의 용기로 물건의 양을 측정하는 것이다). 신명기(25:13-15)에도 같은 내용이 반복되고 있다. "너는 주머니에 같지 않은 저울 추 곧 큰 것과 작은 것을 넣지 말 것이며 네 집에 같지 않은 되 곧 큰 것과 작은 것을 두지 말 것이요 오직 십분 공정한 저울 추를 두며 십분 공정한 되를 둘 것이라. 그리하면 네 하나님 여호와께서 네게 주시는 땅에서 네 날이 장수하리라." 이 명령은 잠언서에 두 번 반복되어 나온다. "속이는 저울은 여호와께서 미워하셔도 공평한 추는 그가 기뻐하시느니라"(잠 11:1). "한결 같지 않은 저울 추는 여호와의 미워하시는 것이요 속이는 저울은 좋지 못한 것이니라"(잠 20:23). 하나님을 버리는 자들이 "에바를 작게 하여 세겔을 크게 하며 거짓 저울로 속인다"(암 8:5)고 아모스는 그들을 정죄한다.

정확한 도량형의 사용에 대하여 성서가 많은 곳에서 언급하고 있는 것은 그것이 매우 중요하다는 것을 잘 말해주고 있다. 하나님께서 이러한 것들에 관심을 갖고 있다고 단정하는 것은 매우 중요하다. 이러한 것들을 사용하는 데 있어서의 주의 깊은 정의와 세심한 정직은 참다운 종교의 자연스럽고 중요한 표현이다.

주일날 예배를 드리고 나서 교회밖에 나가서는 부정직하게 멋대로 장사를 하고 다른 사람의 물건을 강탈하며, 쉽게 돈을 벌기 위하여 교묘하게 다른 사람을 속이며, 다른 사람의 곤경과 궁핍을 이용하며 돈을 버는 사람과 고용인들의 필요에 대하여는 눈을 감아버리고 냉담한 고용주의 종교관은 몹시 잘못된 것이라고 성서는 말하고 있다.

아마 우리는 도둑질을 금하고 있는 계명이 사회적 지위가 높은 훌륭한 사람들과는 상관이 없는 것으로 생각해왔다. 그러나 지금 우리는 이 계명을 우리에게도 적용해야 한다는 사실에 시선을 돌려야 한다.

제 10 장

제 9 계명

진실, 온전한 진실, 오직 진실만을

    제 9계명은 다음과 같다. "네 이웃에 대하여 거짓 증거하지 말찌니라"(출 20:16). 이 계명이 신명기 5장 20절에서도 영어로는 동일한 형식으로 반복되어 있다. 비록 영어로는 두 경우에 있어서 모두 거짓 증거(false witness)로 되어 있으나 히브리어는 다르다. 출애굽기에서는 거짓말하는 것 또는 진실치 않은 것(lying or untrue)을 의미한다. 신명기에서는 성실치 않은, 공허한, 경솔한(insincere, empty, frivolous)을 의미한다. 본질적으로는 그 의미가 다르지 않다. 그러나 출애굽기는 증거의 본질을 생각하고 있으나 신명기는 오히려 그것이 주어진 정신을 생각하고 있다고 말할 수 있을 것이다.

물론 이 계명은 본래는 법정과 관련되어 있는 것으로 법정에서의 증인의 의무를 취급하고 있었다. 히브리인들은 거짓 증거를 서는 공포를 알고 있었다. 거짓 증거는 거듭거듭 엄하게 정죄되었다.

시편 기자에게 있어서 가장 지독한 죄는 그를 해치기 위하여 말하는 악의에 찬 거짓 증거이다(시 27:12, 35:11). 잠언에서 현인은 이 죄를 반복해서 정죄하고 있다. 하나님께서 미워하시는 여섯 가지 중의 하나는 "거짓을 말하는 망령된 증인"(잠 6:19)이다. "진리를 말하는 자는 의를 나타내어도 거짓 증인은 궤휼을 말하느니라"(잠 12:17). "신실한 증인은 거짓말을 아니하여도 거짓 증인은 거짓말을 뱉느니라"(잠 14:5). "그 이웃을 쳐서 거짓 증거하는 사람은 방망이요 칼이요 뾰족한 살이니라"(잠 25:18). "망령된 증인은 공의를 업신여기고"(잠 19:28). "너는 까닭 없이 네 이웃을 쳐서 증인이 되지 말며 네 입술로 속이지 말찌니라"(잠 24:28). "진실한 증인은 사람의 생명을 구원하여도 거짓말을 뱉는 사람은 속이느니라"(잠 14:25). 거짓 증인은 정죄를 받을 뿐만 아니라 위협을 받고 있다. "거짓 증인은 벌을 면치 못할 것이요 거짓말을 내는 자도 피치 못하리라"(잠 19:5, 19:9). "거짓 증인은 패망하려니와"(잠 21:28). 거짓 맹세하는 사람에게는 하나님의 심판이 임할 것이라고 예언자는 말한다(말 3:5).

신약 성서에서는 거짓 증거는 사람의 악한 마음에서 나온다(마 15:19). 스데반이 재판을 받을 때에 거짓 증인들이 나타난다(행 6:13). 예수가 재판을 받으실 때에도 거짓 증인들이 나타난다(마 26:59-60).

유대인의 법에 관한 재미있는 사실들 중의 한 가지는 증언할 증거를 갖고 있는 데도 불구하고 증인이 되기를 거부하는 사람도 거짓 증거하는 사람과 꼭 같이 엄하게 정죄를 받는다는 것이다. "누구든지 증인이 되어 맹세시키는 소리를 듣고도 그 본 일이나 아는 일을 진술치 아니하면 죄가 있나니 그 허물이 그에게로 돌아갈 것이요"(레 5:1). 비겁하거나 부주의하거나 무책임하게 침묵을 지키는 것도 거짓말을 하는 것과 꼭 같은 범죄가 된다는 것은 중요한 원리이다. 침묵의 죄(the sin of silence)는 말의 죄(the sin of speech)와 꼭 같이 실제적인 죄이다.

이러한 모든 것에 비추어 볼 때에 유대인의 법이 증거가 믿을 만한 것과 참된 것이 되도록 세심한 주의와 노력을 경주했다는 것을 발견하는 것은 조금도 놀라운 일이 아니다. 한 사람의 증언만으로는 충분치 못하다는 것이 세 번이나 언급되어 있다. 아무도 확실치 않은 증거에 의하여 정죄되지 않는다. 이 중 두 경우에 있어서는 사형으로 벌할 죄에 대하여 이 원리가 언급되어 있다. "무릇 사람을 죽인 자 곧 고살자를 증인들의 말을 따라서 죽일 것이나 한 증인의 증거만 따라서 죽이지 말 것이요"(민 35:30). "죽일 자를 두 사람이나 세 사람의 증거로 죽일 것이요 한 사람의 증거로는 죽이지 말 것이며"(신 17:6). 세 번째 경우에서 이 원리는 모든 범죄에 대한 벌을 주는 데까지 확대되었다. "사람이 아무 악이든지 무릇 범한 죄는 한 증인으로만 정할 것이 아니요 두 증인의 입으로나 세 증인의 입으로 그 사건을 확정할 것이며"(신 19:15). 두 증인이 필요하다는 법은 신약 성서에 자주 언급되어 있다(마 18:16, 고후

13:1, 딤전 5:19, 히 10:28).

좀더 상세하고 자세한 규정을 알아보기 위해서 우리는 미쉬나(Mishnah)로 향하지 않으면 안 된다. 두 증인을 따로 조사해야 한다. 그리고 소문에 의한 증거는 절대적으로 배제되었다. 사람은 자기가 실지로 보고 들은 것만을 증언할 수 있다(Sanhedrin 3. 6). 증인들 사이에 불일치가 있을 때에 그 증거 전체는 완전히 무효이다(Sanhedrin 5. 2). 사형의 벌이 관련되어 있는 경우에 있어서 증인은 재판을 받고 있는 사람의 생명과 그의 태어나지 않은 후손의 생명에 대하여 책임을 져야한다는 엄격한 경고를 받는다(Sanhedrin 4. 5). 재판관이 증인들을 반대심문을 하면 할수록 더욱더 많이 증거를 시험(test)해 볼 수 있고 또 그는 그만큼 더 좋은 재판관이 될 수 있다(Sanhedrin 5. 2).

증인이 되기에 적격한 사람과 적격하지 못한 사람들의 세심한 명단이 있다. 조금이라도 의심을 받고 있는 사람은 어떤 소송 사건에 있어서도 증인이 될 수도 없고 또 재판을 할 수도 없다(Bekhoroth 7. 3). 만일 어떤 증인이 위증시에는 벌을 받겠다는 책임을 질 때에, 또는 어떤 재판관이 자기가 한 재판의 결과에 대하여 책임을 질 때에, 그 증언과 판단은 유효한 것이다(Bekhoroth 4. 6).

재판을 받고 있는 사람의 가족이나 친척은 증인이 될 자격이 없다. 증인이 될 자격이 없는 자의 명단이 다음과 같이 주의깊게 열거되어 있다. 남자 친척, 아버지, 형제, 아버지의 형제, 어머니의 형제, 자매의 남편, 아버지의 자매의 남편, 어머니의 자매의 남편, 어머니의 남편, 장인, 아내의 자매의 남편

등이다. 의붓 아들은 증인이 될 수 없다. 그러나 그의 아들은 될 수 있다. 일반적으로 재판받고 있는 사람의 상속자는 증인이 될 자격이 없다(*Sanhedrin* 3. 3, 4, *Makkoth* 1. 8). 친구나 원수는 증인이 될 수 없다. 친구는 피고의 신랑의 들러리였던 사람으로 규정되고 또 원수는 그와 사이가 나쁘기 때문에 3일 동안 말을 하지 않고 지낸 사람으로 규정되어 있다(*Sanhedrin* 3. 5).

어떤 직업에 종사하는 사람들은 증인이 될 수 없다. 즉 주사위놀이를 하는 사람, 고리대금업자, 비둘기 날리는 사람, 노예, 일곱 번째 해에 생산한 농산물을 매매하는 악덕 상인은 증인이 될 수 없다(*Rosh ha-Shannah* 1. 8, *Sanhedrin* 3. 3). (매 칠년째 되는 해에는 땅은 경작하지 않고 곡식을 거두지 않기로 되어 있었다. 일곱 번째에 생산된 농산물을 매매하는 악덕 상인은 레위기 25장 1-7절에 나오는 이 법을 지키지 않았다.) 일반적으로 명예롭지 못한 직업에 종사하는 사람은 증인이 될 수 없다. 도박사들은 만족스러운 증인들이 될 수 없다고 생각되어진다.

증인을 콘트롤(control)할 수 있는 법이 또한 있다. 만일 어떤 사람이 거짓 증인으로 확실히 판명되면, 그는 재판을 받고 있는 피고가 받아야할 벌과 꼭 같은 벌을 받아야한다는 아주 재미있는 규정이 있다. "만일 위증하는 자가 있어 아무 사람이 악을 행하였다 말함이 있으면 그 논쟁하는 양방이 같이 하나님 앞에 나아가 당시 제사장과 재판장 앞에 설 것이요 재판장은 자세히 사실하여 그 증인이 위증인이라 그 형제를 거짓으로 무함한 것이 판명되거든 그가 그 형제에게 행하려고 꾀한 대로 그에게 행하여 너희 중에서 악을 제하라 그리하면 그 남은 자들이 듣고 두려워하여 이 후부터는 이런 악을 너희 중에서 다시 행하지 아니하리라 네 눈이 긍휼히 보지 말라 생명은 생명으로, 눈은 눈으로, 이는 이로, 손은 손으로, 발은 발로니라"(신 19:16-21). 거짓 증인도 온전히 벌을 받아야 한다고 미쉬나(Mishnah)는 말한다(*Baba Kamma* 7. 3). 만일 이 벌이 불가능하다면, 예를 들면, 증인이 자녀의 적출성(the legitimacy of child)에 대하여 거짓 증거를 했을 경우와 같은 때에는, 거짓 증인은 40대의 매를 맞아야 한다. 그리고 만일 그 벌 자체가 40대의 매라면, 거짓 증인은 80대의 매를 맞게 될 것이다(*Makkoth* 1. 1, 3). 만일 거짓 증인으로 판명되면 엄한 벌을 받아야 하기 때문에 증인은 거짓 증거를 하기 전에 신중히 생각하도록 법이 제정되어 있었다.

증인으로 하여금 거짓 증거하는 것을 주저케 한 또 하나의 다른 법이 있었다. 사형의 경우에 있어서 벌은 돌로 쳐서 죽이는 것이었다. 유죄의 결정의 경우에 있어서 기소를 위하여 선두에 서는 증인은 그 희생자를 절벽 위에서 밑으로 떠밀어 떨어지게 한 후 맨 먼저 큰 돌을 그에게 굴려 떨어지게 해야 한다(*Sanhedrin* 5. 4, 행 7:58-59 참조). 유대인의 법은 증인으로 하여금 진실에 대한 그의 책임을 생각하도록 강요하였다. 유대인들은 거짓 증거를 미워하는 생각을 갖고 있었다. 유대인의 법은 거짓 증인을 정죄하였다. 유대인의 규정은 진실 이외에 다른 것을 말하는 것을 주저하게 만들었다.

거짓 증거의 문제는 일반적인 모든 거짓의 배경에 비추어 보지 않으면 안 된다. 거짓 증거는 일종의 거짓말이다. 그러므로 이것은 거짓말과 거짓에 대한 성서의 전체 태도의 맥락(context)에서 보지 않으면 안 된다. 구약 성서 안에 거짓말과 거짓말을 하는 것에 대하여 정죄한 사실이 많다는 것은 하나님의 사람들이 이러한 죄를 범하는 일이 널리 퍼져 있었다는 것을 보여주고 있다.

1) 우리는 거짓 증거에 대한 예언자의 정죄를 찾아볼 수 있다.

호세아(10:13)는 그의 세대에 대하여 다음과 같이 말한다. "너희는 악을 밭갈아 죄를 거두고 거짓 열매를 먹었나니." 이사야(59:3-4)도 같은 내용의 고발을 하고 있다. "이는 너희 손이 피에, 너희 손가락이 죄악에 더러웠으며 너희 입술은 거짓을 말하며 너희 혀는 악독을 말함이라 공의대로 소송하는 자도 없고 진리대로 판결하는 자도 없으며 허망한 것을 의뢰하며 거짓을 말하며 잔해를 잉태하여 죄악을 생산하며." 예레미야(9:3) 시대에도 마찬가지였다. "그들이 활을 당김같이 그 혀를 놀려 거짓을 말하며 그들이 이 땅에서 강성하나 진실하지 아니하고 악에서 악으로 진행하며 또 나를 알지 아니하느니라." 거짓말 하는 것은 모든 시대 그리고 모든 세대의 죄이다.

2) 거짓말하는 것은 인간의 뿌리깊은 제2의 본성과 같은 것이 될 수 있다.

악인은 나면서부터 거짓말을 한다. 이들은 이 거짓을 즐거워한다(시 58:3, 62:4). 악인은 다음과 같이 말할지 모른다. "우리는 거짓으로 우리 피난처를 삼았고 허위 아래 우리를 숨

겼음이라"(사 28:15). 이것은 삶의 핵심과 중심과 요소 속에 침투하는 것이다.

   3) 그러나 이 모든 것의 결과는 미혹과 길을 잃는 것 이외에 아무 것도 아니다.

"너희가 허탄한 것을 말하며 거짓된 것을 보았다"라고 에스겔(13:8)은 말한다. 그들의 거짓말이 백성을 미혹케 하였다(암 2:4). 거짓을 말하고, 가르치고 또 거짓 예언을 하는 예언자들을 정죄한 것보다 더 신랄한 정죄는 없다(겔 13:9, 21:29, 22:28, 사 9:15, 렘 14:14, 23:25, 26, 32, 27:10, 14, 16, 18, 슥 10:2). "네가 여호와의 이름을 빙자하여 거짓말을 한다"는 것이 거짓 예언자에 대한 스가랴의 고발이다(13:3). 그들의 거짓말과 그들의 거짓 지도자들의 거짓말이 백성을 미혹하여 잘못된 길에 빠지게 하였다.

   4) 예언자들 속에서 발견할 수 있는 가장 흥미있고 또 가장 중요한 것 중의 하나는 언급되어 있고 또 책망받고 있는 거짓말과 짝하고 있는 것들을 보는 것이다.

호세아는 "거짓과 포악을 더하며"(12:1)라고 말한다. 예루살렘은 궤휼과 강포와 늑탈이 가득차 있었다(나 3:1). 거짓말은 악정(惡政)의 근원이다. "관원이 거짓말을 신청하면 그 하인은 다 악하니라"(잠 29:12). 거짓 예언자들은 거짓말을 하며 간음을 행하였다(렘 23:14). 폭력, 약탈, 악정, 간음, 이 모든 것들은 거짓말과 짝하고 있다. 이 모든 악들은 거짓말을 낳고 또 이것들은 거짓말의 결과들이다. 거짓은 악한 치명적인 짝들을 동반한다.

5) 거짓말은 하나님을 모욕하는 죄이다.

사람들은 거짓말을 말하고 또 거짓말을 들음으로써 하나님을 모욕한다(겔 13:17-19). 시편 기자는 다음과 같이 매우 생생하게 묘사한다. "교만한 자가 거짓을 지어 나를 치려 하였사오나"(시 119:69). 거짓말은 인간을 불명예스럽게 할뿐만 아니라 하나님께 욕을 돌린다.

6) 거짓말을 하고 거짓을 행하는 자에게 자주 경고하였고 위협을 주었다.

이사야는 다음과 같이 말한다. "우박이 거짓의 피난처를 소탕하며 물이 그 숨는 곳에 넘칠 것인즉"(28:17). 시편 기자는 다음과 같이 말한다. "거짓말하는 자의 입은 막히리로다"(시 63:11). "거짓 행하는 자가 내 집 안에 거하지 못하며 거짓말하는 자가 내 목전에 서지 못하리로다"(시 101:7). 신약 성서 요한계시록에는 가증한 일과 거짓말하는 자는 하나님 앞에 설 수 없고 또 거짓말을 좋아하며 지어내는 자마다 하나님 앞에 나설 수 없다고 기록되어 있다(계 21:27, 22:15).

7) 마지막으로 우리는 현인의 다음과 같은 기도를 살펴볼 수 있다.

"허탄과 거짓말을 내게서 멀리 하옵시며"(잠 30:8). 황금 시대가 다음과 같이 묘사되어 있다. "이스라엘의 남은 자는 악을 행치 아니하며 거짓을 말하지 아니하며 입에 궤휼한 혀가 없으며 먹으며 누우나 놀라게 할 자가 없으리라"(습 3:13).
    그러면 우리가 성서의 증거를 열거할 때에 우리는 이 죄가 얼마나 널리 퍼져있었다는 것과 예언자와 현인들이 얼마나 이 죄를 고발하고 있는가를 볼 수 있다.
    거짓말이 어디에서 왔으며 또 무엇이 사람들로 하여금 거짓말을 하게 하는가를 알아보는 것은 매우 흥미있는 일이다.
    ① 악의의 거짓말
    출애굽기의 교훈들 가운데 다음과 같은 명령이 있다. "너는 허망한 풍설을 전파하지 말며 악인과 연합하여 무함하는 증인이 되지 말며"(23:1). 악의에서 만들어냈거나 또는 악의로 반복하는 이야기보다 더 흔한 것은 없다. 성서는 밀고자에 대하여 여러 번 언급하고 있다. 구약 성서의 현인은 다음과 같이 말했다. "패려한 자는 다툼을 일으키고 말장이는 친한 벗을 이간하느니라"(잠 16:28). 악의에 찬 험담을 속삭이는 것은 바울이 복음을 전하던 당시의 세계의 경건치 않은 사람들의 죄 중의 하나라고 바울이 말했다(롬 1:28-29). 그리고 이 죄는 말썽 많던 고린도 교회가 갖고 있던 죄들 중의 하나였다(고후 12:20).
    신약 성서 헬라어와 밀접하게 관련되어 있는 세 개의 낱말이 있다. 디아보로스(diabolos)라는 낱말이 있다. 이 말은 헐뜯는 사람(slanderer)을 의미한다. 이것은 여인들에게 금지된 것들 중의 하나이다(딤전 3:11). 브라스페미아(blasphemia)라는 낱말이 있다. 이 낱말이 하나님에 대하여 사용될 때에, 이것은 신에 대한 불경(blasphemy)을 의미하고 그리고 이것이 인간에 대하여 사용될 때에 모욕적인 비방을 의미한다. 에베소 4장 31절에서 크리스천에게 금지된 죄들 중의 하나가 바로 이것이다. 카타랄리아(Katalalia)라는 낱말이 있다. 이 낱말이 영어 성서 흠정역(A.V.)에서는 중상(backbiting)과 험담(evil-speaking)으로 번역되었고 개역 표준판(R.S.V)에서는 비방(slander)으로 다시 한번 번역되었다.

이러한 종류의 죄, 밀고, 중상, 비방을 나타내는 헬라어 낱말이 그렇게 많다는 것은 의의(意義) 깊은 것이다. 다른 말의 수가 많다는 것은 이러한 일이 얼마나 널리 퍼져있었고 또 지금도 얼마나 널리 퍼져 있는가를 잘 보여주고 있다. 이것이 영향을 끼치는 결과보다 더 무서운 결과를 주는 죄도 별로 많지 않을 것이다. 왜냐하면 악의에 찬 거짓말이라는 이 죄는 인격을 파괴하고 우정을 죽이기 때문이다. '크리스타벨(Christabel)'이라는 시에서 콜리지(Coleridge)는 다음과 같이 기록했다.

"아 슬프다! 그들은 젊었을 때는 친구였다. 그러나 밀고하는 혀가 진실을 독살시킬 수 있다."

흠정역 성경(A.V.)에는 험담(gossip)이라는 말이 나오지 않는다. 그러나 개역 표준판 성경(R.S.V)에는 이 말과 유사한 말이 다섯 번 나온다. 에스겔은 어떻게 이스라엘이 그의 원수에 의하여 황무케 되어 사람들의 말거리와 백성의 비방거리(evil gossip)가 되었는가를 말해주고 있다(겔 36:3). 바울이 고린도에서 발견할까 두려워한 죄들 중의 하나가 바로 이 중상이다. 그는 여기서 중상을 수군수군하는 것과 거만함과 어지러운 것과 함께 묶어 말하고 있다(고후 12:20). 구약 성서의 현인은 다음과 같이 말한다. "두루 다니며 험담하는 자는 남의 비밀을 누설하나니 입술을 벌린 자를 사귀지 말지니라"(잠 20:19). 바울은 로마서 1장 29절에서는 수군수군하는 것과 사기와 악독을 한데 묶어 말했고 또 디모데전서 5장 13절에서는 게으름과 망령된 폄론과 한데 묶어 말했다. 그러므로 우리는 보다 새로운 번역에서는 험담이 엄하게 책망을 받고 있다는 사실을 볼 수 있다.

잡담을 만들어내고, 또 잡담을 반복하고, 또 잡담을 즐기는 많은 사람들이 악의에 찬 거짓말쟁이라고 불려지면 충격을 받게 될 것이다. 그러나 사실 그 또는 그녀는 악의에 찬 거짓말쟁이이다. 성서는 악의에 찬 거짓말을 엄격하게 정죄한다.

② 공포의 거짓말(the lie of fear)

아마 인간의 삶 속에서 모든 거짓말 중에 첫째가며 또 하루의 해가 끝날 때까지 가장 흔한 거짓말은 공포의 거짓말일 것이다. 사람은 자기가 저지른 일의 결과를 피하기 위하여 진실로부터 떠난다. 그는 그가 말한 것 또는 행한 것을 부인한다. 그는 어떤 일에 대하여 다른 사람을 비난한다. 그는 자기 자신을 옹호하기 위하여 실지로 참된 것이 아닌 변명을 한다. 우리는 이러한 종류의 거짓말을 어려서부터 말하기 시작하여 일생 동안 계속한다.

가장 실제적인 관점에서 볼지라도 이러한 종류의 거짓말의 난점은 이러한 종류의 거짓말은 조만간 발각된다는 것이다. 모세는 다음과 같이 말했다. "너희 죄가 정녕 너희를 찾아낼 줄 알라"(민 32:23). 에피큐러스(Epicurus)는 종교인이 아니었다. 그는 전혀 신(神)들을 믿지 않았다. 그는 종교는 하나의 기만이라고 생각했다. 그러나 그는 실제적 정치의 관점에서 진리를 말하지 않으면 안 된다는 것을 항상 주장했다. 왜냐하면 사람이 한번 거짓을 말하면 그것이 발각되면 어떻게 하나라는 두려움이 항상 그의 마음 속에서 그를 괴롭히고 있으므로 행복해질 수 없기 때문이다. 공포의 거짓말은 단순히 또 다른 두려움을 낳는다. 진실을 말하고 그 결과에 직면하는 것은 어려울지 모른다. 그러나 오랫동안의 불행보다는 일시적인 시련이 보다 좋다.

③ 부주의의 거짓말(the lie of carelessness)

그러나 그보다도 더 흔한 거짓말은 아마 부주의의 거짓말일 것이다. 인간은 거의 만성적으로 그의 말에 있어서 부정확하다. 그는 일부러 거짓말을 하거나 허위를 진술하기보다는 부주의하게 거짓말을 하거나 허위를 진술할 수 있다. 이것은 존슨(Johnson) 박사가 강조한 것 중의 한 가지이다. 그는 특별히 자녀를 기르는 데 있어서 이 점을 유의할 것을 강조하였다. 그는 다음과 같이 말했다. "당신의 자녀들이 끊임없이 이것에 친숙하게 되도록 양육하라. 만일 어떤 일이 한 창문에서 발생했는 데도 당신의 자녀들이 그 일이 다른 창문에서 발생했다고 말하면, 그것을 그대로 간과하지 말고 곧 잘못된 표현을 바로잡아 주라. 왜냐하면 당신은 진실에서 벗어남이 어디서 끝날지를 알 수 없기 때문이다." 엄격하게 정확한 말의 표현은 훈련, 더구나 힘든 훈련에 의해서만 가능하다. 사실 소수의 사람만이 이러한 훈련을 받아들인다.

④ 자랑의 거짓말(the lie of boasting)

예를 들면, 극히 소수의 사람만이 자기 개인의 경험을 말할 때에 실지로 있었던 것보다는 더 좋게 보이도록 말하려는 유혹을 물리칠 수 있다. 종종 우리 중에 가장 훌륭한 사람들조차 어떤 일을 말할 때에 실지로 우리가 말하고, 행동하는 것, 그리고 실지로 우리가 과거에 한 것보다는 우리가 말하고 싶었던 것과 하고 싶었던 것을 말한다.

이러한 거짓말에는 기묘한 면이 있다. 특별히 젊은 사람들은 실지로 자기 자신보다는 자기를 더 나쁘게 보이려는 경향이 있다. 그들은 자기 자신의 공적이나 난폭성을 과장한다. 어거스틴(Augustine)이 말한 바와 같이, 우리가 청소년이었을 때에는 우리의 동년배의 청소년 보다 더 훌륭하고, 더 존경받을 만하고, 더 순진하게 보이는 것을 두려워하고 있다.

이것을 간단히 표현하면, 가장 말하기 어려운 종류의 진실 가운데 하나는 우리 자신에 대한 진실이다.

⑤ 이익을 위한 거짓말(the lie for profit)

이러한 종류의 거짓말을 가장 많이 하고 또 숙달되어 있는 사람은 맹렬히 활동하고 있는 세일즈맨(salesman)이다. 지나친 광고가 이러한 종류의 거짓말의 좋은 본보기이다. 이러한 종류의 거짓말은 사람이 이러한 거짓말에 의하여 어떤 이득을 얻기를 바라기 때문이다.

이 거짓말과 밀접한 관계를 맺고 있는 것은 선전의 거짓말(the lie of propaganda)이다. 이 선전의 거짓말은 개인 또는 당이 민중의 지지를 얻기 위하여 하는 과장된 주장이다. 전쟁에 있어서 "첫 희생자는 진실"이라는 말이 있다. 한 편은 명예와 용감의 빛나는 본보기이다. 그러나 다른 편은 침략자와 잔인하고 흉악한 행동을 하는 자가 된다. 전쟁에서는 그렇게 명확한 구분이 없다. 이러한 종류의 난점은 결국에 가서는 들통 난다는 것이다. 만일 우리가 아주 단순한 바보가 아니라면 세일즈맨의 말을 액면 그대로 믿지 않을 것이며 광고를 그대로 믿지 않을 것이다. 크리스천도 다른 사람들과 마찬가지로 인생이나 사업에 있어서 성공하기를 바란다. 그러나 그는 진실을 왜곡시키거나 억제하거나 변조한 것에 기초하여 성공을 받아들일 수는 없다.

⑥ 침묵의 거짓말(the lie of silence)

침묵이 때로는 거짓말이 될 수 있다. 때때로 어려움을 피하는 가장 쉬운 길을 아무 것도 말하지 않고 침묵을 지키는 것이다. 침묵을 지킴으로써 우리는 잘못된 것으로 알고 있는 것을 지지하고 있다는 것을 나타낸다. 만일 순교자가 침묵을 지켰다면, 그는 순교를 피할 수 있었을 것이다. 그들은 오직 아무 것도 하지 않고 그대로 있으면 되었다. 그러나 이들 순교자들은 침묵을 지킬 것을 거부하였다. 우리는 침묵을 지킴으로써 어떤 사람들로부터 적어도 비웃음을 받는 일을 피할 수 있다. 그러나 체스터필드 경(Lord Chesterfield)이 한 때 말한 바와 같이, 비웃음은 진리의 최선의 테스트이다(ridicule is the best test of truth). 침묵, 무위(inactivity)는 사람을 심각한 어려움에 빠뜨리는 일이 거의 없다. 그러나 비겁자의 거부(拒否)인 침묵이 있는데 이것은 바로 거짓말이다.

⑦ 반쪽의 진실의 거짓말(the lie of half-truth)

우리 자신에게 유리하게 왜곡시켜 진실을 말하기는 매우 쉽다. 반면에 진실보다 더 위험한 것은 없다. 반쪽의 진실은 명백히 드러난 거짓보다 더 위험하다.

예를 들면, 바울이 로마서 6장에서 언급하고 있는바와 같이 초대 교회 안에는 은혜의 교리를 왜곡시키는 사람들이 있었다. 은혜는 이 세상에서 가장 아름다운 것이요 또 가장 위대한 것이므로, 또 은혜는 모든 죄를 가리우기에 충분하게 넓으므로, 우리는 마음껏 죄를 범할 수 있다고 결론을 내릴 수 있다고 그들은 주장하였다. 죄는 이 놀라운 풍성한 은혜를 더욱 많이 나타낼 기회를 줌으로 죄를 마음껏 지을 수 있다고 그들은 말한다. 그러므로 크리스천의 자유는 비기독교적 방종의 구실로 변질될 수가 있다. 크리스천의 사랑은 도피주의자의 감상의 약점으로 변질될 수 있다. 크리스천의 훈련이 기독교 이전의 율법주의로 변질될 수 있다.

⑧ 자신에게 하는 거짓말(the lie to self)

이 세상에서 자기 자신에게 가장 엄격하고 정직하게 되는 것보다 더 어려운 것은 없다. 다른 사람들이 우리를 보고 있는 것과 같이 우리 자신을 볼 수 있는 힘을 달라고 번즈(Burns)는 하나님께 기도드렸다. 우리가 우리 자신을 알지 못하고 있는 것은 아니다. 우리는 우리 자신을 알고 있다. 그러나 우리 중의 가장 훌륭한 사람조차 우리의 시선을 현실을 보지 못하게 하고 이상화된 그림(the idealized picture)을 바라보게 한다. 우리는 꼭 같은 일이라도 그것이 우리 속에 있을 때에는 정당화하면서도 그것이 남에게서 발견될 때에는 정죄한다. 우리는 종종 우리 자신은 결코 도달할 수 없는 표준을 다른 사람들에게서는 요구한다. 다른 사람들에게는 아주 명백하게 드러난 결점인데도 우리는 종종 그 결점이 우리 자신 안에 있을 때에 그것에 대하여 눈을 감아버린다. 우리는 우리가 다른 사람을 얼마나 크게 상처를 주었고 또 얼마나 낭패시켰는가를 종종 보지 못한다.

만일 우리 자신의 모습을 있는 그대로 보는 것이 어렵다면, 우리의 동기를 있는 그대로 보는 것은 더욱 어려울 것이다. 우리 자신을 있는 그대로 보는 것과 우리의 마음을 있는 그대로 보는 것보다 더 괴롭고 쓰라린 것은 없다. 그러나 우리가 우리 자신의 모습을 있는 그대로 보기 전에는 우리는 치료와 개혁의 과정을 시작할 수 없다는 것이 사실로 남게 된다. 우리는 사실에 근거를 두지 못한 우리 자신의 그림을 그리는 일이 종종 있다. 우리는 아무 근거도 없는 자기-만족 속에 종종 빠진다. 우리 자신에 대하여 정직하게 되는 것이 자기 자신을 겸손하게 낮추는 길이다. 그리고 자기 자신을 겸손하게 낮추는 것이 은혜받는 길이다.

⑨ 하나님께 하는 거짓말(the lie to God)

우리는 하나님께 무엇인가를 숨김으로써 하나님께 거짓말을 할 수 있다. 우리는 우리가 실지로 원하는 것은 인습적으로 바른 것이 아닐 때에도 그런 것을 형식적으로 구함으로써 하나님께 거짓말을 할 수 있다. 그러나 우리의 말을 듣고 또 우리의 행동을 보실 뿐만 아니라 우리의 생각을 아시고 또 사람들의 마음을 감찰하시는 하나님을 속이려고 하는 것은 확실히 어리석은 일이다.

제 11 장

제10계명

그릇된 욕망

제 10계명은 다음과 같다. "네 이웃의 집을 탐내지 말찌니라 네 이웃의 아내나 그의 남종이나 그의 여종이나 그의 소나 그의 나귀나 무릇 네 이웃의 소유를 탐내지 말찌니라"(출 20:17, 신 5:21). 제 10계명과 더불어 계명들 전체는 새로운 세계에 들어간다. 지금까지 계명들은 외형적 행동(outward actions)을 다루었다. 그러나 이 계명은 내면적 생각(inward thoughts)을 취급한다. 이 계명은 가장 어려운 일을 할 것을 인간에게 요구하고 있다. 자기 자신의 행동을 제어(control)하는 것과 자기 자신의 생각과 감정을 제어하는 것은 아주 다른 별개의 것이다.

유대인의 역사 중에서 가장 소름끼치는 무서운 이야기 중의 하나인 아간의 이야기(여호수아 6장과 7장)를 낳게 한 것이 바로 이 계명을 범한 일이었다. 이스라엘 사람들이 여리고성을 포위하였을 때에, 그들이 그 성을 함락시킬 때에 그 속에 있는 것들을 파괴하라는 여호와 하나님의 명령을 받았다(수 6:17). 칼에 의하여 남자들과 여자들, 젊은 사람과 노인들, 소와 양과 나귀는 살해되었다(수 6:21). 모든 은과 금, 놋 그릇과 철 그릇은 하나님께 거룩하게 바쳐지기로 되어 있었고 또 여호와의 곳간에 들어가게 되어 있었다(수 6:19). 이스라엘 백성중에 아무도 여리고성 안에 있는 어떤 것도 전리품으로 취할 수 없도록 되어 있었다.

이스라엘 백성은 의기양양하게 여리고성을 함락시켰다. 다음으로 함락시킬 성은 아이성이었다. 이 성은 어려움없이 함락시킬 것으로 기대되고 있었다. 그러나 아이성을 맨 처음에 공격하였을 때에 뜻밖에도 완전히 패배하고 말았다(수 7:2-5). 이스라엘 백성 중의 어떤 사람들이 여리고성 안에 있는 모든 것을 파멸시킬 것은 파멸시키고, 하나님께 바칠 것은 바치라는 명령을 순종치 않고 전리품 중의 얼마를 자기 것으로 만들어 감추어 놓았기 때문에 아이성 싸움에서 패배하게 되었다는 것이 여호수아에게 계시되었다(수 7:6-15).

이러한 죄를 범한 사람은 아간이었다는 것이 발각되었다. 아간은 자기의 죄를 시인했다. "참으로 나는 이스라엘 하나님 여호와께 범죄하여 여차 여차히 행하였나이다. 내가 노략한 물건 중에 시날산의 아름다운 외투 한 벌과 은 2백 세겔과 50세겔 중의 금덩이 하나를 보고 탐내어 취하였나이다. 보소서 이제 그 물건들을 내 장막 가운데 땅 속에 감추었는데 은은 그 밑에 있나이다"(수 7:20-21). 이와 같은 죄에 대한 형벌로 아간과 그의 온 가족은 고통의 골짜기인 아골 골짜기에서 돌에 맞아 죽임을 당했다(수 7:22-26). 그의 민족 전체에게 쓰라린 패배와 자기 자신과 그의 온 가족의 죽음을 초래케 한 것은 아간의 탐욕이었다. 아간의 이야기에서 탐욕의 죄는 영원히 악명 높은 낙인이 찍혀졌다.

신약 성서에서도 탐욕은 똑 같이 무서운 죄로 여겨지고 있다. 바울에게 있어서 탐욕은 죄중의 죄였다. 이 죄에서 다른 모든 죄가 나온다. 이 계명의 무서운 역설(terrible paradox)이 그것이 금하고 있는 죄를 낳았다. 바울은 이렇게 말하였다. "율법으로 말미암지 않고는 내가 죄를 알지 못하였으니 곧 율법이 탐내지 말라 하지 아니하였더면 내가 탐심을 알지 못하였으리라." 바로 이 계명 안에서 또 그것을 통해서 죄가 죄로 발견될 기회를 갖게 되었다. 이 계명으로 말미암아 억제되어야 할 죄가 발각되었다(롬 7:7-12). 여기서 바울은 인간의 본성의 일부분인 경험에 대하여 말하고 있다. 어떤 것을 하지 말라고 금하면 그것을 더 하고 싶어지는 것이 인간의 본성이다. 어떤 것을 탐하지 말라는 명령이 그것을 탐하게 만드는 욕망을 낳는다. 사람이 소유해서는 안 된다는 것이 바로 무엇보다 그것을 소유하고 싶은 욕망을 일으키는 것이 된다.

이러한 욕망의 고전적 표현은 어거스틴이 그의「고백(Confessions)」에서 그의 소년 시절의 탈선에 관한 기술(記述)이다.

"우리 포도원 근처에 열매가 많이 달린 배나무가 있었다. 어느 폭풍우가 심한 밤에 우리 어린 악동들은 그 배를 훔치러 그리로 갔다. 우리는 먹기 위해서가 아니라 돼지에게 던져주기 위해서 많은 배를 훔쳐왔다. 우리는 단지 금단의 열매를 따는 즐거움을 맛보기 위해서였다. 그 배들은 좋은 것이었다. 그러나 내 비참한 영혼이 탐하고 있던 것은 배가 아니였다. 왜냐하면 나는 집에 보다 좋은 배를 많이 갖고 있었기 때문이었다. 나는 도둑이 되기 위해서 단순히 배를 훔쳤다. 그리고 나는 훔치는 일을 마음껏 즐겼다. 내가 도둑질에서 사랑한 것은 무엇이었는가? 금지된 것을 행함으로써 손상된 가짜 자유를 갖기 위하여 규율 아래서 죄수가 되기 위하여 나는 법을 어기는 행동의 쾌락을 갖고저 하였는가? …훔치는 일을 금함으로 훔치고 싶은 욕망이 눈을 뜨게 되었다. 남의 배는 훔쳐서는 안 된다고 금지되어 있었기 때문에 그 배는 더욱 갖고 싶어졌다."

성서(창 3:1-7)가 말하고 있는 바와 같이 사실 이것은 모든 죄들의 첫 번째 죄의 본보기이다. 시간이 맨 처음에 시작될 때와 마찬가지로 오늘날도 금지된 것을 갖고 싶은 것은 심리학적으로 사실이다.

구약 성서에서 탐심이 있는 사람은 지속적으로 정죄되었다. 현인은 다음과 같이 말한다. "어떤 자는 종일토록 탐하기만 하나 의인은 아끼지 아니하고 시제하느니라"(잠 21:26). 예언자는 악을 꾀하는 자들에게 화가 있을 것이라고 예언하고 계속해서 다음과 같이 말한다. "밭들을 탐하여 빼앗고 집들을 탐하여 취하니 그들이 사람과 그 집 사람과 그 산업을 학대하도다"(미 2:2). 그에게 있어서 탐욕은 악의 첫 본보기였다.

탐욕(covetousness)이라는 말은 개역 표준역판(Revised Standard Version)보다는 흠정역판(the Authorized Version)에 더

자주 나온다. 흠정역판에서 탐욕이라고 번역된 말은 히브리어 벤사(betsa)이다. 이 말의 근본적인 의미는 부정직한 이득(dishonest gain)이다. 개역 표준역판에서 이 말의 다양한 번역은 탐욕이라는 말의 참다운 의미를 훨씬 잘 나타내주고 있다.

출애굽기 18장 21절에는 모세가 백성을 다스리는 데 있어서 그의 조력자로 선택한 사람들에 관한 기술이 있다. 흠정역은 이들은 탐욕을 미워하는 사람들(men hating covetousness)이어야 한다고 말한다. 그러나 개역 표준역은 뇌물을 미워하는 사람들(men who hate a bribe)이어야 한다고 말한다. 흠정역에서 시편 119편 36절은 사람의 마음이 탐욕으로 향하지 말아야 한다고 말한다. 그러나 개역 표준역에서는 사람의 마음은 이득으로 향하지 말아야 한다로 되어 있다. 흠정역에서 잠언 28장 16절은 다음과 같이 말하다. "탐욕을 미워하는 자는 장수하리라." 그러나 개역 표준역은 "불의한 이득을 미워하는 자"라고 번역되어 있다. 흠정역 예레미야 6장 13절과 8장 10절에서 예레미야는 탐남하는 모든 사람(everyone is given to covetousness)을 책망하였다. 그러나 개역 표준역에서는 불의한 이득을 탐하는 모든 사람(everyone is greedy for unjust gain)으로 번역되어 있다. 흠정역 에스겔 33장 31절에는 "마음은 탐욕을 쫓음이라(Their heart goeth after their covetousness)"고 번역되어 있다. 그러나 개역 표준역에서는 "그들의 마음은 그들의 이득에 두고 있다(Their heart is set on their gain)"로 번역되어 있다. 흠정역 예레미야 22장 17절에는 "네 눈과 마음은 탐남과 무죄한 피를 흘림과 압박과 강포를 행하려 할 뿐이니라"고 번역되어 있다. 그러나 개역 표준역에서는 "너는 눈과 마음을 오직 부정직한 이득(dishonest gain)에 두고 있다"로 번역되어 있다. 이사야 57장 17절은 흠정역과 개역 표준역이 탐욕이라는 말을 똑같이 사용하고 있는 성경 구절들 중의 하나이다. "그의 탐심의 죄악을 인하여 내가 노하여(Because of the iniquity of his covetousness I was angry)."

이 다양한 번역이 탐욕의 참다운 의미에 빛을 던져주고 있다. 어떤 것을 탐욕하는 것은 자기의 것이 아니며 다른 사람에게 속한 어떤 것을 갖기를 욕망하는 것이다. 그러나 어떤 것을 갖기를 원하는 것 자체가 반드시 나쁜 것은 아니다. 왜냐하면 어떤 사람은 그의 영웅이며 모범과 본보기가 되는 어떤 사람에게 속한 위대한 자질을 명예스럽게 갖기를 원할 수 있기 때문이다. 그러므로 우리는 이것에 어떤 것을 첨가하지 않으면 안 되겠다.

어떤 것을 탐욕하는 것은 어떤 사람이 소유할 권리가 없는 것을 갖기를 욕망하는 것이다. 우리는 다른 사람에게 속한 물건이나 사람을 내 것으로 만들 권리를 갖고 있지 않다. 그러므로 탐욕을 갖는 것은 단순히 그가 소유하고 있지 않은 것을 갖기를 원하는 것 뿐만 아니라 소유할 권리를 갖고 있지 않는 것을 갖기를 욕망하는 것이다. 그러나 우리가 구약 성서로부터 인용한 본보기는 어떤 경우에는 그 이상이다. 탐욕이 극도에 달하면 남의 것을 갖기를 바라고, 또 소유할 권리를 갖고 있지 못한 것을 갖기를 욕망할 뿐만 아니라 그것을 자기 것으로 만들기 위하여 부정직하고 명예스럽지 못한 수단을 사용하고자 한다. 탐욕은 마음과 정신의 감정과 정서인 것이 틀림없다. 그러나 그러한 감정과 정서는 그것 자체가 나쁜 것이므로 항상 잘못된 행동으로 나타나기 쉬운 것이다. 잘못된 욕망은 거의 불가피하게 잘못된 행동으로 끝에 가서는 나타나게 된다.

우리가 신약 성서로 향하면, 우리는 탐욕이 더욱 엄격하게 정죄되고 있는 것을 발견하게 된다. 구약 성서의 경우에서와 마찬가지로 신약 성서의 경우에서도 탐욕한(covetous)이라는 말과 탐욕(covetousness)이라는 낱말이 새로운 번역보다는 흠정역(A.V.)에 더 자주 나오는 것이 사실이다. 그러나 새로운 번역들과 다양한 번역들은 이 낱말의 의미를 이해하는 데 도움이 되고 이 낱말의 의미를 보충해 주고 있다.

신약 성서에는 탐욕을 나타내는 낱말이 한 개 이상이다. 흠정역에서 탐욕(covetousness)이라고 번역된 헬라어는 프레오넥시아(pleonexia)이다. 헬라 사람들과 로마 사람들에게 있어서 이 낱말은 혐오스러운 성질을 나타내는 것이었다. 이 헬라어는 두 헬라어 낱말의 합성어인데 그 뜻은 더 많이 갖는 것(to have more)이다. 그리고 이것은 항상 더 많은 것을 갖기를 원하는 정신이다. 더구나 가장 더러운 방법으로 더 많이 소유하기를 욕망하는 정신이다. 이 프레오넥시아의 성질을 영혼 속에 갖고 있는 사람은 사람이 사용하기에는 적합하지 않은 방법을 사용한다고 폴리비우스(Polybius)는 말한다. 이 낱말은 지나친 야심, 수치스러운 탐욕, 비양심적인 강탈을 나타내는 데 사용된다. 로마 사람들은 이것을 두 개의 생생한 어귀로 기술하였다. 그들은 이것을 소유의 저주할 사랑(amor sceleratus habendi)이라고 불렀다. 그리고 그들은 이것을 남의 것을 갖고 싶어한 유독한 욕망(iniuriosa appetitio alienorum)이라고 불렀다. 이것은 소유할 권리를 갖고 있지 않는 것에 대한 굶주린 욕망(hungry desire)이다.

이 낱말은 신약 성서의 마가복음 7장 22절, 누가복음 12장 15절, 로마서 1장 29절, 고린도후서 9장 5절, 에베소서 5장 3절, 골로새 3장 5절, 데살로니가전서 2장 5절, 베드로후서 2장 3절에 나온다. 흠정역에서는 이 낱말이 시종일관하게 탐욕으로 번역되었다. 개역 표준역에도 자주 탐욕(covetousness)이라는 말로 번역되어 있으나 데살로니가전서 2장 5절과 베드로후서 2장 3절에는 욕심(greed)으로 번역되어 있다. 새 영어 성서(N.E.B)는 이 말을 좀더 생생하게 번역하고 있다. 이 낱말이 마가복음 7장 22절, 누가복음 12장 15절, 에베소서 5장 3절, 골로새 3장 5절에서 잔인한 욕심(ruthless greed)으로 번역되어 있다. 이 낱말이 로마서 1장 29절에는 탐욕(rapacity)으로 번역되어 있다. 신약 성서에서 특별히 이 낱말은 추악한 성질을 나타내준다. 바울은 로마서 1장 29절에서 하나님을 믿지 않는 이방인의 세계의 특징을 나타내는 데 사용된 몇 가지 낱말들 속에 이 낱말을 포함시켰다. 이 성질은 하나님의 사랑의 특징과는 정반대이다. 예수께서는 누가복음 12장 15절에서 물질을 인생의 가치를 측정하는 유일한 척도를 사용하며 또 축적해 놓은 물질의 분량에서 삶의 가치를 보는 사람의 특징을 나타내는 데 이 낱말을 사용하셨다. 데살로니가전서 2장 5절과 베드로후서 2장 3절에서는 이 낱말이 사람이 자기의 지위를 이용하여 그가 섬겨야할 사람들을 착취하는 사람의 특징을 나타내는 데 사용되었다.

프레오넥시아(pleonexia)와 밀접한 관계를 맺고 있는 프레오넥테스(pleonektēs)라는 낱말이 있다. 이 말은 탐욕스러운 사람(the covetous man)을 의미한다(고전 5:10, 11, 6:10, 엡 5:5, 벧후 2:14). 흠정역에서 이 모든 구절은 탐욕한(covetous)이라고 번역되어 있다. 개역 표준역에는 욕심 많은(greedy)이라고 네 번 번역되었고 탐욕스러운이라는 말로는 에베소서 5장 5절에서 번역되었다. 새 영어 성서는 다시 한 번 이 낱말을 좀 더 생생하게 번역하고 있다. 이 성서는 에베소서 5장 5절에서 이득을 우상으로 삼는 욕심(greed which makes an idol of gain)이라고 번역하고 있다. 베드로후서 2장 14절에서 이 성서는 돈을 목적으로 일하는 욕심(mercenary greed)이라고 번역하고 있다. 고린도전서 5장 11절에서 이 성서는 구두쇠의(grasping)라고 번역하였다. 고린도전서 5장 10절과 고린도전서 6장 10절에서 프레오넥테스(pleonektēs)는 두 번 욕심쟁이(grabber)라고 번역되어 있다.

필아르구로스(philarguros)라는 헬라어 낱말은 신약 성서 안에 세 번 나온다(눅 16:14, 딤후 3:2, 히 13:5). 이 낱말은 두 낱말이 합쳐져서 만들어진 합성어인데 이 말의 뜻은 돈을 사랑하는 사람(lover of money)이다. 흠정역에서 이 세 경우 모두에서 탐욕스러운이란 낱말로 번역되어 있다. 개역 표준역과 새 영어 성서는 헬라어에 보다 가깝게 돈의 사랑(love of money)으로 번역하였다. 히브리서 13장 5절의 번역은 세 가지 번역들 사이의 차이를 잘 보여주고 있다. "너희 삶의 방식에 탐욕이 없게 하라." 이것은 회화(conversation)라는 말의 17세기의 용법이다. 현대 영어에서 이 낱말은 이야기(talk)를 의미한다.

그러나 17세기 영어에서 이 낱말은 삶의 방식(a way of life)과 행위(conduct)를 의미하였다. 개역 표준역에는 다음과 같이 번역되어 있다. "돈의 사랑으로부터 너의 삶을 지키라(Keep your life free from love of money)" 새 영어 성서에는 "돈을 위해서 살지 말라(Do not live for money)"라고 간명하게 번역되어 있다.

신약 성서(딤전 6:10)에서 오레고마이(oregomai)라는 헬라어가 이런 의미로 한번 사용되었다. 이 말의 문자 그대로의 뜻은 '~을 구하여 손을 내밀다(to reach out after)'이다. 흠정역은 이 낱말을 탐욕(covetousness)의 개념으로 해석한다. 개역 표준역(R.S.V)은 갈망하다(craving for)로 이 말을 번역한다. 새 영어 성서는 '~을 구하다(reaching for)'로 번역한다. 이 낱말은 어떤 것을 취하기 위한 손을 내뻗는 행동을 기술한다.

신약 성서에서 탐욕하다(to covet)로 번역된 또 다른 하나의 희랍어 낱말이 있다. 이것은 에피두메인(epithumein)이라는 동사이다. 바울이 다음과 같이 말할 때에 이 동사는 사도행전 20장 33절에 사용되어 있다. "내가 아무의 은이나 금이나 의복을 탐하지 아니하였고" 더욱 더 중요한 것은 신약 성서에서 탐하다(covet)라는 말로 번역된 낱말이 열 번째 계명 안에도 사용되었다는 것이다(롬 7:7, 13:9). 이 낱말의 의미는 이 낱말과 함께 사용된 명사 에피두미아(epithumia)에서 가장 잘 나타나있는 것을 볼 수 있다. 이 명사는 신약 성서 안에 매우 흔히 사용되어 있다. 흠정역에서 이 낱말의 신약 성서 번역은 대개 정욕(lust) 또는 복수형인 정욕들(lusts)이다(막 4:19, 요 8:44, 롬 1:24, 갈 5:16, 벧전 1:14, 요1서 2:16-17). 이 낱말은 신약 성서 안에 약 30번 나온다. 현대어 번역은 대개 정욕(passion) 또는 욕망(desire)이다. 모든 낱말들 중에서 이것은 탐욕의 기초가 되는 정욕적인 갈망을 가장 잘 나타내 보여준다. 이 낱말은 욕망의 대상이 사람이거나 사물이거나간에 그것을 얻거나 소유하려는 거의 억제하기 어려운 욕망을 암시하고 있다.

하나의 낱말로서의 탐하다(covet)라는 말에 관한 한 가지를 살펴볼 것이 남아있다. 흠정역은 제로운(Zēloun)이라는 헬라어를 번역하면서 탐하다(covet)라는 말을 좋은 의미로 사용하고 있고 또 사용할 수 있다. 흠정역은 고린도전서 12장 31절을 다음과 같이 번역하고 있다. "더욱 큰 은사를 사모하라(covet earnestly the best gifts)". 또 흠정역은 고린도전서 14장 39절에서 "예언하기를 사모하며(covet to prophesy)"라고 번역하고 있다. 개역 표준역은 두 곳에서 열망하다(earnestly desire)로 번역하고 있다. 새 영어 성서(N.E.B)는 첫 번째 성경 구절에서는 겨누다(aim at)라고 번역하였고 두 번째 성경 구절에서는 간절히 바라다(be eager to)로 번역하고 있다. 이것은 낱말에 관한 재미있는 설명이다. 제로운(Zēloun)이라는 낱말은 아마 제오(Zeo)라는 동사와 관련되어 있다. 이 제오라는 동사는 '(물이) 끓는다'를 의미한다. 이것은 열렬하고 열정적인 욕망을 의미한다. 이 낱말은 어떤 것에 대한 불붙는 열정을 가리킨다. 여기에 전체 물음의 주목할 만한 조명(notable illumination of the whole question)이 있다.

우리는 무엇인가를 욕망하도록 만들어졌다. 우리의 이러한 본능적 욕망이 우리의 본성의 가장 강력한 일부분이 되도록 우리는 만들어졌다. 이 본능적 욕망들은 우리 속에 있는 강력한 힘이요 추진력이다. 어떤 강력한 힘의 가치는 그것을 어떻게 사용하느냐에 달려 있다. 예를 들면, 우리가 잘 알고 있는 바와 같이, 핵의 힘(nuclear)은 기계를 움직이고 도시에 전력을 공급하여 우리의 삶을 보다 편하게 만드는 힘의 원천으로 사용될 수 있다. 그러나 같은 핵의 힘이 과거에 사용된 바와 같이, 전 세계의 파괴와 죽음을 초래하여 온 인류가 집단적 자살로 종식되도록 위협하는 무서운 힘으로 사용될 수도 있다. 어떤 힘의 사용은 그 힘을 갖고 있는 사람의 마음과 인격에 의존하고 있다는 사실을 첨가해서 언급하지 않으면 안 되겠다. 다시 앞에서 언급한 예화로 돌아가면, 만일 핵의 힘이 인류를 돕고 또 유익을 주고자하는 사람들의 수중에 있을 때에 그것은 매우 큰 축복이 될 수 있다. 만일 이 힘이 개인의 야심과 민족적 야심과 인종적 야심에 사로잡혀 있는 사람의 손 안에 있을 때에 그것은 온 인류를 파멸시킬 수 있다.

여기에 인간의 본성에 대한 완전한 유추(analogy)가 있다. 인간의 욕망은 그로 하여금 어떤 것들을 갈망하게 만들어 그것을 얻도록 행동하게 만든다. 만일 사람이 그의 이기적인 야심의 지배를 받아 움직이게 되면, 오직 악한 것만을 하도록 탐욕에 사로잡히게 된다. 만일 그의 마음 속에 하나님께 대한 사랑과 인간에 대한 사랑이 있으면, 그는 흠정역이 번역하고 있는 바와 같이, 최선의 은사를 사모하게 된다(covet the best gifts). 그의 욕망, 그의 열망, 그의 추진력은 높고, 거룩하고, 선하고, 참되고, 아름다운 것을 위하여 사용될 것이다.

결론은 매우 분명하다. 인간의 마음으로부터 욕망은 완전히 근절될 수는 없다. 인간은 항상 무엇인가를 열망하고 있다. 오직 예수 그리스도가 인간의 마음을 지배할 때에만 나쁜 것을 하고 싶어하는 욕망은 근절되고 선한 것을 바라는 욕망이 삶의 동력(the dynamic of life)이다.

우리는 행동 속에 나타나는 탐욕이라고 불러질 수 있는 것을 좀 더 자세히 살펴보지 않으면 안 된다. 우리는 탐욕이 작용하고 있는 삶의 영역과 사람들이 자기의 것으로 만들 권리를 갖고 있지 않으면서도 갖고 싶어하는 사물들을 살펴보지 않으면 안 된다.

1) 탐욕의 단순한 형태는 물질에 대한 탐욕, 돈에 대한 탐욕, 그리고 돈으로 살 수 있는 물건들에 대한 탐욕이다.

성서는 돈을 사랑함이 일만 악의 뿌리가 된다는 것(딤전 6:10)에 대하여 결코 조금도 의심치 않는다. 이 계명은 집, 소, 나귀를 탐하는 것을 금하고 있다(출 20:17). 바리새인들은 돈을 사랑하는 사람들이라는 낙인이 찍혀있다(눅 16:14). 기독교 지도자들은 돈을 사랑하는 사람들이 되어서는 안 된다(딤전 3:3). 탐욕은 모든 사람들이 경계해야 할 것이다(눅 12:15).

탐욕의 위험은 많은 잘못된 욕망의 위험이다. 많은 잘못된 욕망은 본질적으로는 선하고 합법적인 것이 잘못된 것이거나 또는 인간의 삶에 반드시 있어야할 것이나 삶에서 조화를 상실한 것이다. 취득성(acquisitiveness)은 본능이다. 인간은 지혜롭게 물질을 취득함으로써 자기와 그의 부양 가족의 생계를 유지할 수 있다. 만일 취득의 본능이 없다면, 인간은 물건을 아낄 줄 모르고, 게으르고 무능한 피조물이 될 것이다. 취득의 본능이 조화와 균형을 잃게 되면, 그것은 탐욕이 된다. 그리고 그것은 잘못된 것이다.

① 탐욕은 부정직으로 인도될 수 있다. 만일 탐욕이 실제적 부정직으로 인도되지 않는다면, 법이 허용하는 범위 안에서 합법적으로 행할 수 있는 부정직으로 인도될 수가 있다. 그러나 이러한 부정직도 도덕적으로는 잘못된 것이다.

만일 욕망을 오랫 동안 마음 속에 품고 있으면, 그 욕망이 자라나서 억제할 수 없을 만큼 강하게 되면, 그 욕망은 행동으로 나타나게 된다. 불의한 이득을 취하는 일은 거듭거듭 정죄되고 있다(시 119:36, 잠 28:16, 렘 6:13, 22:13-14, 겔 33:31). 탐욕은 사업에 있어서 고객을 공정하게 다루기보다는 오히려 개인의 이득을 취하려는 부정직으로 인도하기 쉽다. 탐욕은 공동체의 결과와 다른 노동자들의 동등한 권리를 조금도 생각지 않고 산업의 관계에서 자기 자신의 이익만을 더 많이 요구하는 태도로 인도하게 된다. 탐욕은 이득을 취하기 위하여 사용하는 방법에 개의치 않는 행동을 낳게 한다.

② 탐욕은 착취(exploitation)를 낳는다. 베드로후서 기자는 다음과 같이 말한다. "저희가 탐심을 인하여 지은 말을 가지고 너희로 이를 삼으니"(벧후 2:3). 리챠드 콜리어(Richard Collier)는 윌리암 부드(William Booth)의 전기인, 「하나님 다음 가는 장군(The General Next to God)」이라는 저서에서 백년전의 노동 조건에 관하여 말하고 있다. 한 여자는 두 자녀의 도움을 받아 하루에 7펜스 반의 임금을 받기 위하여 하루 1천 갑의 성냥을 만드는 데 16시간의 노동을 하지 않으면 안되었다. 사람들은 성냥을 만드는 데 인(phosphorus)을 사용하지

않을 수 없었다. 인(燐)은 그들의 턱과 잇몸을 부식시켰다. 그러므로 사람들은 어두운 방 안에서도 그들의 몸에서 발산하는 인의 번쩍이는 빛을 볼 수 있었다. 어느 시대에나 사람들은 그러한 작업 조건이 옳고 또 합리적인 것이라고 믿을 수는 없다. 그러나 오랫동안 이러한 작업 조건은 계속되었다. 그 이유는 고용주들이 돈을 모으려는 탐욕 때문에 이러한 작업 조건을 개선하는 데 완강히 반대해왔기 때문이다. 매음은 근절시키기가 매우 어렵다. 그 이유는 매음을 통하여 얻는 부도덕한 수입에 의존하여 사는 사람들이 과거에도 있었고 또 현재에도 있기 때문이다. 어떤 조건 하에서도 이것을 옳다고 할 사람은 없다. 그러나 이러한 매음 행위는 과거에도 있었고 현재에도 있다.

모든 착취의 근본 원인은 단순히 어떤 사람이 그의 동료를 이용하여 돈을 벌기를 원하는 것이다.

③ 근본적으로 탐욕은 오늘날 사회를 사로잡고 있는 도박열(gambling fever)의 뿌리에 있다는 것은 의심할 여지가 없다. 이것의 밑바닥에는 돈을 얻고자하는 욕망이 있다. 돈은 삶에 새로운 물질적 표준을 제공해 준다. 이것은 사람이 현재 누리고 있는 표준보다는 높은 물질 생활의 방도를 바라는 욕망에서 온다.

인간의 본성이 본래부터 그러하기 때문에 인간의 삶은 불가피하게 탐욕으로 가득차 있다. 탐욕은 옹호할 수 없다. 근거에 기초한 행동을 낳는다. 어떤 사람이 아편 중독자로부터 돈을 벌 수 있도록 아편 중독자는 의도적으로 만들어진다. 광고는 의도적으로 구매욕을 일으키도록 고안된다. 상품을 판매하는 사람들은 사람들에게 인위적으로 구매욕을 자극함으로써 돈을 번다. 인간이 본성적으로 탐욕을 갖고 있기 때문에 도박의 유혹에 떨어진다. 만일 인간의 본성 속에 탐욕이 없다면, 시세없는 증권을 팔러 다니는 사람들과 신용 사기꾼(confidence trickster)은 내일부터는 사라질 것이다. 사실 우리는 여기에 모든 악의 뿌리를 갖고 있다.

2) 이것보다 더 교묘한 형태의 탐욕이 있을 수 있다.

지위와 자리(status and for place)에 대한 탐욕이 있다. 예수께서는 탁월한 지위를 바라는 욕망이 사람의 본성의 일부분이라는 것, 특별히 이러한 욕망이 그 당시의 바리새인들과 서기관들에게 있었다는 것을 잘 알고 계셨다(마 23:5-7, 막 12:38-39, 눅 11:43, 14:7-11, 20:46). 이러한 종류의 탐욕은 사도들의 마음 속에도 스며들어 있었다. 야고보와 요한은 장차 임할 나라에서 가장 높은 지위를 갖기를 탐했다(막 10:35-45). 마지막 날 비극의 황혼이 제자들에게 엄습해오고 있을 때조차, 제자들은 누가 가장 큰가라는 문제를 놓고 여전히 논쟁을 하고 있었다고 누가는 전해주고 있다(눅 22:24-27).

이러한 종류의 탐욕은 가장 부식성이 강한 죄인 시기와 질투심을 낳을 수 있다. 우리 세대의 새로운 용어 중의 하나는 신분 상징(status symbol)이란 말이다. 사람은 자기의 이웃에게 과시할 수 있는 집, 차, 휴가를 갖기를 탐한다. 그리고 그는 특별히 그가 오른 높은 지위를 대중에게 과시하고 싶어한다. 그리고 그는 그가 아직 도달하지 못한 지위에 다른 사람들이 도달한 것을 보게 되면 심한 적개심을 갖기 쉽다.

교회 안보다 더 이러한 지위를 탐하는 욕망이 많은 곳은 없다는 것은 하나의 기묘한 사실이다. 어떤 사람이 교회 안에서 높은 자리를 차지하려는 탐욕을 갖고 있기 때문에 회중이 어려움을 겪는 수가 불행하게도 적지 않다. 일종의 사회적 탐욕이 있다. 이 탐욕은 오늘날 현대 사회의 질병 중의 하나이다. 이러한 탐욕은 교회 안에서도 있다.

3) 마지막으로 매우 심각한 형태의 탐욕이 있다.

이것은 사람에 대한 탐욕이다. 제 10계명은 그의 이웃의 아내를 탐하는 것을 금하고 있다. 신명기에 나오는 이 계명(신 5:21)은 이 종류의 탐욕을 금지된 것들의 목록에 맨 처음에 두고 있다. 예수께서는 산상수훈에서 여인을 보고 음욕을 품는 것조차 금하고 있다(마 5:27). 이러한 종류의 탐욕이 성서 안에 있는 가장 비극적인 이야기 중의 하나를 낳게 하였다. 밧세바에 대한 다윗의 불법적인 사랑과 그의 남편인 우리아를 죽게 만든 것이 바로 이 비극적인 이야기이다(삼하 11장 참조).

소유할 권리를 갖고 있지 못한 사람을 갖고 싶어하는 탐욕이야말로 비극으로 가는 길이요, 모든 비극들 중에서 이것은 가장 나쁜 비극이요, 또 이 비극에는 본래 죄를 범한 사람 이외에 많은 사람들이 말려들게 된다. 오늘날 현대 사회의 도덕적 상태, 이혼과 성적 간통과 부도덕의 팽창은 우리의 현재의 상황 속에 이러한 탐욕이 강하게 작용하고 있는 증거이다.

4) 질(質)로서의 탐욕(covetousness)에 관한 마지막 말은 골로새서(3:5)에 언급되어 있다.

우상숭배와 동일시할 수 있는 탐욕이 있다. 우상숭배는 하나님만이 차지할 수 있는 지위에 어떤 다른 것을 두는 것을 근본적으로 본질적으로 단순히 의미하는 것이다. 만일 인간의 욕망이 오직 하나님을 위한 것이요 또 하나님께 순종하기 위한 것이라면, 그는 잘못된 것을 탐하고 있는 것이 아니다. 만일 우리가 하나님을 적절한 자리에 모시면, 그밖에 모든 다른 것들은 다 적절하게 제자리를 차지하게 될 것이다. 하나님을 모신 마음은 잘못된 욕망에서 깨끗하게 된다. 그러므로 하나님께 대한 사랑은, 모든 거짓 사랑들이 어떤 것이든지간에, 그것들을 사람의 마음으로부터 몰아낸다.

우리는 탐욕의 뿌리와 기초가 바로 어떤 것인가를 알아보려고 시도하는 것으로 탐욕에 관한 연구를 끝내지 않으면 안 되겠다. 왜냐하면, 만일 우리가 탐욕의 근본 조건을 알게 되면, 우리는 육체의 병과 영적인 병을 보다 잘 피할 수 있기 때문이다.

1) 탐욕의 기초는 결코 우리에게 행복을 가져다 줄 수 없는 것을 얻으려는 욕망이다.

우리의 정신과 마음 속에 있는 감정은 다음과 같은 것이다. "만일 내가 이런 일 또는 저런 일을 하면, 나는 행복하게 될 것이다. 만일 내가 이것 또는 저것을 얻을 수만 있다면, 나는 만족하게 될 것이다." 어린 유년 시절부터 노년기까지 일생을 살고 나면, 이러한 생각이 얼마나 거짓된 환상이었는가를 우리는 알게 된다. 우리가 갖기를 원하던 것을 갖게 되었을 때에 일시적으로 기쁨을 맛볼 수 있으나 그 기쁨이 영원히 지속되지 않는다는 것은 아주 확실한 사실이다. 그것은 흥미를 잃게 된다. 그것은 더 이상 즐거움을 주지 않는다. 우리의 욕망은 또 다른 것으로 옮겨간다. 행복을 추구하는 전체 과정은 또 다시 처음부터 시작한다. 이것은 마치 새 인형을 갖고 있는 어린이와 같다. 한두 시간 또는 하루 이틀 동안은 어린이는 인형을 갖고 노는 데 열중하지만, 그 후에 그는 인형을 내동댕이쳐 버린다. 그는 인형을 파는 가게의 쇼윈도우를 들여다보면서 또 다른 인형을 갖고 싶어한다. 마약을 사용하는 사람도 마찬가지이다. 그가 마약을 사용하는 순간만은 기분이 좋아진다. 그러나 그 순간이 지나면 다시 마약을 사용치 않으면 안 된다. 이것은 배고픔과 갈증의 리듬(the rhythm of hunger and of thirst)과도 같다. 욕망이 일어나 일단 그 욕망을 일시적으로 만족시키면, 다시 욕망이 일어난다.

사실, 탐욕은 이 욕망보다 훨씬 더 나쁘다. 마약 중독자의 비유로 다시 돌아가 보자. 마약 중독자의 상황의 특징은 그가 같은 효력을 얻기 위해서는 더욱더 많은 마약을 필요로 하게 된다는 것이다. 우리가 아직 얻지 못한 것을 획득하여, 점점 더 많이 소유함으로써 탐욕을 만족시키려고 시도할 때에, 탐욕은 점점 복잡 미묘하게 되고 더욱 발전하게 된다. 일시적 기분 좋음을 욕망 속에 일으키기 위하여 점점 더 교묘한 것들을 필요로 하게 된다.

이와 같은 이유 때문에, 헬라의 고대 철학자인 에피큐러스(Epicurus)는 그의 규범을 다음과 같이 규정했다. "만일 당신이 어떤 사람을 행복하게 만들기를 원하면, 당신은 그의 소유를 보태줄 것이 아니라 그의 욕망을 제거하라." 다른 말로 바꾸어 표현하면, 탐욕은 어떤 것을 획득함으로써 만족될 수 없다. 탐욕은 다만 획득하려는 욕망을 근절시킴으로서만 치료될 수 있다. 한마디로 말해서 탐욕의 치료는 만족이다. 분명히, 다음과 같은 또 다른 하나의 물음을 묻지 않을 수 없다. 만족을 어디에서 찾을 수 있는가? 그러나 이 물음에 대한 대답은 잠시 동안 뒤로 미루지 않으면 안 되겠다.

2) 우리가 지금까지 언급한 모든 것을 다른 방식으로 표현할 수 있다.

우리는 다음과 같이 표현할 수 있다. 탐욕은 사물이 행복을 가져다 줄 수 있다는 생각에서 온다(covetousness comes from the idea that things can bring happiness). 왜냐하면, 이미 우리가 앞에서 언급한 바와 같이, 탐욕은 "만일 내가 이것을 갖는다면, 나는 행복하게 될 것이다"라고 말하기 때문이다. 사물들이 행복 속에서 그것들의 자리를 차지하고 있다는 것은 사실이다. 굶주림, 가난 그리고 불충한 것을 극복하기 위한 끊임없는 투쟁은 결코 즐길 수 있는 것이 아니다. 사물은 중요치 않다고 말하는 것은 결코 참되지 않다. 먹을 것을 충분히 갖는 것, 좋은 집을 갖는 것, 합리적인 생활의 편의 등을 갖는 것이 중요치 않다고 말할 수는 없다. 그러나 비록 사물들이 그것들의 자리를 행복 속에 갖고 있을지라도, 그것들의 자리가 유일한 자리는 아니다. 만일 물질을 많이 소유하는 것이 행복의 유일한 조건이라면, 가장 부요한 사람이 가장 행복한 사람이어야 할 것이다. 그러나 가장 부요한 사람이 반드시 가장 행복한 사람이라고는 말할 수 없는 것이 분명하다.

모든 사람은 자주 인용되는 우울증으로 죽어가고 있던 왕의 이야기를 알고 있다. 모든 의사들과 지혜있는 사람들의 치료와 충고를 받았으나 그의 우울증은 치료되지 않았다. 그는 마침내, 만일 그가 완전히 행복한 사람의 셔츠(shirt)를 얻어 그것을 입으면, 그도 역시 행복하게 될 것이라는 말을 들었다. 그래서 그는 완전히 행복한 사람을 찾아보게 하였다. 그는 마침내 그러한 사람을 하나 발견했다. 그러나 그는 너무나 가난하여 셔츠도 입지 못한 채 거리를 배회하는 방랑자였다.

　만일 사물의 소유가 행복과 만족을 가져다준다면, 우리 시대야말로 역사상 가장 행복하고 만족스러운 시대가 될 수 있을 것이다. 왜냐하면 오늘날처럼 서구 문명에 있어서 완전한 복지와 물질의 풍요가 그렇게 널리 보급된 시대는 일찍이 없었기 때문이다. 한 때는 소수의 특권층만이 소유할 수 있었던 것들, 즉 자동차, 텔레비전, 대륙에 건너가 즐길 수 있는 휴가 등을 오늘날은 많은 사람들이 소유할 수 있게 되었다. 이러한 것들을 소유하는 것 자체는 참으로 좋은 것이다. 그러나 역사상에 현대처럼 신경증환자와 불만에 가득찬 사람들이 많은 시대는 일찍이 없었다. 불안과 걱정은 풍요한 사회의 특징이다. 만족은 확실히 많은 물질의 소유에서 찾아볼 수는 없다.

　3) 그러나 이 모든 문제에 대한 해결 방안을 찾아보려고 시도하기 전에 우리는 다른 종류의 탐욕, 사람에 대한 탐욕, 우리가 소유할 것을 욕망할 수 없는 사람, 우리에게 속할 수 없는 사람에 대한 욕망에 대하여 고찰해보자. 만일 우리가 우리에게 갖도록 허용되지 않은 사람을 소유할

수만 있다면, 행복하게 될 것이라는 감정이 여기에 있다. 우리가 취해서는 안 될 사람을 취했다고 가정해보자. 순간적 기쁨과 스릴(thrill)이 있을지 모르겠다. 금지된 관계 속에 빠져서 열중하는 때가 얼마 동안 지속될 수 있을 것이다. 그러나 양심이 살아있는 한, 그러한 방법으로 궁극적으로 행복할 수는 없다. 만일 비밀을 간직하고 있다면, 그 비밀이 탄로날까봐 항상 두려워하게 될 것이다. 결국에 가서는 이러한 쾌락은 독(poison)으로 변하게 된다. 만일 이러한 일을 공개하고 인정하더라도, 이 상황에 관련된 다른 사람에 대한 기억 그들의 수치와 그들의 슬픔의 생각, 그들이 저지른 잘못에 대한 생각이 항상 뒤에 남게 된다. 정열이 사라진 다음에도 옛것을 생각할 시간은 남게 된다. 다른 사람에게 비극을 일으킨 상황 속에서는 참다운 행복을 맛볼 수 없다.

옛 에덴 동산의 이야기에서 금단의 열매를 취한 것은 모든 죄들 중의 최초의 죄요, 인간 상황의 비극을 낳게 한 것이다. 그리고 이 이야기는 우리의 실생활에도 그대로 적용될 수 있다.

4) 우리는 이러한 상황에 직면하여 무엇을 말해야 하는가? 이러한 탐욕을 종식시킬 수 있는 만족을 어디서 우리는 찾아볼 수 있는가?

이 세상에는 두 가지 종류의 관계가 있다고 한다. '나와 그것(I-it)'과의 관계가 있는데, 이것은 나와 사물과의 관계이다. 그리고 '나와 너(I-thou)'와의 관계가 있는데, 이것은 나와 사람들과의 관계이다. '나와 그것'과의 관계에서 참 만족을 찾을 수 없다는 것은 더 이상 논의할 필요가 없다. 왜냐하면 사물의 소유에서 참 행복을 우리는 찾을 수 없기 때문이다. 그러므로 우리는 '나와 너'와의 관계에서 참 행복을 찾지 않으면 안 된다. 이것은 만족은 인격적 관계에서 온다는 것을 의미한다. 사람은 세 가지 인격적 관계를 갖는다. 즉 사람은 자기 자신과의 관계, 그의 이웃과의 관계, 그리고 하나님과의 관계를 갖는다. 세익스피어(Shakespeare)의 「헨리 6세(*Henry the Sixth*)」에서 왕은 다음과 같이 묻는다.

"그러나, 만일 그대가 왕이라면, 그대의 왕관은 어디에 있는가?" 그리고 그는 대답한다.
"나의 왕관은 내 머리 위에 있지 않고 내 마음 속에 있다.
다이아몬드와 인도의 보석으로 장식되어 있지 않고, 또 육안에 보이지도 않는다.
나의 왕관의 이름은 만족이라고 불려진다.
왕들은 이러한 왕관을 거의 즐기지 않는다."

첫째로, 사람으로 하여금 그의 자존심을 잃게 하거나, 또는 그로 하여금 자기 자신을 저주하고 정죄하게 만드는 그러한 상황은 결코 행복을 낳을 수 없다. 둘째로, 비밀을 요구하는 금지된 관계, 다른 사람들을 불행하게 만드는 금지된 관계는 결코 행복을 낳을 수 없다. 셋째로, 인간을 하나님으로부터 소외시키고 또 그로 하여금 하나님으로부터 숨고 싶게 만드는 것은 무엇이든지간에 행복을 낳을 수 없다.

그러면 우리를 완전한 만족과 완전한 행복으로 인도하는 세 가지가 있다. 이 세 가지들 중의 첫째 것은 자기 자신과의 관계에 대한 것으로 인간의 본성을 낮은 것으로 타락시키지 않는 자존심(self-respect)이다. 둘째 것은 우리 이웃과의 관계에 대한 것으로 한층 순결하고, 한층 진실한 사랑이다. 마지막 것은 하나님과의 관계에 대한 것으로, 하나님께 대한 참다운 순종과 사랑하는 마음으로 진정으로 하나님을 경외하는 것이다. 만일 인간의 삶 속에 이 세 가지가 있다면, 그는 아무것도 탐욕하지 않을 것이다. 왜냐하면 그가 소유하고 있지 않은 것으로 갖고 싶은 것이 아무 것도 없기 때문이다.

역자 후기

이 책은 윌리엄 바클레이(William Barclay)의 저서 *The Ten Commandments For Today*를 우리말로 옮긴 것이다. 바클레이는 글라스고 대학교(the University of Glasgow)에서 신학과 성서 비평학을 교수한 세계적으로 널리 알려진 탁월한 성서 학자이다. 그는 1978년 1월 세상을 떠나기까지 끊임없이 저술 활동을 했다.

그는 텔레비전 방송과 많은 저술을 통하여 많은 사람들이 성서와 기독교 신앙을 이해하는 데 크게 공헌하였다. 바클레이 박사는 탁월한 신학자이다. 그러나 그는, 신학자는 항상 신학을 전공하지 않은 평범한 평신도를 염두에 두고 말을 하고 또 글을 써야 한다고 믿고 있었다. 어떤 평론가는 그를 "언어를 재치있게 구사하는 말의 마술사"라고 부르고 있다. 그가 그의 저서에서 다루고 있는 내용은 매우 평범한 것 같으면서도 매우 참신한 것이다. 그의 문체는 평이하면서도 간명하기 때문에 이해하기 쉽고 또 생동감이 차고 넘친다.

그는 이 책 외에도 *The Daily Study Bible Series*를 '신약성 서주석'이란 제목으로 이미 우리 나라에서 번역 출판되었다. *The Mind of Jesus, The Mind of St. Paul, Jesus as They Saw Him, And He Had Compassion, Great Themes of the New Testament, The Plain Man Series, Ambassador for Christ, The Beatitudes & The Lord's Prayer for Everyman, God's Young Church, A New People's Life of Jesus, The Gospels* and Acts를 포함하여 60여 권의 저술을 남겼다.

그는 이 책에서 십계명의 불변의 의미와 영원한 가치 그리고 특별히 오늘날의 도덕과 윤리의 딜레마와 관련시켜 사려깊고 예민한 통찰력을 갖고 고찰하고 있다. 탁월한 신학자이며 윤리학자인 바클레이 박사는 겉으로 보기에 어떤 것을 금지하고 있는 부정적인 계명을 분석할 때에도 그는 자아를 스스로 제한하고 또 자기를 훈련시키는 긍정적 원리가 그 밑바닥에 깔려있는 것을 지적하고 있다. 우리는 스스로 자기의 힘을 제한하고 자기를 쳐서 복종시키는 훈련없이는 다른 사람들과 사이좋게 조화를 이루면서 살 수 없다.

그는 이 책의 매 장에서 하나하나의 계명을 다루면서 전통적인 지혜를 회복하고 새롭고 참신한 통찰력을 가질 것을 독자들에게 촉구하고 있다. 그는 때때로 도덕과 윤리의 기본 문제로 돌아가 아주 자세하게 그리고 친절하게 설명하고 있다. 그는 윤리의 규범이나 원리의 역사와 문화적 배경을 매우 상세하게 설명하고 있으므로 우리는 십계명의 역사-문화적 정황을 잘 배울 수 있다. 그는 이 책에서 참다운 윤리적 삶의 필요성과 기회의 회복을 위하여 독자 여러분에게 도전하고 있다.

바클레이 박사는 그의 다른 저서에서 사상 전달의 재치있는 화술과 교수로서 가르치는 능력을 유감없이 나타내주었던 것과 같이 이 책에서도 그와 같은 기량을 아낌없이 보여주고 있다. 그는 추상적인 개념을 갖고 말장난하기를 좋아하는 사변적인 신학자가 아니라 우리의 삶의 구체적인 내용을 하나님의 뜻을 따라 변혁시키는 데 관심을 쏟고 있으며 발로 땅을 굳게 딛고 서 있는 신학자요 또 윤리학자이다. 이 책은 오랫동안 망각되어 온 주제를 아주 적절하게 그리고 훌륭히 다루고 있다. 또한 이 책은 아주 현실 감각이 차고 넘치고 이 시대에 알맞은 십계명 해설서요 기독교 윤리학 입문서이다. 이 책은 재미있을 뿐만 아니라 크리스천의 건전한 윤리 생활을 위한 지침서이므로 역자는 독자 여러분에게 한 번 읽어볼 것을 감히 권하는 바이다. 이 책이 목회자들, 신학생들, 일반 성도들 모두에게 좋은 읽을 거리가 될 것을 역자는 조금도 의심치 않는다. 끝으로 이 책을 번역하도록 권유해주고 또 출판을 기꺼이 허락해주신 컨콜디아사 이경배 장로님과 모든 직원들에게 심심한 사의를 표하는 바이다.

1988년
구산동에서
옮긴이

오늘을 위한 십계명

초 판 1쇄 /	1988년 7월 20일
초 판 2쇄 /	1993년 3월 20일
개정판 1쇄 /	2003년 6월 10일

지은이 / 윌리암 바클레이
옮긴이 / 이 희 숙

발행인 / 이 홍 열
발행소 / 도서출판 컨콜디아사
 (기독교 한국 루터교 총회 출판홍보국)
 서울 송파구 신천동 7-20 루터회관 5층
 (전화)412-7451 (팩스)418-7457
 등록 / 1959년 8월 11일(제3-45호)

인 쇄 / 보광문화사(712-2236)
제 책 / 과성제책(031-902-4323)

값 9,000원

ISBN 89-391-0006-9